# ANNALES DE L'INSTITUT DE PHILOSOPHIE ET DE SCIENCES MORALES

(UNIVERSITÉ LIBRE DE BRUXELLES)

La collection des *Annales de l'Institut de Philosophie et de Sciences Morales de l'Université libre de Bruxelles* est la lointaine descendante de la revue *Morale et Enseignement* fondée en 1951 sous la direction du professeur Jeanne Croissant-Goedert. De simple liasse de seize à vingt pages agrafées, elle est reliée et dotée d'une couverture à partir des n° 33-34 en 1960. Le n° 64 publié fin 1967 est le dernier de *Morale et Enseignement* proprement dit. La revue revient sous le titre *Annales de l'Institut de Philosophie* et la direction du professeur Chaïm Perelman en 1969. « Morale et Enseignement » apparaît désormais comme une sorte de sous-titre, reconnaissance symbolique du passé, car un éditorial souligne qu'il ne s'agit plus de se limiter à « des problèmes de morale » mais bien de pouvoir « couvrir la totalité du champ de la philosophie ». Les volumes sont annuels et, à partir de 1974, édités par Ch. Perelman et J. Sojcher. En 1979, les *Annales* deviennent thématiques et sont éditées par J. Sojcher et G. Hottois. En 1985, Gilbert Hottois devient le directeur de la collection qui quitte, en 1989, les Éditions de l'Université de Bruxelles pour être désormais publiée chez Vrin. C'est en 1992, avec le titre « H. Arendt et la Modernité », que les *Annales* acquièrent tout à fait leur forme actuelle : celle d'un livre collectif sur un thème ou un auteur traité par des spécialistes internationaux sous la responsabilité scientifique d'un coordinateur. La référence aux anciennes *Annales* n'apparaît plus qu'en pages intérieures. Il demeure cependant que, depuis plus d'un demi-siècle, la série de publications qui va de *Morale et Enseignement* à la collection d'aujourd'hui (dirigée depuis 2017 par Thierry Lenain) constitue un bon témoignage historique de l'activité philosophique à l'Université libre de Bruxelles.

# PENSER L'ÉVOLUTION
# NIETZSCHE, BERGSON, DEWEY

**DANS LA MÊME COLLECTION**

*Philosophie de l'esprit et sciences du cerveau*, 1991, 162 pages
*Hannah Arendt et la modernité*, 1992, 176 pages
*Hans Jonas. Nature et responsabilité*, 1993, 192 pages
*L'effet Whitehead*, 1994, 220 pages
*Hegel aujourd'hui*, 1995, 234 pages
*Temps cosmique et histoire humaine*, 1996, 192 pages
*L'image. Deleuze, Foucault et Lyotard*, 1997, 162 pages
*Gilles Deleuze*, 1998, 192 pages
*Matières pensantes. Études historiques sur les conceptions matérialistes en philosophie*, 1999, 176 pages
*Philosophie et science fiction*, 2000, 156 pages
*Écrits posthumes de Sartre II*, 2001, 208 pages
*Simondon*, 2002, 208 pages
*Genre et Bioéthique*, 2003, 192 pages
*Mensonge, mauvaise foi, mystification*, 2004, 208 pages
*Philosophie comparée : Grèce, Inde, Chine*, 2005, 192 pages
*Perspective, Leibniz, Whitehead, Deleuze*, 2006, 172 pages
*Vie et expérimentation. Peirce, James, Dewey*, 2007, 176 pages
*L'envers de la raison. Alentour de Canguilhem*, 2008, 192 pages
*« Enhancement » : éthique et philosophie de la médecine d'amélioration*, 2009, 224 pages
*Analyse et ontologie. Le renouveau de la métaphysique dans la tradition analytique*, 2010, 204 pages
*Personne/Personnage*, 2011, 214 pages
*Les philosophes et le futur*, 2012, 288 pages
*Arrachement et évasion : Levinas et Arendt face à l'histoire*, 2013, 190 pages
*La philosophie au cœur de l'éducation. Autour de Matthew Lipman*, 2014, 256 pages
*Étienne Souriau : une ontologie de l'instauration*, 2015, 196 pages
*Dilthey et l'histoire*, 2016, 196 pages
*Liberté au Moyen Âge*, 2017, 180 pages
*Philosophie du végétal*, 2018, 182 pages

ANNALES DE L'INSTITUT DE PHILOSOPHIE DE BRUXELLES

Directeur : Thierry LENAIN

# PENSER L'ÉVOLUTION
# NIETZSCHE, BERGSON, DEWEY

*coordination scientifique*

**Antoine Daratos et Paul Walter**

PARIS
LIBRAIRIE PHILOSOPHIQUE J. VRIN
6, place de la Sorbonne, Ve

2019

*Imprimé en France*

ISSN 0778-4600
ISBN 978-2-7116-2928-2

*www.vrin.fr*

# ABRÉVIATIONS

Sauf indication contraire, les ouvrages de Nietzsche, Bergson et Dewey sont cités selon les abréviations et éditions suivantes :

*Nietzsche*

A *Aurore*, trad. fr. E. Blondel, O. Hansen-Løve et T. Leydenbach, Paris, Flammarion, 2012.

AC *L'Antéchrist*, trad. fr. E. Blondel, Paris, Flammarion, 1994.

APZ *Ainsi parla Zarathoustra*, trad. fr. M. Renouard, Paris, Éditions Payot et Rivages, 2002.

EH *Ecce Homo*, dans *Œuvres philosophiques complètes*, éd. G. Colli et M. Montinari, Paris, Gallimard, 1968-1997.

CI *Crépuscule des idoles,* trad. fr. E. Blondel et P. Wotling, Paris, Flammarion, 2005.

CIn *Considérations inactuelles*, dans *Œuvres philosophiques complètes*, suivi du numéro de l'*Inactuelle* (de I à IV).

HTH I *Humain, trop humain I*, dans *Œuvres philosophiques complètes.*

GS *Le Gai savoir,* trad. fr. P. Wotling, Paris, Flammarion, 1997.

GM *La généalogie de la morale*, trad. fr. P. Wolting, Paris, Le Livre de Poche, 2000.

NT *La Naissance de la tragédie*, trad. fr. P. Wotling, Paris, Le Livre de Poche, 2013.

PBM *Par-delà bien et mal*, trad. fr. P. Wotling, Paris, Flammarion, 2000.

FP Les *Fragments posthumes* sont cités d'après les *Œuvres philosophiques complètes*. L'abréviation FP est suivie de l'abréviation de l'œuvre avec laquelle ils sont classés dans l'édition française, ou, pour les textes postérieurs à 1882, du numéro du tome correspondant (IX à XIV).

*Bergson*

EC *L'évolution créatrice*, Paris, P.U.F., 1941.

MM *Matière et mémoire*, Paris, P.U.F., 1939.

PR « Le possible et le réel », dans *La pensée et le mouvant*, Paris, P.U.F., 1938, p. 99-116.

PM *La pensée et le mouvant*, Paris, P.U.F., 1938.

DS *Les deux sources de la morale et de la religion*, Paris, P.U.F., 1932.

*Dewey*

IDP *L'influence de Darwin sur la philosophie*, trad. fr. L. Chataigné Pouteyo, C. Gautier, S. Madelrieux et E. Renault, Paris, Gallimard, 2016.

Les caractères italiques suivis d'un astérisque (*) signalent les termes cités en français dans les textes originaux de langue étrangère.

# INTRODUCTION

Pourquoi chercher à mettre en relation des auteurs aussi différents que Nietzsche, Bergson et Dewey autour de la question de l'évolution[1] ? Ils se distinguent voire s'opposent en effet de bien des manières, à commencer par leurs tempéraments et leurs styles. Chacun œuvre en outre à un projet philosophique singulier: Nietzsche pense le problème de la culture, Bergson développe une métaphysique de la durée, Dewey réforme la philosophie sur le modèle des sciences expérimentales. Cependant, tous trois partagent un intérêt prononcé pour la question de l'évolution biologique et pour les multiples débats qui font rage à leur époque dans les sciences du vivant, débats qu'ils discutent sur un mode critique sans hésiter à prendre parti. Leur rapport à Darwin et au « darwinisme » se caractérise donc par une certaine ambigüité, en ce sens qu'ils semblent à la fois chercher à en hériter et à s'en distancier. C'est que ces trois auteurs, loin de se contenter d'importer les résultats des sciences du vivant en philosophie, considèrent la question de l'évolution comme un enjeu stratégique majeur pour la philosophie, comme un tremplin leur permettant de repenser tant l'objet de la philosophie que ses concepts et ses méthodes. Chacun en effet diagnostique un affaiblissement de la philosophie et cherche à en restaurer la force de proposition. C'est donc sous ce double aspect – dialogue avec le darwinisme et les sciences du vivant d'une part, usages philosophiques de l'évolution biologique d'autre part – que cet ouvrage se propose d'explorer les pensées de Nietzsche, Bergson et Dewey. Notre ambition est de montrer qu'il est possible pour la philosophie de pleinement tenir compte des résultats des sciences tout en préservant son indépendance et son caractère spéculatif.

1. Nous remercions Didier Debaise pour sa confiance et son soutien à la réalisation de cet ouvrage.

## UN HÉRITAGE PARADOXAL

Volonté de puissance et forces chez Nietzsche, durée et élan vital chez Bergson, coévolution de l'organisme et de l'environnement chez Dewey : tout semble se passer comme si, pour ces auteurs, les théories de l'évolution manquaient à chaque fois quelque chose de leur objet. Ce point a souvent été interprété comme le signe d'une opposition au travail de Darwin lui-même, ce qui n'a pas été sans susciter une certaine perplexité quant à la manière d'interpréter la question du rapport de ces penseurs au naturaliste anglais. Clarifier cette question demande de resituer leur travail dans le contexte historique de la réception de *L'Origine des espèces*, publiée dans sa première édition en 1859. En effet, comme l'a montré Thierry Hoquet[1], la théorie darwinienne fait d'emblée l'objet d'interprétations divergentes qui ne se présentent pas, à l'époque, comme des réfutations. Or, c'est ainsi que nous les considérons trop souvent désormais, de manière rétrospective et à la lumière de la synthèse néo-darwinienne de la théorie de l'évolution et de la génétique opérée au XXe siècle. Nous voyons en effet dans ces débats des luttes opposant les « darwiniens » et leurs ennemis, tenants d'une forme de néo-lamarckisme ou de l'orthogenèse. Toutefois, l'ensemble de ces positions sont à l'époque « différentes manières de se réclamer de Darwin qui s'opposent entre elles. Aucune sans doute n'est conforme à ce que nous avons aujourd'hui coutume d'appeler "darwinisme", mais aucune n'est non plus explicitement anti-darwinienne »[2]. Darwin lui-même, loin d'être l'apôtre d'une sélection naturelle toute puissante, accorde une importance considérable à la variation, qu'il ne semble pas concevoir comme totalement aléatoire (par opposition à « dirigée »), sans pour autant fournir de théorie complète quant aux lois et aux causes qui la régissent[3]. De même, il ne conçoit pas uniquement la sélection naturelle comme une puissance négative, un « couperet », mais également comme un « pouvoir créateur »[4]. C'est dans ce contexte que doivent être resituées les interventions de Nietzsche, Bergson et Dewey.

1. T. Hoquet, *Darwin contre Darwin. Comment lire* L'Origine des espèces *?*, Paris, Seuil, 2009.

2. *Ibid.*, p. 19.

3. *Ibid.*, p. 161-191.

4. *Ibid.*, p. 117. Sur cette dimension créatrice et positive de la sélection naturelle chez Darwin, voir également P.-A. Miquel, « Bergson and Darwin : From an Immanentist to an Emergentist Approach to Evolution », *SubStance*, 36/3, 2007, p. 42-56.

Ainsi, on mesure aujourd'hui l'importance pour Nietzsche de ses lectures en biologie[1]. Lorsqu'il revient, dans *Ecce Homo*, sur les années de gestation de *Humain, trop humain*, Nietzsche écrit : « une soif ardente s'empara alors littéralement de moi ; depuis lors, je ne me suis plus occupé de rien d'autre que de physiologie, de médecine et de sciences naturelles, – je ne suis même revenu à des études historiques que lorsque ma *tâche* m'y obligeait impérativement »[2]. Dans *La généalogie de la morale*, il en appelle à une collaboration entre philosophes, médecins et physiologistes sur la question de « la *valeur* des évaluations qui ont existé jusqu'à présent », et se félicite du fait que les philosophes « sont parvenus dans l'ensemble à transformer la relation entre philosophie, physiologie et médecine, à l'origine si réticente et méfiante, en un échange extrêmement amical et fructueux »[3]. Que Nietzsche ait effectivement demandé à son éditeur d'adresser une copie de *La généalogie* à certains des plus importants scientifiques de l'époque[4] indique assez qu'il ne s'agit pas là d'une simple boutade. Il est plongé au cœur des débats concernant les modalités et les mécanismes de l'évolution, ce qui se traduit dans ses livres tant par des passages qui semblent s'inspirer directement de la théorie darwinienne, que par des critiques explicites à Darwin et au darwinisme.

Comme le souligne Keith Ansell-Pearson, Bergson « travaille avec la science, dans un effort intellectuel visant à faire progresser notre connaissance des différentes sources, tendances et directions de la vie »[5]. Le chapitre premier de *L'évolution créatrice* consiste en un dialogue serré avec plusieurs hypothèses théoriques concernant les mécanismes de l'évolution ayant émergé dans le sillage de la théorie de Darwin. Bergson y discute la plausibilité de la théorie de l'orthogenèse d'Eimer, des néo-darwinismes de Weismann et de De Vries, et du néo-lamarckisme de Cope, à partir du problème des homologies de structure entre certains organes au

1. Voir C. J. Emden, *Nietzsche's Naturalism. Philosophy and the Life Sciences in the Nineteenth Century*, Cambridge, CUP, 2014 ; G. Moore, *Nietzsche, Biology and Metaphor*, Cambridge, CUP, 2002 ; W. Müller-Lauter, « L'organisme comme lutte intérieure. L'influence de Wilhelm Roux sur Friedrich Nietzsche », dans *Physiologie de la volonté de puissance*, éd. et trad. fr. J. Champeaux, P. Wotling, Paris, Allia, 1998, p. 111-164 ; B. Stiegler, *Nietzsche et la biologie*, Paris, P.U.F., 2001.

2. EH, « Humain, trop humain », § 3.

3. GM, I, § 17.

4. Comme Wilhelm Wundt, Emil DuBois-Reymond ou Hermann von Helmholtz. Voir sur ce point C. J. Emden, *Nietzsche's Naturalism...*, *op. cit.*, p. 13-14.

5. K. Ansell-Pearson, « Bergson's Encounter with Biology », *Angelaki : journal of the theoretical humanities*, 10/2, 2005, p. 59-72, en part. p. 60.

sein de différentes lignées phylogénétiques. En s'appuyant à la fois sur des arguments théoriques et sur des résultats expérimentaux, Bergson montre que ni la sélection naturelle de variations accidentelles, ni l'influence directe du milieu sur l'organisme, ni l'hérédité des caractères acquis ne permettent de rendre compte de manière satisfaisante de ces homologies. Sa démarche consiste dès lors à s'appuyer sur certains éléments de chacune de ces théories pour proposer sa propre conception de l'élan vital, « d'une impulsion qui passe de germe à germe à travers les individus » [1].

Enfin, comme l'illustre très bien la contribution de Trevor Pearce à ce volume, Dewey est lui aussi familier de ces questions. Si sa pensée se focalise moins sur le contenu et les résultats de la science que sur la démarche scientifique elle-même, il s'informe largement sur les débats touchant à la question de l'évolution et de la variation qui opposent « néo-darwinistes » et « néo-lamarckistes », en particulier car ces questions touchent non seulement la biologie proprement dite mais ouvrent des perspectives inédites aussi bien pour la psychologie que pour la philosophie politique et sociale.

Les prises de position de Nietzsche, Bergson et Dewey relatives aux débats contemporains sur l'évolution portent essentiellement sur la nature et la source de la variation et de la mutabilité à l'œuvre dans la vie, et insistent sur l'irréductibilité de cette mutabilité à un mécanisme d'adaptation. En cela, tous trois manifestent une opposition franche à une autre grande figure de l'évolutionnisme, Herbert Spencer. Tout en étant considéré comme un « darwiniste » au sens large du terme, Spencer défend pourtant une vision lamarckienne de la variation et définit la vie comme « l'adaptation continuelle de relations internes à des relations externes » [2]. Sur le plan de la pensée morale et politique, Spencer voit dans l'évolution et l'histoire l'accomplissement d'un progrès continuel vers une adaptation de plus en plus parfaite. Contre Spencer, Nietzsche met en valeur l'importance de la variation et insiste sur le fait que l'adaptation n'est qu'une conséquence, « une activité de second ordre, une pure et simple réactivité » [3]. Bergson fait de même lorsqu'il écrit que « l'adaptation explique les sinuosités du mouvement évolutif, mais non pas les directions générales du mouvement, encore moins le mouvement lui-même » [4].

1. EC, p. 85.

2. H. Spencer, *Les bases de la morale évolutionniste*, trad. fr. E. Alglave, Paris, Alcan, 1895, p. 15.

3. GM, II, § 12.

4. EC, p. 103.

Une autre accusation portée contre Spencer consiste à insister sur le fait qu'il n'a pas produit une philosophie authentiquement évolutionniste. Il n'a fait, comme l'écrit Bergson, que « reconstituer l'évolution avec des fragments de l'évolué »[1], et n'est jamais parvenu à saisir le mouvement proprement historique et continu de l'évolution, parce qu'il n'a jamais porté un regard critique sur la nature même des concepts qu'il mobilisait. Ainsi, dans son système, l'évolution n'évolue-t-elle pas réellement, elle n'est que l'expression d'un résultat qui diffère dans le temps :

> Une évolution authentique doit [...] abolir toutes les limites, commencements, origines, forces, lois, buts. S'il y a évolution, toutes ces choses évoluent aussi et sont ce qu'elles sont comme points d'origine et de destination par rapport à quelque portion particulière de l'évolution. C'est en fonction du processus qu'il faut les définir, le processus qui est maintenant et toujours et non le processus en fonction d'elles[2].

## RENOUVELER LA PHILOSOPHIE

Comme nous l'indiquions, les questions touchant à l'évolution constituent pour Nietzsche, Bergson et Dewey un moyen mis au service de leurs entreprises philosophiques. Si celles-ci diffèrent voire s'opposent sur bien des aspects, il est possible de dégager un réseau de problèmes communs qui s'articulent autour de l'évolutionnisme et qui ont trait notamment à l'importance de la question du devenir, à la genèse et au dépassement de nos concepts et de nos catégories et, corrélativement, à une conception de la philosophie au service de l'action ou de l'expérimentation.

Ainsi, Nietzsche dénonce le « manque de sens historique », « l'égypticisme » des philosophes, qui affichent une préférence marquée pour le stable et l'immobile au détriment de ce qui se meut et évolue[3]. Cette attitude conduit à surestimer et à hypostasier les concepts et les catégories de notre intellect. Cependant, l'évolution nous montre que ceux-ci nous ont permis de façonner un monde dans lequel nous pouvons vivre[4], de nous ménager une certaine stabilité au sein d'un « *continuum* dont nous isolons

1. EC, p. 363.
2. J. Dewey, cité par G. Deledalle, *L'idée d'expérience dans la philosophie de John Dewey*, Paris, P.U.F., 1967, p. 272.
3. CI, « La "raison" dans la philosophie », § 1.
4. GS, § 121.

quelques éléments», où «nous ne percevons jamais un mouvement que sous forme de points isolés»[1]. De notre intelligence, il propose une généalogie toute darwinienne, au sens où elle serait fondamentalement constituée d'erreurs «propices à la conservation de l'espèce»[2].

L'étude de la vie devient dès lors pour Nietzsche le moyen privilégié d'une critique radicale de la métaphysique traditionnelle: en tant que phénomène processuel par excellence, la vie met notre intelligence en échec, en expose les insuffisances. Nietzsche construit dès lors une nouvelle interprétation de la réalité qu'il présente comme une «physio-psychologie» conçue «comme morphologie et *doctrine de l'évolution* [*Entwicklungslehre*] de la volonté de puissance»[3]. Il postule, pour saisir «l'essence de la vie», l'action de forces de nature pulsionnelle et affective, «spontanées, agressives, expansives, interprétant de manière nouvelle, ordonnant de manière nouvelle et donnant forme»[4]. Cette interprétation sert son projet éthique et culturel d'action sur les valeurs. Loin d'être transcendantes, ces dernières sont le fruit d'une histoire, et s'offrent donc désormais à un examen attentif concernant leur origine, leur mode de formation. Toute critique de nos valeurs passera par une «connaissance des conditions et des circonstances dans lesquelles elles ont poussé, à la faveur desquelles elles se sont développées ou déplacées»[5]. Une telle critique des valeurs vise à préparer leur dépassement, et les philosophes doivent être pour Nietzsche des «expérimentateurs», des «*hommes de tentative et de tentation* [*Versucher*]»[6], qui mettent à l'épreuve de nouvelles interprétations, de nouvelles perspectives afin d'intensifier la vie.

Bergson fait lui aussi de notre intelligence le produit d'une des branches de l'évolution. Elle est exclusivement destinée à l'action, et donc spécialement adaptée au «solide inorganisé»[7]. C'est précisément parce qu'elle obéit aux exigences de l'action, parce qu'elle est un instrument de la vie, que l'intelligence est incapable de penser la vie et son évolution sans les dénaturer. Ainsi, le finalisme découle du simple fait que nous nous proposons toujours un but en vue duquel agir. Le mécanisme résulte de notre tendance à concevoir la manière d'accomplir le but proposé, tâche en

1. GS, § 112.
2. GS, § 110.
3. PBM, § 23.
4. GM, II, § 12.
5. GM, «Préface», § 6.
6. PBM, § 42.
7. EC, p. 154.

vue de laquelle nous faisons usage de la causalité après avoir « extrait, de la nature, des similitudes qui nous permettent d'anticiper sur l'avenir »[1]. Comme chez Nietzsche, nous sommes dès lors conduits à une surestimation de la logique qui va de pair avec une disqualification du devenir. Bergson montre que les Grecs « aimèrent mieux donner tort au cours des choses » plutôt qu'à la pensée et au langage :

> Mais la réalité intelligible, celle qui devrait être, est plus réelle encore, et celle-là, dira-t-on, ne change pas. Sous le devenir qualitatif, sous le devenir évolutif, sous le devenir extensif, l'esprit doit chercher ce qui est réfractaire au changement : la qualité définissable, la forme ou essence, la fin[2].

Dans *L'évolution créatrice*, Bergson traduit l'imprévisible et continue création de nouveauté, « l'exigence de création »[3] qu'il discerne à l'œuvre dans le monde, par « l'image, empruntée au monde physique »[4], de l'élan vital. Il va jusqu'à réinterpréter le concept philosophique de Dieu, dans lequel il voit le point culminant de l'intellectualisme d'Aristote, comme une « continuité de jaillissement [...]; vie incessante, action, liberté »[5]. Bergson insiste sur la nature non matérielle mais psychologique de l'élan :

> La vie est en réalité d'ordre psychologique, et il est de l'essence du psychique d'envelopper une pluralité confuse de termes qui s'entre-pénètrent. [...] Si, dans son contact avec la matière, la vie est comparable à une impulsion ou à un élan, envisagée en elle-même elle est une immensité de virtualité, un empiètement mutuel de mille et mille tendances qui ne seront pourtant « mille et mille » qu'une fois extériorisées les unes par rapport aux autres, c'est-à-dire spatialisées[6].

Cette conception de la réalité consiste pour Bergson en « une préparation à bien vivre », en tant qu'elle nous permet de nous concevoir comme participant au processus de création, comme « créateurs de nous-mêmes »[7]. L'évolutionnisme « nous donne aussi plus de force pour agir et pour vivre »[8]. Il nous montre qu'« un être vivant est un centre d'action » qui introduit « une certaine somme de contingence » dans le monde[9].

1. EC, p. 44.
2. EC, p. 313-314.
3. EC, p. 252.
4. EC, p. 258.
5. EC, p. 154.
6. EC, p. 258-259.
7. PR, p. 116.
8. EC, p. 271.
9. EC, p. 262.

C'est avec l'homme, en tant qu'il est l'animal le moins déterminé, que cette capacité d'action, synonyme d'invention, comprise dans l'évolution, s'incarne le plus pleinement : « *tout se passe comme si un être indécis et flou, qu'on pourra appeler, comme on voudra,* homme *ou* sur-homme, *avait cherché à se réaliser* »[1].

Quant à lui, Dewey voit dans le darwinisme la possibilité d'enfin dépasser « l'hypothèse de la supériorité du fixe et du final », « le traitement du changement et de l'origine comme signes de défaut et d'irréalité »[2]. Il constate également que, face à la réalité changeante, on a cherché « les objets et les organes de la connaissance appropriés [...] dans une région transcendante et surnaturelle »[3]. L'enjeu de sa critique n'est pas seulement théorique mais également éthique et politique : « cette habitude conduit la pensée à chercher un remède transcendant et global pour les maux, et une garantie transcendante et globale pour les biens »[4].

L'intelligence est conçue par Dewey comme un instrument, en tant qu'elle prolonge les activités vitales par lesquelles tout organisme s'adapte à son milieu : les idées sont définies par leur opérationnalité et par leur fonction. L'adaptation dénote un processus actif par lequel l'organisme fait plus que simplement s'ajuster aux conditions extérieures mais rend ces dernières adéquates à ses propres besoins et objectifs. L'intelligence intervient alors comme un facteur de contrôle et de sélection consciente de biens particuliers donnés dans des situations spécifiques.

Chez Dewey, normes et valeurs n'existent pas en dehors de l'expérience mais émergent dans le processus interactif. Ce sont des événements naturels qui possèdent une histoire et, par conséquent, une genèse. La méthode expérimentale correspond à une nouvelle forme d'enquête sur les conditions de production des valeurs. Tirer les conséquences du darwinisme en philosophie revient à introduire la logique expérimentale dans le « jardin de la vie » et, par là, à l'appliquer « à l'esprit, à la morale et à la vie »[5]. En renonçant « à toute enquête sur les origines absolues et les finalités absolues », le propre d'une approche expérimentale consiste à « explorer les valeurs spécifiques et les conditions spécifiques qui engendrent ces valeurs »[6]. Elle provoque donc un changement radical

1. EC, p. 266-267.
2. IDP, p. 19.
3. IDP, p. 23-24.
4. IDP, p. 31.
5. IDP, p. 25.
6. IDP, p. 29.

d'intérêt mais aussi d'attitude : l'abandon d'une approche globale ou métaphysique en faveur d'une approche locale et expérimentale qui se focalise sur les conditions spécifiques d'émergence et de production (biologiques, historiques, culturelles, etc.) des phénomènes observés[1]. Ici encore, ce nouvel intérêt philosophique est ultimement pratique, en ce qu'il porte sur « l'accroissement immédiat de la justice et du bonheur »[2], sur la question de la maîtrise du « cours des choses qui nous concernent spécifiquement » :

> Mais s'il est possible de saisir les conditions spécifiques des valeurs et les conséquences spécifiques des idées, la philosophie doit avec le temps devenir une méthode de localisation et d'interprétation des conflits les plus sérieux qui se produisent dans la vie, ainsi qu'une méthode permettant de projeter des manières d'y faire face : une méthode de diagnostics et de pronostics moraux et politiques[3].

Les évolutionnismes de Nietzsche, Bergson et Dewey, en nous ramenant à la réalité telle qu'elle se fait, nous permettent, chacun à sa manière, de retrouver le cours de l'action telle qu'elle se déroule, un cours ouvert, encore indéterminé et à produire. Tous trois font jouer un rôle central à la philosophie, qui devient un moyen privilégié pour nous permettre de prendre part, de manière productrice, au devenir. Celle-ci voit donc sa capacité de proposition restaurée là où elle avait été réduite selon Nietzsche à une théorie de la connaissance, à « une timide épochistique et théorie de l'abstinence »[4], ou comme l'écrit Bergson à une « simple cour d'enregistrement, chargée tout au plus de libeller en termes précis des sentences qui lui arrivent irrévocablement rendues »[5]. Qu'une telle restauration se soit appuyée sur les sciences du vivant, voilà qui n'est paradoxal qu'en apparence.

Christian J. Emden, dans sa contribution, replace la question de la relation de Nietzsche à Darwin et au darwinisme dans le contexte de la fragmentation des sciences du vivant dans la seconde moitié du XIX^e^ siècle, et montre que la philosophie de Nietzsche est compatible avec une perspective globalement darwinienne, mais s'oppose aux darwinismes vulgarisés de Strauss, Haeckel ou Spencer, encore imprégnés de téléologie et marqués par la tradition morale chrétienne. Werner Stegmaier montre comment Nietzsche a tiré toutes les conséquences de l'évolutionnisme pour la

1. IDP, p. 31.
2. *Ibid.*
3. IDP, p. 32-33.
4. PBM, § 205.
5. EC, p. 196.

philosophie. C'est au niveau des concepts eux-mêmes que se joue l'évolutionnisme de Nietzsche, qui se base sur une conception fluide et évolutive des concepts pour critiquer la métaphysique. Antoine Daratos reprend les principales critiques adressées par Nietzsche au darwinisme afin de montrer qu'elles concernent toutes, à leur manière, le problème de l'activité. Le darwinisme reflèterait pour Nietzsche un état de crise de l'action, auquel Nietzsche opposerait la notion d'« activité véritable » dont il s'agit d'esquisser les contours et de déterminer la portée.

Paul-Antoine Miquel propose une analyse de la vie chez Bergson, conçue comme élan vital et comme *tendance*, en tant qu'elle se distingue du vivant et de la matière, sans pour autant pouvoir en être pensée séparément. Il montre ainsi que l'ontologie bergsonienne conçoit la vie comme « internalisation de l'altérité » ou comme une recomposition permanente. Leonard Lawlor revient également sur la conception bergsonienne des rapports entre la vie et la matière, afin d'interroger le concept de Dieu comme *source de la mutabilité* à l'œuvre dans l'univers. Bergson construit son concept de Dieu sur base d'une analogie affective reposant sur l'émotion qui préside à toute création. Tano Posteraro reprend la critique que Bergson adresse au finalisme et à la notion de « possible » pour l'appliquer au darwinisme contemporain de Daniel Dennett, lequel apparaît alors prisonnier de « l'illusion rétrospective ».

Trevor Pearce replace la pensée de Dewey dans les débats opposant « néo-darwinistes » et « néo-lamarckistes » concernant l'origine et les modalités de la variation, et montre que l'idée d'une « variation dirigée » joue un rôle fondamental dans la psychologie et la philosophie sociale et politique de Dewey. La contribution de Didier Debaise se propose de dégager le sens de l'évènement que doit constituer, selon Dewey, le darwinisme pour la philosophie. Cet évènement réside dans la possibilité de faire advenir une nouvelle logique qui retrace la genèse empirique de nos concepts et qui accorde toute son importance à la question des intérêts et des conflits de valeurs, y compris dans la connaissance, ouvrant la voie à une conception de la philosophie comme enquête sur les valeurs qui sont à l'œuvre dans nos expériences. Enfin, Barbara Stiegler interroge la place du concept d'adaptation dans la théorie de l'évolution en revenant à Nietzsche et à Dewey et en retraçant leurs héritages dans les darwinismes contemporains de Gould, Levins et Lewontin. Elle montre que ces auteurs fournissent des ressources pour penser le rôle de l'inadaptation et du conflit dans l'évolution, pour refuser une conception atomiste et automatique de l'adaptation et pour mettre en avant le rôle actif que jouent les organismes.

Antoine DARATOS et Paul WALTER
Université Libre de Bruxelles

## NIETZSCHE, DARWIN ET LE « DARWINISME »

L'intérêt de Nietzsche pour les sciences du vivant a joué un rôle déterminant dans le développement de l'ensemble de son projet philosophique. Dans une lettre de l'été 1881 à son ami intime Franz Overbeck, il écrit : « Soit dit en confidence : le peu de temps que je peux travailler avec les yeux est maintenant consacré presque exclusivement à des études de médecine et de physiologie (j'ai été si mal instruit ! – et je dois *savoir* tant de choses !) »[1]. Par ailleurs, dans *Le Gai savoir* (1882-1887), Nietzsche défend l'idée selon laquelle le « darwinisme », expression désignant ici l'ensemble des sciences du vivant de son temps, est apparu grâce au contexte scientifique et philosophique prévalant autour des années 1800. C'est chez Hegel, dans l'idéalisme allemand à son apogée, qu'on peut retracer la relation intime entre la philosophie et la nouvelle compréhension de la nature qui gagna tant en influence grâce aux sciences du vivant au XIXe siècle :

> L'étonnant coup de patte par lequel *Hegel* coupa court à toutes les habitudes et mauvaises habitudes logiques lorsqu'il osa enseigner que les essentialités conceptuelles se développent *les unes à partir des autres :* principe par lequel les esprits se trouvèrent en Europe préformés au dernier grand mouvement scientifique, au darwinisme – car sans Hegel, pas de Darwin[2].

1. Lettre à Franz Overbeck du 21 août 1881. La correspondance de Nietzsche est citée d'après l'édition de référence F. Nietzsche, *Correspondance*, éd. G. Colli et M. Montinari, 4 tomes parus, Paris, Gallimard, 1986-2015.

2. GS, § 357. *Cf.* G. W. F. Hegel, *Encyclopédie des sciences philosophiques en abrégé*, trad. fr. B. Bourgeois, Paris, Vrin, 2012, § 368, p. 415-417. Pour une interprétation différente de ce passage, voir W. Stegmaier, « "ohne Hegel kein Darwin" : Kontextuelle Interpretation

Par une ironie de l'histoire, le déploiement de la conscience dans l'histoire et la nature tel que l'avait conçu l'idéalisme allemand aurait fourni les moyens conceptuels qui ont préparé le terrain à une théorie évolutionniste et à un naturalisme philosophique à même de se dispenser du *Geist*. Mais, s'il ne fait aucun doute que le projet de Nietzsche dans son ensemble peut être interprété comme une forme de naturalisme philosophique, cela signifie-t-il pour autant que Nietzsche est un « darwiniste » au sens strict du terme ?

## I

Cette question est en réalité bien plus complexe qu'on ne le suppose habituellement. En un certain sens, elle est comparable à la question de savoir si Darwin lui-même a réellement été un « darwiniste ». Bien qu'une telle question puisse paraître absurde, il est important d'apprécier le fait que dans les années 1870 – un petit peu plus de dix ans après la publication de *L'Origine des espèces* (1859) – la théorie darwinienne a profondément modifié les concepts et les théories de l'évolution, mais que le « darwinisme » est loin de constituer une position cohérente ou unifiée au sein des sciences du vivant. Darwin lui-même est parfaitement conscient du fait que la sélection naturelle et la variation laissent sans réponse une série de questions fondamentales (que la biologie moderne ne sera à même de traiter que dans les premières décennies du XX<sup>e</sup> siècle). La raison pour laquelle la question du darwinisme de Darwin est importante, aussi saugrenue qu'elle puisse paraître, est qu'elle permet d'éclairer la relation de Nietzsche à la théorie darwinienne de l'évolution par sélection naturelle et variation – une relation complexe, qui semble parfois incohérente ou ambiguë.

Tout d'abord, supposer que Nietzsche, ou même Darwin, ait été un « darwiniste » au sens de la synthèse néo-darwinienne de la biologie évolutionniste telle qu'elle a émergé au début du XXe siècle revient à commettre une erreur historique, à projeter rétroactivement l'image de la biologie du XXe siècle dans la seconde moitié du XIXe siècle. En un certain sens, en effet, les décennies qui suivent la publication de l'ouvrage pionnier de Darwin sont les « années folles » de la biologie évolutionniste. Il n'y a, pour résumer, ni d'unité méthodologique, ni d'unité théorique au sein des

des Aphorismus 357 aus dem V. Buch der *Fröhlichen Wissenschaft* », *Nietzscheforschung*, 17, 2010, p. 65-82.

sciences du vivant. Bien que l'ensemble de ces disciplines souscrivent à une conception évolutionniste du développement, elles le font sur des modes très différents et avec des résultats très contrastés : la sélection naturelle, la morphologie animale, la théorie cellulaire, la psychologie expérimentale et la recherche physiologique en laboratoire ne se recoupent que partiellement, même si elles contribueront malgré tout à l'émergence institutionnelle des sciences du vivant telles que nous les comprenons aujourd'hui[1]. La théorie cellulaire et la morphologie animale, par exemple, abordent fréquemment des problèmes – tels que la division cellulaire, l'hérédité ou le développement morphologique des embryons – que le modèle de la sélection naturelle n'est pas encore en mesure d'intégrer.

En tenant compte d'un tel contexte, il semble problématique de se contenter d'affirmer que Nietzsche a été un « darwiniste » et de supposer que ses vues concernant l'émergence et la transformation des valeurs morales puissent être mieux fondées de ce simple fait. Après tout, dans les années 1880, alors qu'il travaille à *Par-delà bien et mal* (1886) et à *La généalogie de morale* (1887), tous les problèmes biologiques ne sont pas traités à partir de la sélection naturelle et de l'adaptation[2]. Dans ce chapitre, j'aimerais donc examiner en détail la relation complexe que Nietzsche a entretenue avec Darwin. Je chercherai à montrer qu'il ne rejette pas Darwin en invoquant un modèle lamarckien ou un retour à la *Naturphilosophie* romantique, mais qu'il n'adhère pas non plus au « darwinisme » au sens strict du terme, étant donné que pendant les années 1870 et 1880, ce terme relève plutôt du slogan accrocheur, et ne correspond pas à un modèle théorique véritablement unifié.

La relation de Nietzsche à Darwin a toujours été une question controversée qui, déjà du vivant de Nietzsche, exerce une influence sur la perception de ses écrits. En 1872, l'année où Nietzsche publie son premier livre, *La Naissance de la tragédie*, son ami Heinrich Romundt – qui était, comme Nietzsche, un philologue classique passé à la philosophie après avoir découvert Schopenhauer et Kant – publie sa thèse d'habilitation, laquelle situe Nietzsche, alors principalement connu comme philologue,

1. Voir L. K. Nyhart, *Biology Takes Form: Animal Morphology and the German Universities, 1800-1900*, Chicago, U.C.P., 1995 et R. J. Richards, *The Meaning of Evolution : The Morphological Construction and Ideological Reconstruction of Darwin's Theory*, Chicago, U.C.P., 1992.

2. Concernant l'hypothèse selon laquelle Nietzsche serait un critique des théories darwiniennes de l'évolution, voir par ex. D. A. Johnson, *Nietzsche's Anti-Darwinism*, Cambridge, CUP, 2010 et G. Moore, « Nietzsche and Evolutionary Theory », *in* K. Ansell-Pearson (ed.), *A Companion to Nietzsche*, Oxford, Blackwell, 2006, p. 517-531.

dans un contexte darwinien[1]. Bien que *La Naissance de la tragédie* puisse parfois, de manière plutôt légère, recourir à des motifs biologiques, elle ne contient bien entendu aucun dialogue soutenu avec les sciences du vivant. Mais le « darwinisme » est alors dans l'air du temps, de même que l'accusation de « darwinisme ». Très tôt, une contribution à la célèbre querelle entre Nietzsche et Ulrich von Willamowitz-Möllendorf accuse l'interprétation nietzschéenne de la tragédie de colporter le « darwinisme et le matérialisme traduits dans le domaine de la musique », suggérant par-là que ce n'est pas Schopenhauer mais Darwin qui se trouve à l'arrière-plan des idées de Nietzsche[2].

Pour le protestantisme intellectuel dominant dans l'Allemagne du XIX^e^ siècle, Darwin représente sans conteste une menace plus importante que Schopenhauer, et le rapport de Nietzsche à Darwin est au centre de nombreux comptes rendus consacrés à sa première *Considération inactuelle, David Strauss, l'apôtre et l'écrivain* (1873). Beaucoup de ces recensions cherchent à établir lequel, de Nietzsche ou de Strauss, appréhende de la manière la plus exacte les implications sociales et philosophiques de la théorie de l'évolution de Darwin[3]. La critique nietzschéenne de Strauss est également comparée à l'attaque portée par Schopenhauer contre l'idéalisme allemand : Nietzsche aurait prétendument ajouté à la métaphysique de Schopenhauer une sorte de darwinisme social *avant la lettre**, lequel, dans les années 1870 déjà, est considéré comme reposant sur la primauté de la force brute par rapport à l'intellect ou au *Geist*. Pour Franz Hoffmann, élève du métaphysicien ésotérique et fervent conservateur Franz von Baader, une telle position ne peut que mener à « la mort de tout droit et de toute morale »[4], étant donné que Nietzche n'accorde pas un statut spécifique au *Geist* humain vis-à-vis du reste de la nature. Selon Hoffmann, la menace la plus importante posée par le naturalisme de

1. Voir H. Romundt, *Die menschliche Erkenntniß und das Wesen der Dinge*, Basel, Georg's Verlags-Buchhandlung, 1872, p. 88.

2. Voir le compte rendu dans l'*Allgemeiner literarischer Anzeiger für das evangelische Deutschland*, 11, janvier-juin 1873, p. 64-65, qui traite des attaques de Ulrich von Wilamowitz-Möllendorff contre le travail de Nietzsche, *Zukunftsphilologie! Eine Erwiderung auf Friedrich Nietzsche's Geburt der* Tragödie, Bonn, Borntraeger, 1872.

3. Voir par ex. les comptes rendus dans *Schweizer Grenzpost und Tagblatt der Stadt Basel*, 15 et 16 septembre 1873, p. 218-219; *Augsburger Allgemeine Zeitung*, 22 et 23 septembre 1873, p. 265-266; *Theologischer Jahresbericht*, 9/7, 1874, p. 306-307; *Zeitschrift für exacte Philosophie im Sinne des neueren Realismus*, 11, 1875, p. 65-76.

4. F. Hoffmann, « Unzeitgemässe Betrachtugnen von Dr Friedrich Nietzsche », in *Philosophische Schriften*, V, Erlangen, Deichert, 1878, p. 410-447, en part. p. 432-433.

Darwin et de Nietzsche réside dans sa dimension temporelle : l'idée que les espèces ou les valeurs morales sont toujours soumises au changement jure totalement avec le transcendantalisme de Hoffmann, pour lequel les valeurs morales ne peuvent être qu'éternelles[1]. De manière pour le moins étrange, Hoffmann tente de montrer que Nietzsche a simplement mal compris Darwin, puisque Darwin lui-même, selon Hoffmann, souscrit à une théorie de la préformation permettant tant bien que mal de sauvegarder l'idée d'une essence stable du *Geist* humain et de la moralité déjà présente dans les cellules individuelles[2].

L'adhésion en apparence pleine et entière de Nietzsche à des versions vulgarisées du darwinisme, et les implications perçues comme amorales d'une telle adhésion, demeureront par la suite un thème central de l'accueil publiquement réservé à ses travaux. Dans les années 1880, alors que ses publications touchent une audience bien plus large qu'on ne l'imagine souvent, il est communément admis que les vues de Nietzsche sur la vie morale et sur la nature humaine sont d'une manière ou d'une autre apparentées à Darwin[3]. Certains commentateurs saluent même avec enthousiasme le « darwinisme » présumé de Nietzsche, au motif qu'il mettrait enfin un terme aux positions métaphysiques obsolètes qui persistent dans la philosophie traditionnelle[4]. Toutefois, de nombreux lecteurs, en particulier ceux proches de l'*establishment* protestant en Allemagne, sont horrifiés par la manière avec laquelle Nietzsche semble défendre une théorie morale fortement « darwiniste » qui à leurs yeux met en évidence le pur égoïsme et la force brute, et relègue l'altruisme, le désintéressement, la pitié et la primauté des communautés morales dans les poubelles de

1. *Ibid.*, p. 434.

2. *Ibid.*, p. 436. Hoffmann fait réference à F. von Baader, *Über das natürliche Verhältniss zwischen Gott, dem Menschen und der Welt*, in *Sämmtliche Werke*, hrsg. von F. Hoffmann, J. Hamberger, A. Lutterbeck, F. von Osten, and C. Schlüte, XII, Leipzig, Verlag des literarischen Instituts, 1860, p. 163-232, en part. p. 175, mais il s'appuie également sur le travail botanique d'A. Wigand, *Die Genealogie der Urzellen als Lösung des Descendenz-Problems, oder die Entstehung der Arten ohne natürliche Zuchtwahl*, Braunschweig, Vieweg & Sohn, 1872, lequel s'opposait à la théorie darwinienne de l'évolution sur base du fait qu'elle n'était pas encore capable d'expliquer complètement l'évolution des plantes.

3. Ce rapprochement était bien entendu souvent réalisé sur un mode critique. Voir, par ex., P. Michaelis, « Zur Genealogie der Moral », *Nationalzeitung*, Bd. 41, n°164, 11 mars 1888, p. 1-3 et R. Schellwien, *Max Stirner und Friedrich Nietzsche : Erscheinungen des modernen Geistes und das Wesen des Menschen*, Leipzig, Pfeffer, 1892.

4. Voir, par ex., H. Herrig, « Ein moderner "Freigeist" », *Die Gegenwart*, Bd. 18, n°32, 7 août 1880, p. 85-87.

l'histoire[1]. Par ailleurs, un auteur comme Alexander Tille, qui traduit les écrits de Nietzsche en anglais et cherche à populariser ses idées dans le contexte intellectuel britannique fortement marqué par l'utilitarisme, le présentera dans les années 1890 comme un véritable darwiniste social, dont l'avantage sur des philosophes anglais plus libéraux comme Herbert Spencer consisterait dans une conception organique de la race et du *Volk*[2].

Étant donné l'interprétation erronée des rapports de Nietzsche au « darwinisme » qui a prévalu tout au long de sa vie, il n'est pas particulièrement surprenant que le débat actuel sur cette question reste marqué par la question de savoir si la philosophie de Nietzsche peut, oui ou non, être comprise comme une forme de « darwinisme ». Je chercherai cependant à montrer que cette question elle-même est, par bien des aspects, mal posée : Nietzsche n'est pas un « darwiniste » au sens où ce terme était entendu par la plupart des intellectuels célèbres du XIXe siècle, mais il accepte néanmoins une perspective globalement darwinienne[3].

## II

Vers le milieu du XIXe siècle, les sciences du vivant constituent encore un ensemble de disciplines émergentes dont les fondations conceptuelles incertaines sont encore marquées par le discours de la *Naturphilosophie*. À n'en pas douter, ce phénomène n'est pas spécifiquement allemand[4]. Dans ses carnets de la fin des années 1830, Charles Darwin fait référence avec enthousiasme à des auteurs étroitement apparentés à la *Naturphilosophie* romantique, dont Gottfried Reinhold Treviranus, qui a forgé le terme « biologie »[5]. Ainsi, lorsque Nietzsche et Darwin font allusion à

1. Voir, par ex., G. H. Graue, *Darwinismus und Sittlichkeit*, Berlin, Habel, 1879, p. 15-18, qui critiquait à la fois *Humain, trop humain* de Nietzsche et *L'origine des sentiments moraux* de Rée.

2. Voir A. Tille, *Von Darwin bis Nietzsche : Ein Buch Entwicklungsethik*, Leipzig, Naumann, 1895.

3. Pour un développement plus philosophique qui corrobore notre présentation historique, voir J. Richardson, *Nietzsche's New Darwinism*, Oxford, OUP, 2004.

4. Les biologistes et philosophes britanniques avaient une bonne connaissance de la *Naturphilosophie* allemande, grâce notamment à J. B. Stallo, *General Principles of the Philosophy of Nature, with an Outline of Some of Its Recent Developments among the Germans, Embracing the Philosophical Systems of Schelling and Hegel, and Oken's System of Nature*, London, Chapman, 1848.

5. Voir C. Darwin, « Notebooks on Transmutation of Species, Part II : Second Notebook (February to July 1838), edited with an Introduction by Sir Gavin de Beer », *Bulletin of the*

l'évolution, ils ont à l'esprit quelque chose de bien différent de ce que nous entendons aujourd'hui par ce terme. Il convient également de souligner le fait que la rencontre de Nietzsche avec les sciences du vivant précède de plus d'une décennie les textes dans lesquels il étaye de manière plus explicitement darwinienne son interprétation critique de la moralité. Dès 1868, il s'intéresse à une conception naturaliste de « la vie » qui commence à prédominer dans ses carnets des mois d'avril-mai sous le titre général « La téléologie à partir de Kant »[1]. Bien que la thèse qu'il projette alors sur les conceptions postkantiennes de la téléologie et du développement ne verra jamais le jour, Nietzsche lit de nombreux ouvrages de sciences du vivant qui façonneront sans conteste sa pensée de la maturité[2]. Sa lecture de l'*Histoire du matérialisme* (1866) de Friedrich Albert Lange joue un rôle décisif, et lui permet de situer ses études scientifiques dans un cadre théorique qui met spécifiquement l'accent sur la complexité des questions philosophiques soulevées par les sciences du vivant[3].

Par ailleurs, les sciences biologiques du XIXe siècle ne sont pas toujours à même de se défaire du langage des époques précédentes. La question de la téléologie, comme Nietzsche en viendra à le comprendre, illustre très bien ce phénomène. Il est facile de supposer que Darwin a éradiqué le problème de la téléologie en expliquant l'évolution en termes de fonctions et non plus de fins. Néanmoins, les théories de la génération, de la sélection et de l'adaptation introduisent des modèles téléologiques dans le discours évolutionniste, et même les partisans de la théorie darwinienne, comme Lange,

*British Museum (Natural History) : Historical Series*, vol. 2, n°3, mai 1969, p. 75-118, en part. p. 93, p. 98 et p. 108. Darwin mentionne ici G. R. Treviranus, *Biologie, oder Philosophie der lebenden Natur für Naturforscher und Aerzte*, Göttingen, Röwer, 1802-1822 et C. G. Carus, « On the Kingdoms of Nature, their Life and Affinities », *Scientific Memoirs Selected from the Transactions of Foreign Academies of Science and Learned Societies and from Foreign Journals*, 1, 1837, p. 223-254.

1. F. Nietzsche, *La téléologie à partir de Kant*, trad. fr. A. Taton, Paris, Eterotopia France, 2017, 62 [6]. Cette édition française rassemble des fragments posthumes de jeunesse non repris dans la traduction française des *Œuvres philosophiques complètes* éditées chez Gallimard. Pour l'édition allemande, voir *Werke : Kritische Gesamtausgabe*, hrsg. von G. Colli, M. Montinari, Berlin-New York, Walter de Gruyter, 1967-, I/4.

2. Ces lectures comprenaient des travaux fondateurs, comme J. Müller, *Handbuch der Physiologie des Menschen,* Koblenz, Hölscher, 1833-1840 et W. Wundt, *Vorlesungen über die Menschen- und Thierseele*, Leipzig, Voss, 1863. Pour la liste des lectures de Nietzsche à l'époque, voir F. Nietzsche, *La téléologie à partir de Kant*, *op. cit.*, 62 [48] et [53].

3. Pour la présentation de Darwin par F.-A. Lange, voir sa *Geschichte des Materialismus und Kritik seiner Bedeutung in der Gegenwart,* Iserlohn, Baedeker, 1866, 397-403 (voir également la trad. fr. de la 2e éd., *Histoire du matérialisme et critique de son importance à notre époque*, t. II, trad. fr. B. Pommerol, Paris, C. Reinwald, 1879, p. 263 *sq.*).

voient chez Darwin une tendance à parler et à raisonner sur un mode téléologique[1].

Si Darwin critique fortement la téléologie au sens d'une simple tendance orientée vers un but, une telle conception de la téléologie n'est en aucun cas la seule possible[2]. Ainsi, Lange conclut sa discussion de Darwin en insistant sur la nécessité de séparer de la notion d'utilité ou d'adaptation à un but (*Zweckmäßigkeit*), comprise en référence à des fonctions biologiques, d'un programme téléologique fort concevant la nature comme intrinsèquement orientée vers un but[3]. Les carnets du jeune Nietzsche indiquent sans conteste qu'il est au fait de tels problèmes et qu'il les inscrit dans un cadre kantien : la téléologie n'existe pas dans la nature, mais fait office d'idée régulatrice permettant de faire du monde naturel un objet de connaissance[4]. La seule fin dans la nature, si vraiment il peut être question d'une telle chose, est la robustesse permettant la survie des organismes. Ainsi, dans un premier plan de l'essai qu'il projette sur la téléologie, datant probablement de la fin avril 1868, Nietzsche donne l'impression de vouloir redéfinir le concept de téléologie de manière à conserver la notion de fin, réélaborée dans les termes de la robustesse fonctionnelle des organismes :

> 1. Suppression de la représentation élargie de la téléologie.
> 2. Limites du concept. Ce qui est conforme à une fin dans la nature.

1. Voir L. K. Nyhart, *Biology Takes Form*, *op. cit.*, p. 105-142 et T. Lenoir, *The Strategy of Life : Teleology and Mechanics in Nineteenth-Century German Biology*, Dordrecht, Reidel, 1982, p. 156-194. Pour les remarques de Lange, voir *Geschichte des Materialismus*, *op. cit.*, p. 401.

2. Concernant le rapport ambivalent de Darwin aux modèles téléologiques, voir M. Grene and D. Depew, *The Philosophy of Biology : An Episodic History*, Cambridge, CUP, 2004, p. 208-215.

3. Voir F.-A. Lange, *Geschichte des Materialismus*, *op. cit.*, p. 405. Voir également O. Caspari, « Der Begriff der "Zielstrebigkeit" », in *Der Zusammenhang der Dinge : Gesammelte philosophische Aufsätze*, Breslau, Trewendt, 1881, p. 105-140, p. 122-124, p. 130-131 et p. 136.

4. Pour une présentation complète de cette question, voir C. J. Emden, « Nietzsche, Kant, and Teleology » *in* K. Ameriks, N. Boyle, et L. Disley (eds.), *The Impact of Idealism : The Legacy of Post-Kantian German Thought, Volume I. Philosophy and Natural Sciences*, Cambridge, CUP, 2013, p. 166-190. Concernant les notes du jeune Nietzsche sur la téléologie, voir notamment R. K. Hill, *Nietzsche's Critiques : The Kantian Foundations of His Thought*, Oxford, Clarendon Press, 2003, p. 83-94 et E. Miller, « Nietzsche on Individuation and Purposiveness in Nature », *in* K. Ansell-Pearson (ed.), *A Companion to Nietzsche*, *op. cit.*, p. 58-75, en part. p. 62-64.

3. [Être] conforme à une fin égale [être] viable.
4. Les organismes comme pluralités et unités[1].

Nietzsche n'a évidemment aucune intention de revenir à des idées pré-kantiennes sur la téléologie. L'hypothèse selon laquelle il existe quelque chose comme des fonctions biologiques reste compatible avec un cadre kantien et va de pair avec « l'organisation humaine »[2], comme il l'écrit dans un second plan probablement en mai 1868. Si la téléologie n'est pas présente dans la nature, comment les êtres humains, en tant qu'êtres naturels, peuvent-ils persévérer dans des explications téléologiques? En conséquence, Nietzsche ne peut plus répondre à la question de savoir à quoi l'idée de fin pourrait correspondre dans la nature : « Force de vie = »[3]. Même en tant que fiction régulatrice, la téléologie pourrait être une notion dénuée de sens.

En dépit de ce rejet précoce de la téléologie, Nietzsche continue dans les années suivantes à consulter des travaux de biologistes, en particulier de botanistes, qui doutent que la sélection naturelle et la variation aléatoire suffisent pour expliquer la transmission de traits d'une génération à une autre. Vers le milieu des années 1880, Nietzsche étudie ainsi de manière approfondie le travail du botaniste munichois Carl von Nägeli[4]. Nägeli n'hésite pas à concevoir l'émergence de l'ordre comme le résultat d'une tendance intrinsèque à la nature et régie par des lois. Contrairement à Darwin, il doit faire l'hypothèse que le hasard et les circonstances externes n'ont aucune influence sur les processus évolutifs. En conséquence, une forte dimension téléologique s'insinue dans sa théorie[5]. Nietzsche est quant à lui moins convaincu qu'une telle orientation représente une option raisonnable, même s'il se plaint, dans le brouillon d'une lettre à Overbeck

1. F. Nietzsche, *La téléologie depuis Kant, op. cit.*, 62 [37] (trad. mod.).

2. *Ibid.*, 62 [49].

3. *Ibid.*

4. Voir C. von Nägeli, « Die Schranken der naturwissenschaftlichen Erkenntniss », in *Mechanisch-physiologische Theorie der Abstammungslehre*, Munich, Oldenbourg, 1884, p. 555-680. L'essai de Nägeli, publié pour la première fois en 1877, se voulait une réponse directe à l'ouvrage de E. DuBois-Reymond, *Über die Grenzen des Naturerkennens : Ein Vortrag in der zweiten öffentlichen Sitzung der 45. Versammlung deutscher Naturforscher und Ärzte zu Leipzig am 14. August 1872*, Leipzig, Veit, 1872.

5. Voir les remarques de Darwin sur les lois de la variation et les « conditions d'existence », dans C. Darwin, *L'Origine des espèces*, trad. fr. E. Barbier revue par D. Becquemont, Paris, Flammarion, 1992, chap. V et p. 268.

de juillet 1886, de ce que le travail de Nägeli a été marginalisé par « les darwinistes »[1].

Selon de nombreux commentateurs, Nietzsche était très critique par rapport à Darwin et au darwinisme, et rejetait même tout bonnement les principes centraux de la théorie darwinienne de l'évolution[2]. Il convient cependant de rester prudent, en particulier au vu de la réception inégale des concepts darwiniens d'évolution et de filiation parmi les biologistes allemands à partir des années 1860[3]. La connaissance qu'a Nietzsche de Darwin est dans une large mesure tirée d'autres philosophes et de biologistes, tels que Lange, Nägeli et Otto Caspari[4]. Comme il le confie déjà à son ami Carl von Gersdorff le 16 février 1868, l'ouvrage de Lange lui a fourni des indications essentielles tant sur le travail scientifique de Darwin que sur ses possibles ramifications philosophiques[5]. Nietzsche trouve également une présentation étonnamment complète des arguments centraux de Darwin dans certains des travaux d'Eduard von Hartmann, même s'il rejette les conclusions de ce dernier concernant un principe organique à l'œuvre dans la nature[6]. De même, Oscar Schmidt, un zoologiste qui a adhéré dès le départ à la théorie darwinienne, fournit à Nietzsche un aperçu

1. Lettre à Franz Overbeck (brouillon) du 14 juillet 1886.

2. Voir D. R. Johnson, « One Hundred Twenty-Two Years Later: Reassessing the Nietzsche-Darwin Relationship », C. Wilson, « Darwin and Nietzsche : Selection, Evolution, and Morality », tous deux dans *Journal of Nietzsche Studies*, 44/2, 2013, p. 342-353 et p. 354-370. Voir également G. Moore, *Nietzsche, Biology and Metaphor*, Cambridge, CUP, 2002, p. 21-55 et R. Small, *Nietzsche and Rée : À Star Friendship*, Oxford, Clarendon Press, 2005, p. 181-198. La thèse de l'anti-darwinisme supposé de Nietzsche fut défendue pour la première fois par C. Richter, *Nietzsche et les théories biologiques contemporaines*, Paris, Mercure de France, 1911, p. 233-234, qui chercha à faire de Nietzsche un partisan de Lamarck. Pour la thèse opposée, voir W. Stegmaier, « Darwin, Darwinismus, Nietzsche : Zum Problem der Évolution », *Nietzsche-Studien*, 16, 1987, p. 264-287. Sur l'ambivalence du rapport de Nietzsche à Darwin et au darwinisme, voir A. U. Sommer, « Nietzsche mit und gegen Darwin in den Schriften von 1888 », *Nietzscheforschung*, 17, 2010, p. 31-44 et K. Ansell-Pearson, « Nietzsche contra Darwin », in *Viroid Life : Perspectives on Nietzsche and the Transhuman Condition*, London, Routledge, 1997, p. 85-122.

3. See L. K. Nyhart, *Biology Takes Form, op. cit.*, p. 105-142.

4. Voir par ex. F.-A. Lange, *Geschichte des Materialismus*, p. 397-403. Sur la lecture de Darwin par Nietzsche, voir T. H. Brobjer, *Nietzsche and the "English" : The Influence of British and American Thinking on His Philosophy*, Amherst (N.Y.), Humanity Books, 2008, p. 235-271.

5. Lettre à Carl von Gersdorff du 16 février 1868.

6. Voir E. von Hartmann, *Wahrheit und Irrthum im Darwinismus : Eine kritische Darstellung der organischen Entwickelungstheorie*, Berlin, Duncker, 1875, p. 26-53 et p. 67-108 [trad. fr. G. Guéroult, *Le darwinisme. Ce qu'il y a de vrai et de faux dans cette théorie*, Paris, Germer Baillère, 1877].

historique détaillé de l'histoire de la pensée évolutionniste depuis la fin du XVIIIe siècle jusqu'à Darwin. Enfin, il n'est pas particulièrement ardu de reconstruire les découvertes de Darwin sur base de *Descendenzlehre und Darwinismus* de Schmidt (1873), et l'ouvrage de Karl Semper *Die natürlichen Existenzbedingungen der Thiere* (1880) cite certains des plus importants passages de *L'Origine des espèces*[1].

Lors d'un séjour dans les Alpes bernoises en 1877, après plusieurs conversations avec le philosophe britannique George Croom Robertson, éditeur de la revue *Mind*, alors nouvellement fondée, Nietzsche semble regarder « la philosophie avec Darwin »[2] d'un œil assez favorable[3]. Il espère même que « cette direction [...] soit publiquement reconnue » à travers le travail de son ami Paul Rée, qui vient de publier *De l'origine des sentiments moraux* (1877), ouvrage qui sera suivi par *La genèse de la conscience morale* (1885) (comme on le sait, Nietzsche critiquera sévèrement les idées de Rée après que leur amitié ait abruptement pris fin en 1882). Ses remarques critiques au sujet de Rée dans la préface à *La généalogie de la morale* sont souvent lues comme le signe d'une prise de distance par rapport à Darwin : Rée s'étant totalement rallié à Darwin, il est facile de supposer que le rejet de Rée par Nietzsche implique également un rejet de Darwin[4]. Or, du point de vue de Nietzsche, le problème de Rée n'est pas tant qu'il travaille dans un cadre darwinien, mais que « dans ses hypothèses, de manière pour le moins divertissante, la bête darwinienne et le petit bout de chou de la morale qui "ne mord plus", suprêmement moderne et modeste, se tendent gentiment la main »[5]. La « bête darwinienne » est de loin plus acceptable aux yeux de Nietzsche que l'altruiste hypocrite et, à choisir, la première demeure bien plus intéressante que le second. Le fait que Nietzsche exprime le souhait, dans *Ecce Homo*, que sa philosophie ne soit pas confondue avec le darwinisme[6], indique donc moins une position réellement anti-darwinienne qu'une frustration par rapport à l'image

1. Voir O. Schmidt, *Descendenzlehre und Darwinismus*, Leipzig, Brockhaus, 1873, p. 73-151 (*Descendance et darwinisme*, éd. E. Alglave, Paris, Alcan, 1885), et les notes en fin de texte du chap. I de K. Semper, *Die natürlichen Existenzbedingungen der Thiere*, Leipzig, Brockhaus, 1880, t. 1, p. 249.

2. Lettre à Paul Rée, août 1877.

3. Voir également les Lettres à Paul Rée, août 1877; à Malwida von Meysenburg, du 4 août 1877; à Elisabeth Nietzsche, du 7 août 1877.

4. Pour un exemple de cet argument, voir R. Small, *Nietzsche and Rée*, *op. cit.*, p. 181-186.

5. GM, « Préface », § 7.

6. EH, « Pourquoi j'écris de si bons livres », § 1.

vulgarisée de Darwin qui est alors répandue parmi les philosophes et les intellectuels en vue en Angleterre comme en Allemagne.

Le scepticisme de Nietzsche envers cette image vulgarisée de Darwin et du darwinisme n'est pas dénué de fondement. La situation est en effet complexe. La théorie darwinienne de l'évolution par sélection naturelle et adaptation pèse sur le développement de la biologie évolutionniste dans la seconde moitié du XIXe siècle, sans recouper entièrement ce que l'on désigne alors – et encore aujourd'hui – par le terme de « darwinisme »[1]. Par exemple, bien que la théorie du plasma germinatif d'August Weismann ne soit pas totalement compatible avec certaines idées de Darwin, Weismann ne la considère pas comme un rejet de Darwin : il cherche simplement à affiner l'approche de ce dernier, en déplaçant l'attention depuis les espèces, les individus et les traits biologiques sur les cellules[2]. La démarche weismanienne qui cherche à combler l'écart séparant différentes approches théoriques de l'évolution se retrouve chez d'autres biologistes consultés par Nietzsche, comme Karl Semper and Wilhelm His[3]. Ce dernier conclut d'ailleurs qu'étant données les incertitudes théoriques et expérimentales des sciences du vivant, il convient de ne laisser aucune place au dogmatisme, lequel ne pourrait que nuire à la compréhension de l'évolution[4]. En d'autres termes, la désunion des sciences du vivant de l'époque est épistémologiquement plus profitable que le dogmatisme positiviste affiché par des intellectuels à la mode qui cherchent à populariser un « darwinisme » unifié.

Après s'être plongé pendant presque deux décennies dans certains des plus importants débats des sciences du vivant, Nietzsche commence à situer son propre projet philosophique en rapport avec, notamment,

1. Voir J. Gayon, « From Darwin to Today in Evolutionary Biology », *in* J. Hodge and G. Radick (eds.), *The Cambridge Companion to Darwin*, Cambridge, CUP, 2003, p. 240-264, en part. p. 241.

2. Voir A. Weismann, *Die Continuität des Keimplasma's als Grundlage einer Theorie der Vererbung : Ein Vortrag*, Jena, Fischer, 1885, p. 5-6 et p. 61-64 [trad. fr. H. de Varigny, « La continuité du plasma germinatif », *in* A. Weismann, *L'hérédité et la sélection naturelle*, Paris, Reinwald, 1892, p. 157-244]; *Über die Berechtigung der Darwin'schen Theorie*, Leipzig, Engelmann, 1868; *Über die Vererbung : Ein Vortrag*, Jena, Fischer, p. 1883 (« L'hérédité », dans A. Weismann, *L'hérédité et la sélection naturelle*, *op. cit.*, p. 117-156).

3. Voir K. Semper, *Die natürlichen Existenzbedingungen der Thiere*, t. I, p. 1-2, p. 20, p. 23 et p. 27 ; W. His, *Unsere Körperform und das physiologische Problem ihrer Entstehung : Briefe an einen befreundeten Naturforscher*, Leizpig, Vogel, 1874, p. 176 et p. 207-214.

4. Voir *ibid.*, p. 214-215.

la morphologie animale[1]. Cette dernière cherche, du point de vue de Nietzsche, à proposer une explication cohérente du développement et de la diversification des formes du vivant, tandis que la généalogie, telle que Nietzsche en formule le projet au milieu des années 1880, vise de la même manière à établir une théorie descriptive de l'évolution de la moralité. Observer « *l'évolution de la volonté de puissance* » nécessite quelque chose d'apparenté à la « morphologie », comme il le suggère dans *Par-delà bien et mal*[2]. Toutefois, cette référence à la morphologie ne devrait pas être interprétée comme une prise de distance par rapport à la théorie darwinienne de l'évolution : Darwin lui-même décrit la morphologie comme « la partie la plus intéressante de l'histoire naturelle »[3].

Nietzsche est de fait très critique quant à une série d'idées « darwinistes » qui se sont installées dans l'imagination populaire du XIXe siècle, comme celle du lien présumé entre la sélection naturelle des mieux adaptés et l'idée d'un progrès de l'humanité[4]. Cependant, ses attaques principales visent moins Darwin que « l'école de Darwin » représentée entre autres par Spencer, Strauss et Ernst Haeckel[5]. Il voit dans la pensée de ce dernier « une philosophie pour garçons-bouchers », une théorie spéculative largement dépourvue de faits[6]. Nietzsche en vient à se méfier tout particulièrement de la forte tendance téléologique qu'il discerne dans la réception allemande de Darwin et qui semble aller de pair, dans les conceptions populaires du darwinisme, avec les idéologies du progrès caractéristiques

1. FP XI, 36 [19].

2. PBM, § 23

3. C. Darwin, *L'Origine des espèces, op. cit.*, p. 504-505 (trad.mod.). Pour la présentation complète de la morphologie et de l'embryologie, voir p. 504-521. Darwin y fait surtout référence aux travaux de G. Cuvier, G. Saint-Hilaire, L. Agassiz, et R. Owen, mais il avait déjà acquis à cette époque une bonne connaissance de la morphologie animale allemande.

4. FP CIn III et IV, 12 [22] et FP XIV, 14 [123].

5. FP XIV 14 [123].

6. FP CIn III et IV, 12 [22]. Voir aussi FP GS 11 [299]. On peut supposer que Nietzsche fait ici plutôt référence à l'ouvrage de vulgarisation aux accents panthéistes de Haeckel, *Natürliche Schöpfungsgeschichte,* Berlin, Reimer, 1868 [trad. fr. Ch. Letourneau, *Histoire de la création des êtres organisés d'après les lois naturelles*, Paris, Reinwald, 1877] qu'à sa *Generelle Morphologie der Organismen,* Berlin, Reimer, 1866, destiné à un public scientifique. Sur la réception de Darwin par Haeckel, voir R. J. Richards, *The Tragic Sense of Life : Ernst Haeckel and the Struggle over Darwinism*, Chicago, U.C.P., 2008, p. 113-168. Sur les similitudes entre Nietzsche et Haeckel, voir G. Moore, *Nietzsche, Biology and Metaphor*, *op. cit.*, p. 4, p. 8-9, p. 89-95 et p. 110. En revanche, pour des remarques critiques de Nietzsche sur Haeckel, voir FP A, 8 [68] ; FP GS, 11 [249] et [299] ; FP X, 25 [403].

de la modernité[1]. Dans *L'Origine des espèces*, l'idée darwinienne d'une tendance à « progresser vers la perfection » fait moins référence à une conception téléologique du progrès historique qu'à une tendance directionnelle[2]. Il n'échappe pas à Nietzsche qu'un tel discours de la perfection et de la perfectibilité a, du moins dans le contexte allemand, des connotations indéniablement métaphysiques qui rappellent la philosophie de l'histoire de Hegel. Le « progrès vers la perfection » de Darwin est quant à lui intrinsèquement ouvert et imprévisible. Il n'y a « aucune limite à la somme des changements » que l'évolution peut apporter[3]. C'est seulement en 1871, dans *La filiation de l'homme*, que Darwin commence prudemment à élaborer une théorie du développement humain qui reflète clairement la manière dont l'Empire britannique se perçoit lui-même comme un *commonwealth* civilisateur[4]. Stipulant un « avancement dans le niveau de moralité » offrant « un immense avantage à une tribu sur une autre », Darwin observe qu' « aujourd'hui les nations civilisées supplantent partout les nations barbares », repoussant ainsi les « sauvages » à la périphérie de l'empire[5]. Il faut toutefois noter que même ici, Darwin est assez prudent pour introduire une réserve cruciale : « le progrès semble dépendre du concours de nombreuses conditions favorables, bien trop complexes pour que l'on puisse les suivre »[6]. Concernant le progrès humain, il note même que « la sélection naturelle n'a apparemment que peu d'influence »[7]. Par ailleurs, il semble qu'à chaque fois qu'il se rapproche d'une forme de darwinisme social, il paraphrase pour l'essentiel le *Hereditary Genius*

1. La mécompréhension de la théorie darwinienne en termes téléologiques se retrouve au-delà de la perception populaire du darwinisme telle qu'elle se manifeste notamment chez E. von Hartmann, *Wahrheit und Irrthum im Darwinismus : Eine kritische Darstellung der organischen Entwickelungstheorie*, Berlin, Duncker, 1875, p. 109-115 et p. 148-177 [trad. fr. G. Guéroult, *Le darwinisme. Ce qu'il y a de vrai et de faux dans cette théorie*, Paris, Germer Baillère, 1877]. Voir par exemple A. von Kölliker, « Über die Darwin'sche Schöpfungstheorie », *Zeitschrift für wissenschaftliche Zoologie*, 14, 1864, p. 174-186, en part. p. 175.

2. C. Darwin, *L'Origine des espèces, op. cit.*, p. 562.

3. *Ibid.*, p. 163, ainsi que les chap. II et V.

4. Pour une présentation nuancée de la notion de « progrès » chez Darwin, voir T. Shanahan, *The Evolution of Darwinism : Selection, Adaptation, and Progress in Evolutionary Biology*, Cambridge, CUP, 2004, p. 176-195.

5. C. Darwin, *La filiation de l'homme et la sélection liée au sexe*, trad. fr. M. Prum *et al.*, Paris, Syllepse, 1999, p. 217 et p. 220-221.

6. *Ibid.*, p. 221.

7. *Ibid.*, p. 226.

de Francis Galton (1869)[1]. Dans *Le Gai savoir*, Nietzsche peut donc conclure que c'est « le darwinisme anglais », et non la théorie darwinienne de l'évolution, qui pose problème[2].

Les réticences de Nietzsche concernant les arguments avancés par Darwin dans *L'Origine des espèces* sont assez limitées. Globalement, la remarque du jeune Nietzsche selon laquelle il tient la théorie darwinienne pour exacte restera aussi vraie dans les années 1880 qu'en 1873 lorsqu'il la formule[3]. Nietzsche n'est donc pas un tenant d'une position anti-darwinienne, mais il est très critique vis-à-vis du « darwinisme » en tant que philosophie à la mode, et en particulier de ses déductions sociales et politiques[4].

## III

En 1881, Nietzsche passe son premier été à Sils Maria, dans la vallée suisse de l'Engadine, où il attend l'arrivée d'une copie de son dernier livre, *Aurore*. En août, il écrit à Overbeck à Bâle en lui demandant de lui envoyer une série de revues bien spécifiques de la bibliothèque publique de Zurich. Parmi celles-ci se trouve un volume de la revue *Kosmos*[5]. Celle-ci a pour ligne éditoriale la vulgarisation des théories de Darwin et Haeckel et la promotion de leur pertinence pour un large éventail de disciplines[6]. En 1881, *Kosmos* est une revue de réputation internationale qui rassemble des travaux britanniques et allemands sur l'évolution. C'est déjà là l'esprit de la contribution d'Otto Caspari au numéro inaugural, dans laquelle il insiste sur l'absence de différence fondamentale entre la morphologie

1. Voir par ex. *ibid.*, p. 226-227, qui résume F. Galton, *Hereditary Genius : An Inquiry into Its Laws and Consequences*, London, Macmillan & Co., 1869, p. 352-357. Rien n'indique que Nietzsche ait consulté ce traité de 1869, mais en avril 1884 il a lu l'ouvrage de Galton intitulé *Inquiries into Human Faculty and Its Development*, London, Macmillan & Co., 1883, pendant un séjour à Nice. Voir M.-L. Haase, « Friedrich Nietzsche liest Francis Galton », *Nietzsche-Studien*, 18, 1989, p. 633-658.

2. GS, § 349.

3. FP CIn I et II, 19 [132].

4. Voir en revanche J. Gayon, « Nietzsche and Darwin », *in* J. Maienschein et M. Ruse (eds.), *Biology and the Foundation of Ethics*, Cambridge, CUP, 1999, p. 154-197, qui interprète les affirmations polémiques de Nietzsche de manière littérale.

5. Lettre du 21 août 1881 à Franz Overbeck.

6. Voir A. W. Daum, *Wissenschaftspopularisierung im 19. Jahrhundert : Bürgerliche Kultur, naturwissenschaftliche Bildung und die deutsche Öffentlichkeit*, Munich, Oldenbourg, 2002, p. 359-369.

animale allemande et la théorie de l'évolution britannique. Toutes deux ont pour objet « les rapports généalogiques dans l'ensemble du domaine organique [*den genealogischen Zusammenhang alles Organischen*] »[1]. Le volume demandé par Nietzsche contient des articles sur l'hérédité, le cycle de reproduction des algues, l'évolution des organes sensoriels ainsi qu'une longue présentation de la *Naturphilosophie* allemande et de Lamarck en tant que précurseurs de Darwin. Si la revue est incontestablement favorable à Darwin, il est également évident pour ses éditeurs que des réflexions reposant sur sa pensée demandent à être étayées philosophiquement dès qu'elles quittaient le domaine des questions strictement biologiques. Caspari insiste dans son essai sur le besoin d'un nouveau rapprochement entre la philosophie et les sciences naturelles. Le Darwin présenté dans le premier volume de *Kosmos* est donc résolument kantien, et reflète en cela les vues de périodiques académiques plus spécialisés, comme le *Philosophische Monatshefte*[2].

En dépit de cette influence kantienne, les discussions philosophiques sur la biologie en Allemagne aux alentours de 1880 ne se réduisent pas à un retour aux principes métaphysiques de la *Naturphilosophie*. Ce n'est pas non plus le cas de la réception par Nietzsche de la biologie de son temps[3]. Certes, le discours romantique de la *Naturphilosophie* prédomine dans les travaux des philosophes qui vulgarisent la pensée de Darwin, comme Eduard von Hartmann et Eugen Dreher[4]. Toutefois, Nietzsche discerne dans ces vulgarisations une erreur métaphysique bien déterminée, qui apparait à chaque fois que les « darwinistes » quittent le domaine des fourmis et des dodos et plaident pour des formes spécifiques d'organisation sociale. Les vulgarisateurs de Darwin présentent une tendance à

1. O. Caspari, « Über Philosophie der Darwin'schen Lehre », *Kosmos*, 1, 1877, p. 277-292, en part. p. 280 (je souligne).

2. Voir O. Caspari, « Die Philosophie im Bunde mit der Naturforschung » et le compte rendu par E. Krause de F. von Bärenbach, *Herder als Vorgänger Darwin's : Beiträge zur Geschichte der Entwicklungslehre im 18. Jahrhundert*, Berlin, Grieben, 1877, tous deux dans *Kosmos*, 1, 1877, respectivement p. 4-16 et p. 456-457. Voir également M. Eyfferth, « Über die Darwin'sche Theorie », *Philosophische Monatshefte*, 9, 1874, p. 139-142 et p. 189-203 ; O. Liebmann, « Platonismus und Darwinismus », *Philosophische Monatshefte*, 9, 1874, p. 441-472, en part. p. 468-472.

3. Voir néanmoins G. Moore, *Nietzsche, Biology and Metaphor, op. cit.*, p. 26-27 et p. 42-43, et « Nietzsche and Evolutionary Theory », p. 524-531.

4. Voir E. von Hartmann, *Wahrheit und Irrthum im Darwinismus, op. cit.*, p. 109-115 et p. 148-77 [trad. fr. G. Guéroult, *Le darwinisme. Ce qu'il y a de vrai et de faux dans cette théorie*, Paris, Germer Baillère, 1877] et E. Dreher, *Der Darwinismus und seine Consequenzen in wissenschaftlicher und socialer Beziehung*, Halle/Saale, Pfeffer, 1882, p. 75-76.

sous-estimer la complexité réelle de l'évolution dans la nature. Il s'agit d'une erreur métaphysique au sens où elle découle d'une position naturaliste coupable d'un paralogisme : réduire les normes sociales à des propriétés naturelles et décalquer une pensée de l'action humaine directement sur le comportement présumé des dodos. Nietzsche ne nie pourtant pas le fait que de telles illusions métaphysiques possèdent une certaine valeur épistémologique :

> L'intellect n'a, durant d'immenses périodes, produit que des erreurs; certaines d'entre elles se révélèrent utiles et propices à la conservation de l'espèce : celui qui les trouvait ou les recevait en héritage menait avec davantage de bonheur son combat pour lui-même et pour sa progéniture. Ces articles de foi erronés, qui n'ont cessé d'être transmis en héritage et ont fini par devenir quasiment le patrimoine spécifique et fondamental de l'homme, sont par exemple ceux-ci : le fait qu'il existe des choses durables, identiques, qu'il existe des choses, des matières, des corps, qu'une chose est comme elle apparaît, que notre vouloir est libre, que ce qui est bon pour moi est aussi bon en soi et pour soi [1].

Ce qui préoccupe Nietzsche dans *Le Gai savoir* est de comprendre « *comment* » la « préhistoire » de nos « pulsions, inclinations, aversions, expériences » a permis l'émergence d'opinions métaphysiques étonnamment utiles, et en particulier « *la manière dont sont toujours apparus les jugements moraux en général* » [2].

L'argument plus général qu'il avance dans ce contexte n'est pas incompatible avec l'explication par Darwin des résultats à long terme de la sélection naturelle et de l'adaptation parmi les animaux sociaux : la sélection naturelle « transforme la structure de chaque individu de telle sorte qu'il puisse se rendre utile à la communauté » [3]. Même si Darwin et Nietzsche définissent cette utilité de manières très différentes, Nietzsche fait également de la conservation de l'espèce la fonction principale du développement évolutif :

> Que je considère les hommes d'un œil bon ou méchant, je les vois toujours appliqués à une unique tâche, tous et chacun en particulier : faire ce qui sert la conservation de l'espèce humaine. Et ce, à vrai dire, non pas en vertu d'un sentiment d'amour pour cette espèce, mais simplement parce que rien n'est en eux plus ancien, plus fort, plus implacable, plus insurmontable que

1. GS, § 110.
2. GS, § 335.
3. C. Darwin, *L'Origine des espèces*, *op. cit.*, p. 139.

> cet instinct, – parce que cet instinct est précisément l'*essence* de notre espèce et de notre troupeau [1].

Nietzsche ne s'oppose pas dans ce passage à l'idée que les processus évolutifs puissent avoir des conséquences bénéfiques pour la survie et l'adaptation de l'espèce, en l'occurrence l'espèce humaine. Ce qu'il conteste est la façon dont la notion darwinienne d'utilité, neutre en termes axiologiques, a été transformée en une théorie morale normative :

> Il existe aujourd'hui une doctrine morale, fondamentalement fausse, qui est extrêmement prisée, notamment en Angleterre : elle veut que les jugements "bien" et "mal" représentent la somme des expériences relatives à ce qui est "adapté à un but" et "non adapté à un but" ; elle veut que ce que l'on appelle bon soit ce qui conserve l'espèce, et mal ce qui lui est nuisible. Mais en réalité, les pulsions mauvaises sont tout aussi adaptées à un but, favorables à la conservation de l'espèce et indispensables que les bonnes : – leur fonction est simplement différente [2].

Nietzsche vise ici directement l'erreur métaphysique qui apparait dès que Spencer, Galton et Rée transposent Darwin dans le domaine de la morale [3]. C'est précisément cette transformation délibérée de faits moralement neutres en des normes morales que Nietzsche continuera de percevoir comme une des erreurs fondamentales de la perception populaire de Darwin.

Pour Darwin, la sélection naturelle sert avant tout l'intérêt propre d'une espèce donnée. Ses éventuels effets positifs plus larges sont de nature secondaire : « la sélection naturelle ne peut déterminer chez un individu une conformation qui lui serait plus nuisible qu'utile » [4]. En revanche, l'idée d'un bien supérieur universel que Nietzsche découvre chez les penseurs utilitaristes repose en dernière analyse sur l'illusion du primat de l'altruisme :

> On qualifie de *bonnes* les vertus d'un homme non pas par référence aux effets qu'elles ont pour lui-même, mais au contraire par référence aux effets que nous leur supposons pour nous et pour la société : – de tout temps, on a été bien peu "désintéressé", bien peu "non égoïste" en louant les vertus !

1. GS, § 1.
2. GS, § 4.
3. Voir par ex. les remarques concernant le progrès moral dans P. Rée, *De l'origine des sentiments moraux*, éd. et trad. fr. M.-F. Demet, P.-L. Assoun, Paris, P.U.F., 1982, p. 180-188. Sur l'évolution de la position de Nietzsche par rapport à Rée, voir R. Small, *Nietzsche and Rée, op. cit.*, p. 111-198, en part. p. 190-194 concernant le problème de l'altruisme.
4. C. Darwin, *L'Origine des espèces, op. cit.*, p. 263.

> [...] C'est donc d'une part la nature instrumentale des vertus dont on fait l'éloge quand on fait l'éloge des vertus, et ensuite la pulsion aveugle qui gouverne chaque vertu, qui ne se laisse pas imposer de limites par l'intérêt général de l'individu, bref : la déraison dans la vertu grâce à laquelle l'être individuel se laisse transformer en fonction du tout. [...] L'éloge de l'homme désintéressé, de celui qui se sacrifie, du vertueux [...] – cet éloge ne provient pas en tout cas de l'esprit de désintéressement ! Le « prochain » fait l'éloge du désintéressement parce qu'*il en tire profit!* [...] Voilà qui indique la contradiction fondamentale de la morale qui est justement tenue en grand honneur aujourd'hui : les *motivations* de cette morale sont en contradiction avec son *principe* [1] !

L'altruisme, en d'autres termes, est un épiphénomène de l'intérêt égoïste, et le primat supposé du bon est le résultat de la projection sur la nature de positions normatives avantageuses d'un point de vue évolutif. Les « motifs » évolutifs de la vertu morale ont trait à la conservation du soi, mais celle-ci ne peut être menée à bien qu'à condition que ces motifs soient traduits en « principes » normatifs en apparence détachés de la nature et de leur contribution à la conservation de l'espèce. C'est donc l'intérêt égoïste qui sous-tend l'altruisme moral : « Le "prochain" fait l'éloge du désintéressement parce qu'*il en tire profit* ! » [2]. De ce point de vue, les darwinismes utilitaristes de Spencer et de Rée ne sont que des imitations sécularisées de la morale chrétienne :

> Ces historiens de la morale (notamment anglais) ne comptent guère : d'ordinaire, ils continuent d'obéir eux-mêmes ingénument au commandement d'une certaine morale dont ils se font, à leur insu, les porte-enseigne et à laquelle ils font cortège ; par exemple en ressassant encore et toujours avec une telle confiance ce préjugé populaire de l'Europe chrétienne qui veut que la caractéristique de l'action morale réside dans l'abnégation, la négation de soi, le sacrifice de soi, ou dans la compassion [*Mitgefühl*], dans la pitié [*Mitleiden*] [3].

Ces prises de position sociales et morales en lien avec le darwinisme semblent donc relever de bout en bout d'une affaire chrétienne, et en tant que telles elles trouvent leur fondement dans une tradition métaphysique qui s'étend selon Nietzsche de Platon au XIXᵉ siècle. Le « darwinisme », en d'autres termes, est caractérisé par des vues morales qu'une conception

1. GS, § 21.
2. *Ibid.*
3. GS, § 345.

authentiquement darwinienne de la nature et de l'évolution permet de surmonter.

## IV

Vers la fin 1886 ou le début 1887, au moment où Nietzsche réfléchit de manière plus précise à l'idée de la volonté de puissance, il note dans un de ses carnets : « *les puissances de l'histoire* sont faciles à identifier si on les dégage de toute téléologie morale et religieuse. Ce sont forcément les puissances qui sont également actives dans le phénomène d'ensemble de l'existence organique »[1]. Stipulant que ces forces constituent une « volonté de puissance dans le processus organique », il décrit cette dernière comme soumise à un impératif de croissance. Comme il l'écrit à une autre occasion, la volonté de puissance consiste dans « l'appropriation et l'incorporation [*Einverleibung*] » du monde[2].

À première vue, cette insistance sur la croissance au détriment de la conservation semble marquer une prise de distance par rapport à Darwin, puisque les processus organiques doivent toujours excéder la simple conservation. Dans *Le Gai savoir*, Nietzsche a déjà revendiqué l'idée selon laquelle « la lutte pour l'existence n'est qu'une exception », alors que « la surabondance », « la croissance », « l'extension » doivent être comprises comme les véritables caractéristiques des êtres vivants[3]. Dans *Par-delà bien et mal*, il avertit :

> Les physiologistes devraient réfléchir à deux fois quand ils posent la pulsion d'autoconservation comme pulsion cardinale d'un être organique. Avant tout, quelque chose de vivant veut *libérer* sa force – la vie elle-même est volonté de puissance – : l'autoconservation n'est qu'une *conséquence* indirecte extrêmement fréquente, parmi d'autres. – Bref, ici comme partout, attention aux principes téléologiques *superflus !* – comme celui que constitue la pulsion d'autoconservation [...][4].

Nietzsche vise ici clairement Darwin et l'idée selon laquelle la sélection naturelle a pour mission la conservation de traits et de variations favorables à la survie de l'espèce. Dès la première édition de *L'Origine des espèces*, Darwin pose en effet une équivalence entre « sélection naturelle »

1. FP XII, 7 [9].
2. FP XIII, 9 [151].
3. GS, § 349.
4. PBM, § 13.

et « préservation »[1]. Néanmoins, la préservation darwinienne n'implique pas le *statu quo*, étant donné que la préservation de traits avantageux entraîne également « l'accumulation de variations successives légèrement favorables », ce qui explique le fait que « les espèces se sont modifiées, et se modifient encore lentement »[2]. Nietzsche et Darwin sont donc d'accord sur le fait que la conservation est la condition nécessaire pour que la croissance puisse avoir lieu. Bien que Darwin pense indéniablement la sélection naturelle dans les termes d'une « lutte pour l'existence », il n'identifie la sélection naturelle à la « survie des plus aptes » de Spencer que dans la cinquième édition de *L'Origine des espèces* (1869), après avoir lu le premier volume des *Principles of Biology* de Spencer (1864), et après que Wallace l'ait encouragé à adopter l'expression spencérienne, plus en vogue[3].

Dans les années 1880, quand Nietzsche commence à critiquer l'usage de « la survie des plus aptes » par les darwinistes, l'expression est déjà devenue un slogan à la mode utilisé bien au-delà de sa signification originale pour faire référence aux formes de compétition sociale et d'apparent déclin racial plus proches des thèmes de l'*Essai sur le principe de population* de Malthus (1798) et des travaux de Spencer et Galton[4]. La réception populaire du darwinisme en Allemagne est également caractérisée par un intérêt de plus en plus important pour le darwinisme social[5]. Ce dernier

1. C. Darwin, *L'Origine des espèces, op. cit.*, p. 184.

2. *Ibid.*, p. 553 (trad. mod.).

3. Voir *ibid.*, chap. III; C. Darwin, *On the Origin of Species by Means of Natural Selection*, 5th ed., London, John Murray, 1869, p. 91-92; H. Spencer, *The Principles of Biology*, New York, Appleton & Co., 1866, t. 1, p. 444-445, § 165 [trad. fr. E. Cazelles, *Principes de biologie*, Paris, Alcan, 1893, t. 1]; La lettre de Wallace à Darwin (2 juillet 1866), et la réponse de Darwin (5 juillet 1866), toutes deux dans A. R. Wallace, *Letters and Reminiscences*, ed. J. Marchant, London, Cassell & Co., 1916, t. 1, p. 170-174.

4. Voir T. R. Malthus, *An Essay on the Principle of Population*, 4th ed., London, Johnson, 1807, t. 1, p. 555-580, II. XI [trad. fr P. Rossi, *Essai sur le principe de population*, Paris, Guillaumin, 1852]; H. Spencer, « The Social Organism », in *Illustrations of Universal Progress : A Series of Discussions*, New York, Appleton & Co., 1864, p. 384-428 [trad. fr. H. de Varigny, « L'organisme social », dans *Problèmes de morale et de sociologie*, Paris, Guillaumin, 1894, p. 137-188] ; et F. Galton, *Hereditary Genius, op. cit.*, p. 351-376.

5. Parmi les lectures faites par Nietzsche lui-même, voir E. Dreher, *Der Darwinismus und seine Consequenzen, op. cit.*, p. 78-117. Au XIXe siècle, l'expression « darwinisme social », apparue pour la première fois dans J. Fisher, « The History of Landholding in Ireland », *Transactions of the Royal Historical Society*, 5, 1877, p. 228-326 : 250, est rarement employée en un sens positif. Sur l'histoire du terme, voir M. Hawkins, *Social Darwinism in European and American Thought, 1860-1945 : Nature as Model and Nature as Threat*, Cambridge, CUP, 1997, p. 61-150.

traverse l'ensemble du spectre politique, et aboutit systématiquement à des analogies douteuses entre la sélection naturelle et le conflit social qui, entre les mains d'idéologies politiques ultérieures, auront des effets catastrophiques quoique prévisibles [1]. Bien que Spencer, pour prendre cet exemple, soit conscient de l'irréductibilité des normes sociales à des faits naturels, et du fait qu'il ne peut y avoir que « quelque analogie entre le corps politique et un corps individuel vivant », il introduit des jugements normatifs qui ne peuvent être justifiés par l'analogie mobilisée [2]. Conclure que les cultures indigènes dans l'empire colonial de la Grande-Bretagne victorienne présentent le comportement d'organismes primitifs, comme les protozoaires ou l'hydre, alors que la monarchie constitutionnelle représenterait un cerveau humain pleinement développé, trahit une attitude impérialiste de supériorité morale incompatible avec la théorie darwinienne de l'évolution [3]. Nietzsche a raison de noter en 1884 : « Les Européens se trahissent par la façon dont ils ont colonisé » [4], et, aurait-il pu ajouter, par la façon dont ils parlent de leurs colonies.

Le « darwinisme » de Spencer est un cas intéressant en ce qu'une conception téléologique de l'histoire sous-tend ses analogies. La source de celle-ci n'est pas à chercher chez Darwin ou dans la biologie britannique, mais dans les théories vitalistes du développement organique qu'on trouve, comme Spencer le remarque explicitement, chez des « Allemands » [5] comme Caspar Friedrich Wolff et Karl Ernst von Baer, fondateurs de l'embryologie moderne, et Goethe. Spencer projette cet arrière-fond téléologique sur la théorie de l'évolution darwinienne pour aboutir à l'image populaire du « darwinisme ». En conséquence, la « loi du progrès organique » devient chez lui « la loi de tout progrès », y compris de « l'évolution de l'organisme social » [6]. Nietzsche comprend très vite que le but de la conception spencérienne de la sélection naturelle réside dans la venue au jour de ce que Spencer considère comme un bien social supérieur [7].

1. Sur la réception allemande du « darwinisme social », voir K. Bayertz, « Sozialdarwinismus in Deutschland, 1860-1900 », *in* E.-M. Engels (Hrsg.), *Charles Darwin und seine Wirkung*, Frankfurt/M., Suhrkamp, 2009, p. 178-202.

2. H. Spencer, « L'organisme social », *op. cit.*, p. 142.

3. *Ibid.*, p. 153-158, p. 168-169 et p. 182-184.

4. FP X, 25 [152].

5. H. Spencer, « Le progrès. Loi et cause du progrès », dans *Essais sur le progrès*, trad. fr. A. Burdeau, Paris, Librairie Germer Baillière, 1877, p. 2-81, en part. p. 5. Le progrès est défini ici comme l'accroissement en complexité, ou comme « hétérogénéité de structure ».

6. *Ibid.*, p. 6 et 23.

7. FP GS, 11 [43].

Or, depuis la perspective de la généalogie nietzschéenne, de tels arguments comportent une erreur surprenante résultant de leur forte orientation téléologique :

> À tout instant de l'état d'un être d'innombrables voies s'ouvrent à son *évolution* : mais son impulsion prédominante n'en indique qu'une seule pour être la *bonne*, celle selon son idéal. C'est ainsi que le tableau que Spencer donne de l'avenir de l'homme ne répond pas à une *nécessité scientifique*, mais à un désir, à partir des idéaux actuels [1].

Il va de soi que la conception que se fait Spencer du futur de l'humanité reflète les idéaux sociaux et politiques du libéralisme impérial britannique à son apogée. Étant donné le caractère relativement limité de cette perspective historique au regard de la longue évolution de la vie organique, Nietzsche rappelle que ce que nous considérons à un moment déterminé comme un progrès peut en réalité s'avérer être porteur de conséquences désastreuses sur le long terme, y compris entraîner l'éventuelle extinction de l'espèce humaine [2]. Il est tout de même possible de tirer certaines leçons de la vie des dodos. Spencer sous-estime le caractère ouvert et indéfini de l'évolution. Dans deux fragments intitulés « Anti-Darwin », mais qui visent en réalité la lecture de Darwin par Spencer, Nietzsche affirme ainsi que dès que nous souscrivons à une conception téléologique de l'évolution, nous ne pouvons éviter le paralogisme naturaliste le plus élémentaire : traduire « la réalité en *moralité* » [3]. Nietzsche pousse bien entendu son analyse plus avant : la théorie morale de Spencer, et les morales « darwinistes » dans leur ensemble, sont restées enracinées dans la tradition chrétienne. Il est contestable que tant « la survie du plus apte de Spencer » que la métaphorique « lutte pour l'existence » de Darwin produisent réellement des individus excellents et plus parfaits. Il semble plutôt que la morale évolutionniste de Spencer tende vers une « domestication de l'humanité » qui doit reposer non pas sur l'excellence et l'épanouissement mais sur la création d'une respectueuse moralité du troupeau [4].

Nietzsche n'est donc pas un « darwiniste », que ce soit au sens de la synthèse néo-darwinienne en biologie ou au sens de l'image vulgarisée et en vogue que se faisaient de Darwin de nombreux intellectuels en vue au XIXe siècle. Cependant, il faut être conscient du fait que le projet

1. FP GS, 11 [98].
2. *Ibid.* [45].
3. FP XIV, 14 [123] (trad. mod., je souligne).
4. *Ibid.* [133].

philosophique de Nietzsche, de la fin des années 1860 à la fin des années 1880, fut profondément marqué par la théorie darwinienne de l'évolution, y compris par ses implications philosophiques concernant l'émergence des normes et des valeurs et la possibilité d'une vie morale. C'est précisément en ce sens que la rencontre de Nietzsche avec les sciences du vivant de son temps reflète de manière précise les tensions entre Darwin et le « darwinisme » qui marquèrent la fragmentation des sciences du vivant pendant toute la seconde moitié du XIXe siècle.

Christian J. EMDEN
Rice University
*(Traduit de l'anglais par Antoine Daratos)*

# LA PENSÉE ÉVOLUTIONNISTE DE NIETZSCHE

## La controverse au sujet du darwinisme et de l'anti-darwinisme de Nietzsche

### *La signification des sources nietzschéennes*

Pour le centenaire de la mort de Nietzsche, en 2000, Thomas H. Brobjer, fin connaisseur des sources de Nietzsche, a classé et ordonné les plus importantes pour sa compréhension du darwinisme[1]. Il en ressort que c'est à peine si Nietzsche a lu Darwin, mais qu'il a en revanche beaucoup lu au sujet de ce qu'on appelle le darwinisme. On a pu montrer, documents à l'appui, qu'il y portait même un grand intérêt. L'esprit critique, Nietzsche se préoccupait en particulier des objections adressées à la théorie de l'évolution, non pas pour la rejeter, mais afin de tester sa capacité à le convaincre et d'évaluer ce qu'il pourrait en tirer. La théorie de l'évolution, en tant que théorie scientifique, était ouverte aux révisions et aux transformations (ce qui est encore le cas aujourd'hui). Pourtant, on s'est rapidement mis à propager bruyamment de multiples idées attribuées à la théorie darwinienne sans qu'elles aient été défendues par Darwin, théoricien prudent, même s'il s'en approchait par certains aspects. C'est le cas par exemple de l'incessante « lutte pour la survie », de la supériorité de certaines espèces biologiques ou « races », ou encore du « progrès » de l'évolution dans des directions déterminées. Tout cela pouvait facilement être exploité idéologiquement, et Nietzsche était

1. T. H. Brobjer, « Darwinismus », *in* H. Ottmann (Hrsg.), *Nietzsche-Handbuch. Leben – Werk – Wirkung*, Stuttgart-Weimar, Metzler, 2000, p. 212 *sq*. Pour une analyse détaillée des connaissances que Nietzsche avait du « darwinisme », voir T. H. Brobjer, *Nietzsche and the « English ». The Influence of British and American Thinking on His Philosophy*, Amherst-New York, Humanity Books, 2008, p. 235-271.

particulièrement conscient de cela. Il oscille entre la théorie et l'idéologie darwiniennes, sans jamais arrêter de position claire, ce à quoi par ailleurs il ne prétendait pas. Il ne se contente jamais, comme le montre la recherche sur les sources autour du darwinisme, d'endosser les avis qu'il rencontre, mais il les adapte chaque fois à sa manière en les amenant plus loin. Il refuse de s'arrêter aux opinions courantes partagées par d'autres; les prises à partie, si courantes aujourd'hui, où des « ismes » se confrontent et se livrent combat, auraient foncièrement contrefait à sa propre pensée. Il ne veut surtout pas, comme cela apparaît de plus en plus clairement pour la recherche, qu'on aille le « prendre pour un autre »[1].

Cela délimite considérablement la signification et l'importance des sources de Nietzsche. Que Nietzsche se soit emparé d'un certain corpus ne signifie pas qu'il s'y soit inscrit; et il ne reprend pratiquement jamais comme tel dans ses publications ce qu'il établit pour lui-même dans ses carnets de notes. Il faut donc, ce que l'on fait trop rarement, faire prudemment la part des choses quant aux témoignages qu'il a laissés. Ainsi parfois, plus Nietzsche concède aux opinions courantes d'un auteur dans ses notes, plus il s'en distancie clairement dans ses œuvres publiées; et cela ne vaut pas seulement pour Wagner et Schopenhauer, mais également pour Paul Rée et Eugen Dühring, qui ont joué un rôle important dans l'intérêt qu'il porte à Darwin. Rares sont ceux dont il s'est senti proche spirituellement et à qui il ne s'en est pas pris. C'est le cas d'Héraclite et de Goethe, dont la pensée semblait compatible avec celle de Darwin, et de Friedrich Albert Lange, auteur de l'*Histoire du matérialisme*, ouvrage duquel Nietzsche a tiré d'importants éclaircissements au sujet de la théorie de l'évolution. Et ce, tandis qu'il entretient à d'autres penseurs un rapport perpétuellement conflictuel, comme c'est le cas de Socrate, de Spinoza, de Kant ou de Hegel (« sans Hegel, pas de Darwin »)[2] – ainsi que de Darwin lui-même.

1. EH, « Avant-propos », § 1. Voir aussi A. U. Sommer, « Nietzsche mit und gegen Darwin in den Schriften von 1888 », *Nietzscheforschung*, 17, 2010, p. 31-44; A. U. Sommer, « Kommentar zu Nietzsches *Der Fall Wagner, Götzen-Dämmerung* », *in* Heidelberger Akademie der Wissenschaften (Hrsg.), *Historischer und kritischer Kommentar zu Friedrich Nietzsches Werken*, 6/1, Berlin-Boston, De Gruyter, 2012, p. 448-453.

2. GS, § 357.

### *« Darwin, darwinisme, Nietzsche » : État de la biologie évolutionniste*

Ce qui importe avant tout à Nietzsche, ce sont les implications de la théorie darwinienne de l'évolution pour la philosophie et, en particulier, pour sa propre pensée. Ce n'est jamais la théorie darwinienne à l'état pur qui importe à Nietzsche. Il semble pourtant s'en être saisi plus lucidement que ne l'a fait le darwinisme contemporain, comme j'ai pu le montrer dans ma contribution de 1987 intitulée *Darwin, Darwinismus, Nietzsche. Zum Problem der Evolution*[1]. Même dans son célèbre aphorisme du *Crépuscule des idoles* qui porte le titre polémique « Anti-Darwin »[2], dans lequel il prend position vis-à-vis d'auteurs qui lui sont plus ou moins proches, il ne s'en prend pas à la pensée de l'évolution de Darwin en tant que telle, mais seulement aux interprétations à courte vue de la « force » et de la « faiblesse » dans l'évolution. Ce qu'il tient pour des objections critiques à la théorie darwinienne de l'évolution préfigure en fait beaucoup des reprises ultérieures qui en seront faites. Parmi ces objections, on compte le renoncement au concept d'« espèce » (*Art*) au profit du concept de population, le refus du principe de l'adaptation au profit des concepts de multiplication et de sélection, ainsi que l'insistance sur la possibilité, philosophiquement prometteuse, de la transformation des fonctions des organes. Le célèbre argument de Nietzsche, qu'il reprend à William Henry Rolph (ou du moins qui est corroboré par Rolph), selon lequel le « *struggle for life* », pour reprendre l'expression de Darwin, n'a pas trait à un état de besoin, mais à un excédent, apparaît déjà dans les fondements de la théorie de l'évolution où la sélection opère par redondance de variations.

D'un point de vue méthodologique, j'ai pris, dans ma contribution de 1987, pour étalon la pensée de l'évolution de Darwin, que Nietzsche ne connaissait assurément pas dans l'œuvre originale, et j'ai procédé en partant de ce qui constituait à l'époque son actualité, la « théorie synthétique de l'évolution », qui a été complétée avec le temps sans être toutefois remise en question. La théorie synthétique de l'évolution, qui est débarrassée de tout lest idéologique, étaye le concept darwinien de « sélection naturelle », orienté à l'origine seulement par les observations zoologiques de Darwin, par des découvertes plus tardives de la génétique. La pensée de l'évolution apparaît ainsi dans une forme plus pure. À cela s'ajoute que

1. W. Stegmaier, « Darwin, Darwinismus, Nietzsche. Zum Problem der Evolution », *Nietzsche-Studien*, 16, 1987, p. 264-287, repr. dans W. Stegmaier, *Europa im Geisterkrieg. Studien zu Nietzsche*, hrsg. von A. C. Bertino, Cambridge, Open Book Publishers, 2018, p. 123-151.

2. CI, « Incursions d'un inactuel », § 14.

le biologiste évolutionniste Ernst Mayr (1904-2005), à qui l'on doit d'importantes contributions à la théorie synthétique de l'évolution, s'était peu auparavant aventuré sur le terrain de la philosophie avec son ouvrage *The Growth of Biological Thought* (1982), suivi de près par *Toward a New Philosophy of Biology*[1]. Mayr, dans ses deux livres, convoque de nombreux philosophes, mais justement pas Nietzsche, et les occasionnelles attaques massives portées à « la philosophie », laquelle n'aurait pas suffisamment compris la pensée de l'évolution, tournent fréquemment, comme c'est souvent le cas même parmi d'excellents scientifiques, à vide. Mayr vise avant tout la philosophie des sciences, dont il considère, non à tort, qu'elle est « dominée par la logique, les mathématiques et la physique », et qu'elle est dès lors restée sourde à la biologie évolutionniste. Il en va pourtant de « l'établissement de la position-clé des concepts (idées) », en particulier du concept central d'espèce, que la philosophie des sciences n'a, selon lui, même pas effleuré[2]. Or, c'est justement ce à quoi Nietzsche s'est attelé : révolutionner la philosophie en l'infléchissant dans le sens de la pensée de l'évolution darwinienne. Mayr, à l'époque le plus fin connaisseur de la biologie évolutionniste, et qui s'intéressait à la philosophie, est ainsi passé à côté de la pensée qui importait le plus pour son propos, mais qui n'était pas traitée à l'époque comme théorie ou philosophie des sciences. Ce n'est que plus tard qu'on découvrira en Nietzsche un philosophe des sciences[3].

1. E. Mayr, *The Growth of Biological Thought*, Cambridge (Mass.), Harvard University Press, 1982 [trad. fr. M. Blanc, *Histoire de la biologie : diversité, évolution et hérédité*, Paris, Fayard, 1989] ; *Toward a New Philosophy of Biology*, Cambridge (Mass.), Harvard University Press, 1988 [trad. all. I. Leipold, *Eine neue Philosophie der Biologie*, Préface H. Markl, München/Zürich, Piper, 1991]. Dans l'introduction de *Eine neue Philosophie der Biologie*, Hubert Markl, éminent zoologue, éthologue et à l'époque président de la Fondation allemande pour la recherche, dit de Mayr qu'il est, parmi les biologistes évolutionnistes, « sans conteste le plus important, et son œuvre, la plus influente », « qu'il a su prouver le fait de l'évolution par une force de conviction qui s'adresse à tous » et qu'il « a, plus que tout autre après Darwin, marqué nos représentations concernant l'une des questions fondamentales de la biologie » (p. I).

2. E. Mayr, *Eine neue Philosophie der Biologie, op. cit.*, p. XIII *sq.*

3. Sur ce point, un tournant s'opère suite à l'ouvrage de B. E. Babich, *Nietzsche's Philosophy of Science. Reflecting Science on the Ground of Art and Life*, New York, State University of New York Press, 1994 ; voir également H. Heit, G. Abel, M. Brusotti (Hrsg.), *Nietzsches Wissenschaftsphilosophie. Hintergründe, Wirkungen und Aktualität* (Monographien und Texte zur Nietzsche-Forschung, 59), Berlin-Boston, De Gruyter, 2012. Néanmoins, la pensée darwinienne de l'évolution demeure ici aussi en marge de l'analyse.

### *La pensée philosophique de l'évolution : la dissolution du concept d'espèce*

La dissolution du concept d'espèce et, avec lui, du concept en tant que tel, tel qu'il domine la pensée philosophique depuis Aristote, a été décisive pour la révolution dans laquelle Nietzsche entraîne la philosophie[1]. Aristote peut encore, dans l'horizon de pensée de son époque, partir d'espèces constantes de « formes » toujours égales à elles-mêmes, et en faire la base de sa conception du concept, conception avec laquelle Nietzsche rompt irrévocablement. Cette rupture présuppose une compréhension nouvelle et plus ouverte du temps : l'évolution s'envisage généralement à l'échelle d'horizons temporels très vastes que les hommes ne peuvent plus embrasser du regard. Darwin lui-même s'est mis à prendre en compte un tel horizon temporel en s'appuyant sur la géologie de Charles Lyell, avec qui il se liera d'amitié, tandis que ce dernier défendra la biologie darwinienne. Simultanément, pour adopter une perspective évolutionniste, il faut se départir des représentations téléologiques encore évidentes pour Aristote et avec lesquelles va rompre Spinoza, ainsi que des représentations du progrès qui se sont imposées dans la philosophie du XIX^e^ siècle, en particulier avec Hegel.

Charles Darwin et plus clairement encore Ernst Mayr ont théorisé la biologie évolutionniste en se passant du concept d'espèce, central par ailleurs en philosophie, et l'ont remplacé par celui de population ou de communauté reproductrice. Dans ce contexte, une espèce biologique consiste seulement dans la reproduction de ses membres, et il n'y a espèce qu'à cette condition. Donc, une espèce peut déjà se ramifier en plusieurs communautés reproductrices en raison des divisions géographiques, et par là se différencier de plus en plus de son caractère apparemment essentiel. Mayr oppose la « typologie » à l' « essentialisme »[2]. Or, c'est précisément

1. Voir F. A. Lange, *Geschichte des Materialismus und Kritik seiner Bedeutung*, t. II, hrsg. von A. Schmidt (Wiederabdruck der 2. Auflage von 1873), Frankfurt am Main, Suhrkamp, 1974, p. 686 [trad. fr. B. Pommerol, *Histoire du matérialisme et critique de son importance à notre époque*, t. II, Paris, C. Reinwald, 1879] : « Il n'y a peut-être, de tout ce que produit la nouvelle science, pas d'exemple de superstition aussi inconsistante et absurde que la croyance en l'espèce, et il y a vraiment peu de points par rapport auxquels on se retrouve ainsi entraîné à chaque fois dans un sommeil dogmatique par des arguments aussi infondés ».

2. Voir H. Markl dans son introduction à E. Mayr, *Eine neue Philosophie der Biologie*, *op. cit.*, p. VII *sq.* : « Les conclusions de Mayr marquent un tournant dans la pensée de la nature vivante. L'essence d'une espèce biologique ne s'uniformise ni dans l'individu, ni dans aucune race pure, ni non plus dans la distribution moyenne des caractères (bien que les théoriciens ont bel et bien besoin des "types" en tant qu'outils méthodologiques pour leur travail

ce que Nietzsche avait déjà entrepris. Les recherches nietzschéennes en sont pourtant restées en grande partie au débat sur les sources de Nietzsche et à l'opposition entre le darwinisme et l'anti-darwinisme[1].

## LA PENSÉE ÉVOLUTIONNISTE DE NIETZSCHE

J'ai tenté, depuis lors, de poursuivre la réflexion philosophique entamée dans ma contribution de 1987. J'en fais la synthèse ici afin de

d'identification). L'essence véritable d'une espèce est l'ensemble de ses variantes, c'est-à-dire tout son patrimoine génétique commun ».

1. Pour approfondir la recherche sur les sources, voir A. Orsucci, *Dalla biologia cellulare alle scienze dello spirito. Aspetti del dibattito sull'individualità nell'ottocento tedesco*, Bologna, Il Mulino, 1992; B. Stiegler, « Nietzsche lecteur de Darwin », *Revue philosophique de la France et de l'étranger*, 123/3, 1998, p. 377-395; A. Venturelli, « Généalogie et évolution. Nietzsche et le darwinisme », *Revue germanique internationale*, 11, 1999, p. 191-203; G. Moore, *Nietzsche, Biology and Metaphor*, Cambridge, CUP, 2002; S. Reuter, « "Dieser Lehre gegenüber ist der Darwinismus eine Philosophie für Fleischerburschen". Grundzüge einer möglichen Darwin-Rezeption Nietzsches », *Nietzscheforschung*, 17, 2010, p. 83-104. Parallèlement à Gregory Moore, R. Small, *Nietzsche and Rée. A Star Friendship*, Oxford, Clarendon Press, 2005, p. 181-198 et C. Wilson, « Darwin and Nietzsche. Selection, evolution, and morality », *The Journal of Nietzsche Studies*, 44/2, 2013, p. 354-370, défendent l'idée d'un anti-darwinisme de Nietzsche. J. Richardson, *Nietzsche's New Darwinism*, Oxford-New York, OUP, 2004, qui s'intéresse avant tout à l'éthique, la politique et l'esthétique, voit au contraire en Nietzsche un « nouveau darwiniste » (en cela – et en ajoutant l'importance qu'il accorde à la pensée de la sélection – il rejoint en grande partie ma propre approche). A. U. Sommer (dans les textes cités *supra*) et K. Ansell-Pearson, « Nietzsche contra Darwin », *in* K. Ansell-Pearson, *Viroid life. Perspectives on Nietzsche and the Transhuman Condition*, London-New York, Routledge, 1997, p. 85-122 et M. Skowron, « Nietzsches "Anti-Darwinismus" », *Nietzsche-Studien*, vol. 37, 2008, p. 160-194, attestent de l'« ambivalence » de Nietzsche dans son rapport au darwinisme et à l'anti-darwinisme. Skowron essaye de concilier les deux perspectives, en montrant que le darwinisme et l'anti-darwinisme se rencontrent de manière spéculative dans la pensée du surhomme et de l'éternel retour du même. Selon D. R. Johnson, *Nietzsche's Anti-Darwinism*, Cambridge-New York, CUP, 2010, Nietzsche a bien pensé dans l'horizon de Darwin, mais a d'autant plus nettement refusé l'idée qu'une morale de la coopération en communauté pourrait se montrer avantageuse pour l'évolution, et a combattu cette idée en lui apposant sa propre généalogie de la morale. Du point de vue de la critique nietzschéenne de la morale, Darwin s'apparente en effet au nihilisme, au même titre que le prêtre chrétien. C. J. Emden, *Nietzsche's Naturalism. Philosophy and The Life Sciences in The Nineteenth Century*, Cambridge, CUP, 2014, qui revient avec soin sur les sources de Nietzsche, confirme la thèse de mon étude de 1987 : « la position de Nietzsche ne consiste pas en un anti-darwinisme, mais il est extrêmement critique du darwinisme vulgarisé, et en particulier de ses conclusions sociales et politiques » (p. 43).

pouvoir la prolonger[1]. Le chemin est fastidieux mais néanmoins, je l'espère, praticable.

### *La temporalité de toute catégorie générale : passage de la généralisation à la typologisation et à la nuanciation*

Ce qui a guidé la suite de mes considérations, c'est l'idée que Nietzsche intègre à sa philosophie non pas, à proprement parler, la théorie de l'évolution de Darwin, mais plutôt son noyau, à savoir la pensée de l'évolution elle-même, et ce afin d'en tirer toutes les conséquences sur le plan philosophique. On trouve peu chez lui le concept d'« évolution », tout comme chez Darwin d'ailleurs, manifestement car il était trop souvent à l'époque rattaché à l'idée de progrès[2]. Il accorde par ailleurs, et jusque dans ses derniers écrits, beaucoup de poids au concept de sélection. On le retrouve encore dans les plus fortes de ses dernières déclarations, telles que : « La pitié [chrétienne] barre [*kreuzt*] dans son ensemble la loi de l'évolution, qui est la loi de la *sélection* »[3]. Comme chez Darwin, la sélection joue un rôle déterminant dans l'évolution : elle se définit comme la *sélection d'individus par des individus sous des conditions individuelles.* Prise au sérieux d'un point de vue philosophique, cette proposition met en question la catégorie du général, l'objet par excellence de la philosophie depuis Parménide. Introduire la sélection au centre de la philosophie implique dès lors une rupture brutale avec la tradition. En tant qu'existant « en soi », le général est atemporel et éternel. C'est ainsi qu'on comprend depuis Aristote les idées platoniciennes (tandis que Platon lui-même n'a pas clarifié ce point)[4], et le général ainsi considéré est censé offrir une prise

1. J'indique les références des articles concernés dans les notes de bas de page. On y trouvera les exposés complets ainsi que des renvois à des commentaires plus larges. On trouve une bibliographie systématique et fréquemment actualisée des recherches nietzschéennes dans la *Weimarer Nietzsche Bibliographie* : https://ora-web.swkk.de//swk-db/niebiblio/index.html.

2. Voir M. Skowron, « Evolution und Wiederkunft. Nietzsche und Darwin zwischen Natur und Kultur », *Nietzscheforschung*, 17, 2010, p. 45-64.

3. AC, § 7 ; voir aussi EH, « Pourquoi je suis un destin », § 8.

4. Voir *Grundriss der Geschichte der Philosophie*, fondé par Friedrich Ueberweg, éd. revue par H. Holzhey, 2/2 : M. Erler, *Platon*, Basel, Schwabe, 2007, p. 390-406. Erler lui-même continue à favoriser une interprétation métaphysique des idées platoniciennes. Contre cette approche, voir W. Wieland, *Platon und die Formen des Wissens*, 2. durchgesehene und um einen Anhang erweiterte Auflage, Göttingen, Vandenhoeck & Ruprecht, 1999 et M. Schlicht von Rabenau, *Der philosophische Begriff des Gebrauchs. Platon, Kant, Wittgenstein*, Paderborn, Mentis, 2014.

inaltérable pour l'orientation humaine. Si, maintenant, tout concept général en vient à s'inscrire dans le temps, devenant objet de l'évolution, l'orientation humaine perd alors son dernier appui et se trouve confrontée à sa propre incertitude fondamentale : ce que Nietzsche appelle « nihilisme » n'est rien d'autre que la perte de l'appui qu'offraient les concepts généraux [1]. Certes, la sophistique antique, le nominalisme du haut Moyen-Âge, l'empirisme anglais moderne et Kant considèrent déjà que les catégories, concepts et lois générales sont toujours rapportées aux choses afin de permettre à l'homme de s'orienter; mais Nietzsche est le premier à fonder cette affirmation de manière évolutionniste, en mettant en avant notre besoin vital de trouver des terrains d'entente, et donc de tracer des « raccourcis » grâce à des signes compréhensibles de manière générale [2].

Nos généralisations entrent en jeu selon des situations temporelles, des modalités et des formes variables. Une fois fixées dans des signes langagiers, leur sens peut continuer à se différencier et à se métaphoriser. Même si l'on intervient dans ce processus en tentant d'y introduire un ordre, il finit toujours par procéder à nouveau de manière évolutive : son issue demeure ouverte. C'est ce que Nietzsche a permis de penser grâce au concept de type : les généralisations se présentent toujours comme des typologisations provisoires, qui laissent une marge à la variation lorsque ce qui a été généralisé se manifeste dans l'expérience sous un jour nouveau. Nietzsche a pour habitude de rattacher ses généralisations ou « types » à des personnes singulières, comme Socrate, César, Luther, Napoléon ou Goethe. On peut voir immédiatement dans ses typologies des raccourcis perspectivistes, des concepts qui, plutôt que de chercher à représenter fidèlement la réalité, font ressortir des prises sur lesquelles s'appuyer [*Anhaltspunkte*] et produisent du contraste là où apparaissent des oppositions. C'est en particulier dans *La généalogie de la morale* que Nietzsche présente les aspects principaux d'une telle méthode [3].

1. Voir W. Stegmaier, *Philosophie der Orientierung*, Berlin-New York, De Gruyter, 2008, p. 14 et *Orientierung im Nihilismus. Luhmann meets Nietzsche*, Berlin-Boston, De Gruyter, 2016, p. 28-59.

2. Voir PBM, § 268 et GS, § 354. W. Stegmaier, *Nietzsches Befreiung der Philosophie. Kontextuelle Interpretation des V. Buchs der « Fröhlichen Wissenschaft »*, Berlin-Boston, De Gruyter, 2012, p. 262-288.

3. Voir W. Stegmaier, *Nietzsches « Genealogie der Moral ». Werkinterpretation (Reihe Werkinterpretationen)*, Darmstadt, Wissenschaftliche Buchgesellschaft, 1994, p. 88 *sq.* Max Weber s'inscrit dans la même lignée avec son concept de « type idéal ». Au sujet des typologisations psychologiques extrêmes de Nietzsche dans *La généalogie de la morale*, cf. *ibid.*, p. 117-127; au sujet du dépassement de l'anthropologie par la typologie, *cf.* A. C. Bertino,

Dans la mesure où les typologies ne font pas justice aux individus, qui diffèrent toujours de tout autre et peuvent à chaque instant se présenter sous un jour différent, Nietzsche en passe à dessein par un travail sur les nuances, pour lequel il mobilise son extraordinaire art de la langue. Les « nuances »[1] sont les déviations du concept, ou du type, qui ne se laissent pas ramener à lui. Elles incarnent le caractère temporel du concept, et Nietzsche finit par se qualifier lui-même de nuance : « je suis une *nuance** »[2].

*La fluidité de la forme et du « sens » et la pensée de la volonté de puissance : une orientation nouvelle par rapport à Aristote, Kant et Hegel*

Au 12e paragraphe de la deuxième partie de son « écrit de combat », *La généalogie de la morale*, Nietzsche fait du problème moral de la punition l'occasion d'un excursus au cours duquel il développe sa conception du concept, qui se démarque de celle d'Aristote, à savoir une conception de la « forme fluide » et du « sens fluide ». C'est également l'occasion pour lui de montrer le potentiel de la pensée de la volonté de puissance qu'il a développée dans *Ainsi parlait Zarathoustra* et dans *Par-delà bien et mal*[3]. L'excursus s'ouvre avec l'idée que les « généalogistes de la morale tels qu'ils ont existé jusqu'à présent », lorsqu'« ils dénichent quelque "but" dans le châtiment, par exemple la vengeance ou la dissuasion, posent ensuite ce but avec ingénuité au commencement, en en faisant la *causa fiendi* du châtiment ». Or, au lieu de cela, « l'histoire sous toutes ses espèces » a montré que « la cause de l'émergence d'une chose et son utilité à terme, son application réelle et son intégration à un système de buts sont des choses séparées *toto coelo* »[4] – ce qui est, même si Nietzsche ne le dit pas ici, également la règle pour l'évolution biologique.

*« Vernatürlichung ». Ursprünge von Friedrich Nietzsches Entidealisierung des Menschen, seiner Sprache und seiner Geschichte bei Johann Gottfried Herder*, Berlin-Boston, De Gruyter, 2011, p. 207-210.

1. Le terme apparaît en français sous la plume de Nietzsche.

2. EH, « Le cas Wagner », § 4 (trad. mod.). Voir à ce sujet W. Stegmaier, *Philosophie der Fluktuanz. Dilthey und Nietzsche*, Göttingen, Vandenhoeck & Ruprecht, 1992, p. 348.

3. Voir W. Stegmaier, *Nietzsches « Genealogie der Moral »*, *op. cit.*, p. 70-88. Ce chapitre est reparu sous le titre « Nietzsches Verzeitlichung des Denkens », *in* W. Stegmaier, *Europa im Geisterkrieg. Studien zu Nietzsche*, *op. cit.*, p. 177-191.

4. GM, II, § 12.

Avec le transfert du but vers l'origine, le temps perd son importance : en lui s'accomplit seulement ce qui était déjà donné. Aristote a rendu cela pensable par le concept d'essence ou de substance (*ousía*), qui imprègne toujours notre conceptualisation contemporaine. Au lieu d'exclure simplement le temps comme le fait Parménide, qui cherche une prise stable sur un être permanent, Aristote distingue le caractère essentiel de l'atemporel du caractère inessentiel du temporel pour pouvoir rendre compte du devenir d'une chose, d'un être vivant, d'un être organisé quel qu'il soit. Ce qui est permanent est essentiel, ce qui est soumis au changement est inessentiel, contingent (*symbebaekóta*). Pour garantir la permanence atemporelle de l'essence dans un environnement en proie au devenir, Aristote considère l'essence au-delà de celui-ci comme le fondement ou l'origine (*archáe*) de ces changements : les vraies essences doivent varier par elles-mêmes, et non par leur environnement, et cela apparaît particulièrement chez les êtres vivants.

Les deux distinctions, celle de l'essence et celle du fondement ou de l'origine, amènent cependant des difficultés. Car la matière première (*próotae hylae*) qui peut admettre toute forme (*morpháe*), l'*ousía* première qui sous-tend tout changement serait elle-même sans forme, tout en ne s'offrant aucunement à la vue (*eîdos*), et en ne pouvant être appréhendée par la pensée. Il faut donc, d'après Aristote, partir de choses déjà formées qui, lorsqu'il s'agit d'êtres vivants, peuvent changer de matière par elles-mêmes. Pourtant les êtres vivants, en tant qu'individus, apparaissent et disparaissent; seule leur forme générale reste visible, et manifeste par conséquent leur essence véritable. Seule la forme générale se maintient par elle-même et pour toujours, justement en ce que les êtres vivants individuels donnent naissance à d'autres êtres vivants de forme essentiellement similaire : la forme se maintient, pour l'exprimer dans un vocabulaire moderne, par l'espèce biologique.

Dans la mesure où les êtres vivants appartenant à une espèce spécifique se développent continuellement en vue de la même forme, celle-ci devient simultanément une finalité. L'apparence (*eîdos*) de cette forme n'apparaît certes qu'au moment où l'être vivant atteint sa floraison ou sa maturité (*akmáe*), mais c'est justement à ce moment qu'il est en mesure de se reproduire, c'est-à-dire de transmettre sa forme à une autre matière, pour que se forme en elle un nouvel individu de la même espèce. Ainsi les êtres vivants ont par leur forme, d'après la formulation de Nietzsche, à la fois leur « origine » et leur « but » en eux-mêmes. Ils sont, d'après Aristote, des entéléchies (*entelécheia*). Vu que la forme se laisse distinguer d'un point de vue logique par ses propriétés, celles-ci permettent d'élaborer des genres du général supérieurs à l'espèce. La vie peut ainsi être représentée dans son entièreté par une pyramide de concepts généraux, au sommet de laquelle figure le concept le plus pauvre en détermination, le plus général et le plus englobant, tandis que la base est formée des concepts les plus déterminés, les plus concrets et précis portant sur des êtres vivants singuliers.

Telle est la base de la métaphysique occidentale. Kant lui-même, qui a ramené de manière critique l'être en soi aristotélicien à une catégorie, choisie parmi d'autres par le sujet connaissant au cours de la détermination des objets, s'en tient à l'opposition aristotélicienne de la forme et du contenu (matière) lorsqu'il construit sa philosophie transcendantale : il combine les « formes de la perception » et les « formes de l'entendement » afin de parvenir aux principes *a priori* d'une « pure science de la nature ». Hegel lui aussi pense à l'intérieur de ce cadre, lorsqu'il lie par leur « mouvement » dialectique les catégories de la pensée philosophique à un « système » qui se clôt sur lui-même en formant une entéléchie [1]. Hegel clôt d'ailleurs son *Encyclopédie des sciences philosophiques* par une longue citation de la *Métaphysique* d'Aristote.

C'est dans un tel contexte que Nietzsche inscrit, au 12e paragraphe de la deuxième partie de *La généalogie de la morale*, sa conception révolutionnaire des concepts, qu'il conçoit comme évolutifs. Il part pour ce faire de sa pensée des volontés de puissance, tantôt dominantes tantôt dominées, lesquelles sont en confrontation constante les unes avec les autres, sans qu'il faille supposer pour cela quoi que ce soit de général, essence, forme ou loi. Il suspend radicalement la conception métaphysique du général, pour repartir d'un temps complètement indéterminé, un sempiternel devenir-autre de tout ce qui est, ou paraît être. Ce faisant, il mobilise avec force l'idée d'interprétation (« *Interpretation* », « *Auslegung* » ou

1. Kant n'exclut pas une évolution au sens moderne (*generatio univoca*), par exemple si « certains animaux aquatiques se transformaient peu à peu en animaux des marécages, et s'ils se transformaient ensuite en animaux de terres après quelques générations », mais il les considère néanmoins comme « une aventure hardie de la raison », qui ne rejoint pas notre « connaissance empirique de la nature » (*Critique de la faculté de juger*, trad. fr. A. Philonenko, Paris, Vrin, 1986, § 80, n. 1 p. 232). Hegel rejette tout net une telle évolution, bien qu'il ait eu accès à la *Philosophie zoologique* de Lamarck dès 1809, justement parce qu'elle lui paraît menacer l'autonomie du concept. L'histoire de la nature est selon lui « parvenue au repos » (*Encyclopédie des sciences philosophiques II. Philosophie de la nature*, trad. fr. B. Bourgeois, Paris, Vrin, 2004, Add. § 339, p. 561) et la « pensée véritable et nécessaire » n'est « capable d'aucun changement », car elle est « hors de tout temps » ou plutôt, elle est « vraie toujours et en tout temps » (*Vorlesungen über die Geschichte der Philosophie, Einleitung*, *in* K. M. Michel et E. Moldenhauer (Hrsg.), *Theorie Werkausgabe*, Bd. 18, Frankfurt am Main, Suhrkamp, 1970, p. 23 *sq.* (notes de cours de Michelet ; passage non repris dans les traductions françaises).

«*Zurechtmachung*»): postuler l'existence de choses et de propriétés, en effet, est déjà une interprétation qui permet de s'orienter, tout comme l'est aussi la « théorie d'une *volonté de puissance* à l'œuvre dans tout ce qui se produit » – avec la différence que cette dernière peut s'inclure elle-même dans la théorie, ce qui était déjà le cas avec la philosophie de la philosophie hégélienne. Le processus de la volonté de puissance consiste en ce « que quelque chose d'existant, qui s'est réalisé d'une manière ou d'une autre ne cesse d'être réinterprété en fonction d'intentions nouvelles par une puissance qui lui est supérieure, d'être accaparé de manière nouvelle, de se voir reconfigurer et réordonner pour un usage nouveau ». Or justement il faut voir – avec Darwin, auquel Nietzsche ne fait pas référence ici – « que tout ce qui arrive dans le monde organique est un *subjuguer, un se-rendre-maître* », et que, lors de cette subjugation par une nouvelle puissance, « le "sens" et le "but" qui prévalaient jusqu'à présent doivent nécessairement être obscurcis ou totalement éteints ». Sans forme et sans finalité préétablies, les fonctions dans le monde organique, mais aussi dans le reste du monde, peuvent changer sans cesse. Il n'y a pas de raison de penser que quelque chose doive toujours rester égal à soi-même. Ainsi le but, l'utilité de toute « chose », que ce soit d'un « organe physiologique », « d'une institution juridique, d'une coutume sociale, d'un usage politique, d'une forme dans les arts ou dans le culte religieux », devient quelque chose de foncièrement temporel, volatile et fluide.

Nietzsche interprète le fait qu'une chose puisse changer de base comme des « *indices* indiquant qu'une volonté de puissance s'est rendue maîtresse de quelque chose de moins puissant et lui a imprimé à partir d'elle-même le sens d'une fonction »[1]. La métaphysique une fois suspendue, seuls de tels indices peuvent faire office de signes. Tout se présente par signes et interprétations, qui suivent non pas une logique donnée d'avance, mais les nécessités interprétatives du moment[2]. Ainsi, des buts mais aussi des

1. GM, II, § 12 (trad. mod.)

2. Le passage aux signes est l'étape la plus importante pour l'une des plus importantes interprétations de Nietzsche. On s'y est intéressé lorsque, un siècle après Nietzsche et par d'autres voies, la philosophie a commencé à se mouvoir dans le champ des signes, mouvance marquée en particulier par Jacques Derrida avec sa *Grammatologie* (1967) et par Josef Simon avec sa *Philosophie des Zeichens* (1989). Pour une présentation de la philosophie des signes chez Nietzsche, voir R. Fietz, *Medienphilosophie. Musik, Sprache und Schrift bei Friedrich Nietzsche*, Würzburg, Königshausen & Neumann, 1992; M. Stingelin, « Historie als "Versuch das Heraklitische Werden [...] in Zeichen abzukürzen". Zeichen und Geschichte in Nietzsches Spätwerk », *Nietzsche-Studien*, 22, 1993, p. 28-41 et W. Stegmaier, « Nietzsches Zeichen », in *Europa im Geisterkrieg. Studien zu Nietzsche*, *op. cit.*, p. 195-230.

« choses » elles-mêmes émerge « une chaîne de signes continue faite d'interprétations et réarrangements toujours nouveaux dont les causes n'ont pas besoin d'être reliées les unes aux autres, mais au contraire, à l'occasion se succèdent et se relaient de manière purement fortuite ». Nietzsche offre ici une reformulation, décisive pour la philosophie, de la pensée darwinienne de l'évolution et de la sélection. Avec « la succession de processus d'assujettissement plus ou moins profonds, plus ou moins indépendants les uns des autres », il n'en va plus de l'« évolution » de quelque chose vers un but, ni de l'« adaptation », concepts caractéristiques de l'« idiosyncrasie démocratique hostile à tout ce qui domine et veut dominer »[1], qui sont, selon Nietzsche, volontiers mis en avant lorsqu'on ne se fie pas à une hypothèse telle que la sienne. Hypothèse en effet, car Nietzsche caractérise explicitement d'« hypothétique » sa « théorie selon laquelle, dans tout évènement, se manifeste une *volonté de puissance* »[2].

Nietzsche peut alors formuler sa nouvelle conception du concept et du général (lois, propriétés, catégories, etc.) comme suit : « La forme est fluide, mais le "sens" l'est plus encore… ». Cela vaut dès lors aussi pour les formes permanentes et atemporelles d'Aristote, qui se transforment avec le temps et avec les interprétations qu'on en fait à chaque reprise. « Les concepts », notait Nietzsche dans ses notes préparatoires à *Par-delà bien et mal*, « sont choses vivantes, par conséquent des choses qui tantôt s'accroissent, tantôt s'amenuisent : certains concepts même ont connu une mort misérable. Il faudrait les définir, métaphoriquement, tout d'abord comme des cellules, avec un noyau enveloppé d'un corps lequel subirait des modifications et – – – »[3]. Même « le concept d'"individu" est faux », lorsqu'on considère l'individu comme un être stable pour lui-même et pour les autres. « Ces êtres n'existent pas isolément : le centre de gravité se déplace »[4].

### *Zarathoustra et les anti-enseignements du surhomme, de la volonté de puissance et de l'éternel retour du même*

Il suit immédiatement de l'idée nietzschéenne du sens fluide que les concepts de « choses » ne se laissent plus définir, si par « définir » on entend « établir une fois pour toutes ce qu'une chose est par elle-même ». « Tous les concepts », poursuit Nietzsche au 13e paragraphe du deuxième livre de

1. GM, II, § 12.
2. PBM, § 36.
3. FP XI, 40 [51].
4. FP XI, 34 [123].

*La généalogie de la morale*, « dans lesquels se récapitule sémiotiquement un processus dans son ensemble échappent à la définition ; seul est définissable ce qui n'a pas d'histoire »[1]. Les enseignements célèbres du surhomme et de l'éternel retour du même n'ont pas été formulés par Nietzsche sous forme d'un essai, mais d'un poème – *Ainsi parlait Zarathoustra*. Ce n'est qu'ainsi qu'on saisit leur cohérence. Avec la pensée de la volonté de puissance telle que nous l'avons exposée, il en va de la mise en question d'un général qui subsisterait comme tel, tel qu'il triomphe pour la dernière fois avec Hegel. Tel que Nietzsche l'a conçu, son poème voit Zarathoustra échouer sur toute la ligne dans la transmission de ses enseignements les plus importants. Personne ne comprend le sens qu'il leur a donné, regrette-t-il : ni le « peuple » sur « la place du marché » (I), ni ses « disciples » (II), ni ses animaux (III) ni non plus, *in fine*, les « hommes supérieurs » (IV). Je pense que ce sens si difficilement saisissable est plus profond : je défends l'idée qu'il s'agit non pas d'enseignements mais d'« anti-enseignements », qui ne devraient pas être accessibles à tous[2]. Nietzsche invoque dans *Ainsi parlait Zarathoustra* la figure du surhomme qui, pour une lecture superficielle, a l'air d'un être supérieur tout-puissant. Or, il l'introduit au contraire par les métaphores du fluide, du flot et de la mer[3] et, sans le nommer, au 62ᵉ paragraphe de *Par-délà bien et mal,* il l'évoque comme « l'animal qui n'est pas encore fixé de manière stable »[4]. L'homme est surhomme dans la mesure où son évolution fulgurante, qui s'est faite par la « conscience » ou par l' « esprit », le place au-delà de toute définition ou de toute détermination « dernière ». C'est pourquoi il ne peut y avoir de concept définitif, mais seulement un concept fluide de l'homme, qui fuit sans cesse toute rigidification.

L'éternel retour du même, dont Nietzsche finit par faire la « conception fondamentale »[5] de son poème philosophique, reçoit – parmi ses significations controversées – un sens bon et profond lorsqu'on l'aborde dans le cadre d'une critique de la métaphysique par le biais de la pensée évolutionniste. D'après la formule, tout doit toujours finir par revenir au même.

1. GM, II, § 13.

2. Voir W. Stegmaier, « Anti-Lehren. Szene und Lehre in Friedrich Nietzsches *Also sprach Zarathustra* (1997/2000) », repris dans *Europa im Geisterkrieg. Studien zu Nietzsche*, *op. cit.*, p. 267-298 ; *Nietzsche zur Einführung*, Hamburg, Junius, 2013, p. 162-170.

3. Voir W. Stegmaier, « Der See des Menschen, das Meer des Übermenschen und der Brunnen des Geistes. Fluss und Fassung einer Metapher Friedrich Nietzsches (2010) », repris dans *Europa im Geisterkrieg. Studien zu Nietzsche*, *op. cit.*, p. 299-332.

4. PBM, § 62.

5. EH, « Ainsi parlait Zarathoustra », § 1.

Or, selon la pensée évolutionniste de Nietzsche, il n'y a pas de « même », sauf lorsqu'un raccourci de l'interprétation pose des équivalents. Tout ce que la métaphysique permet de penser n'est accessible qu'à partir d'un point de vue individuel et se présente dès lors chaque fois sous un jour différent. Tandis que tout ce qui est éternel au sens traditionnel du terme ne peut de toute façon jamais être observé par un vivant, la pensée de l'éternel retour est elle-même métaphysique. Elle se présente comme une offre adressée à ceux qui ne peuvent ni penser ni vivre sans métaphysique, une invitation à un dépassement apparent du nihilisme, et c'est comme ça que le comprennent aussi les animaux de Zarathoustra, lorsque cette pensée s'impose à lui dans « Le convalescent ». Mais Zarathoustra repousse l'interprétation métaphysique de ses animaux, qui comprennent la pensée de l'éternel retour comme la « roue de l'être »[1] : ils en tirent, dit-il, « aussitôt un autre refrain [*Leier-Lied*] »[2]. Bien que contredits par Zarathoustra, ils s'obstinent pourtant : « tes animaux savent bien, ô Zarathoustra, qui tu es et qui tu dois devenir : vois, *tu es celui qui enseigne l'éternel retour* ! – c'est cela ton destin à présent ! »[3], alors que Zarathoustra lui-même n'a pas encore exprimé cette idée une seule fois. Mais Nietzsche a introduit le « retour » dans l'idée métaphysique d'une nouvelle éternité et, avec lui, la temporalité : dans cette éternité temporelle ce n'est rien de général, c'est au contraire tout ce qui est, dans son ici et maintenant, dans une certaine constellation de singularités, qui revient – et rien de général ne peut être dit au sujet de ces constellations singulières, si on suit la pensée de la volonté de puissance. L'éternel retour est paradoxalement une atemporalité temporelle, et il est impossible de la fixer, car la fixation elle-même serait déjà une manière d'introduire du changement. La pensée de l'éternel retour pousse la métaphysique au paradoxe – et ce faisant elle laisse le champ libre à la pensée évolutionniste, de même qu'aux pensées du surhomme et de la « volonté de puissance à l'œuvre dans tout ce qui se produit ».

Werner STEGMAIER
Universität Greifswald
(*Traduit de l'allemand par Déborah Brosteaux*)

1. APZ, III, « Le convalescent ».
2. *Ibid.*
3. *Ibid.*

# LA PUISSANCE COMME SENSIBILITÉ. LA QUESTION DE L'ACTIVITÉ CHEZ NIETZSCHE

« Dans mes attaques, je ne m'en prends jamais aux personnes, – la personne ne me sert que de verre grossissant qui permet de *rendre visible un état de crise général, mais insidieux, malaisé à saisir* »[1]. C'est à partir de cette indication fournie par Nietzsche lui-même que nous tenterons de reconstruire les raisons de son opposition déclarée au darwinisme. L'hypothèse que nous défendrons est que Nietzsche cherche à rendre palpable une certaine crise de l'action, comprise au sens perspectiviste d'une crise de nos manières de sentir, penser, vouloir, de nos possibilités de vie ou modes d'existence. Ainsi, Nietzsche nous décrit le « dernier homme » comme étant incapable tant de commander que d'obéir[2]. Nos régimes politiques sont caractérisés par le fait qu'ils sont dirigés par des « moutons de tête »[3] qui ne peuvent que s'incliner devant des normes et une réalité sur lesquelles ils semblent n'avoir aucune prise. La même tendance se manifeste au niveau intellectuel, l'« objectivité » consistant en une volonté de « s'incliner devant tout ce qui veut être connu »[4]. Cette crise de l'action est diagnostiquée dès *La Naissance de la tragédie*, où elle est associée à une incapacité à tolérer tout *extérieur* à notre perspective, à assumer les portions *douloureuses* de la réalité : l'homme moderne « ne se risque plus à se confier au terrible courant glacé de l'existence : il court anxieusement sur la berge dans un sens et dans l'autre. Il ne

1. EH, « Pourquoi je suis si sage », § 7 (nous soulignons).
2. APZ, « Prologue », § 5.
3. PBM, § 199.
4. PBM, § 207.

veut plus rien avoir dans sa totalité, totalité qui inclut aussi toute la cruauté naturelle des choses »[1].

Or, selon Nietzsche, cette crise s'exprime déjà dans « toute la physiologie et la théorie de la vie », où l'on aurait escamoté « un concept fondamental, celui de la véritable *activité* [*Aktivität*] », au profit de l'adaptation, « une activité de second ordre »[2]. À rebours de cette tendance, Nietzsche nous présente une réalité tout entière constituée d'actions, de pure production d'effets [*Wirken*], de pure activité. Cette dernière n'est pas l'œuvre d'un sujet réalisant des intentions, d'une volonté consciente d'elle-même dotée d'un libre arbitre. L'activité ne vise par conséquent d'autre fin qu'elle-même : « il n'y a pas d'"être" derrière l'agir, la production d'effets, le devenir [*Thun*, *Wirken*, *Werden*]; "l'agent" est purement et simplement ajouté de manière imaginative à l'agir – l'agir [*das Thun*] est tout »[3].

Conformément au principe selon lequel la volonté de puissance cherche toujours des résistances afin de se déployer, nous prendrons les critiques que Nietzsche adresse au darwinisme comme fil conducteur de notre analyse. Celles-ci nous permettront non seulement d'analyser la crise de l'action – ou « activité » – que Nietzsche cherche à rendre visible, mais également d'esquisser plus précisément les contours de la notion d'activité elle-même. Nous verrons que, dans son combat contre le concept d'adaptation, Nietzsche cherche à libérer l'action des finalités établies (plaisir, succès, bonheur) et, contre l'optimisme et la confiance dans le progrès, à se donner les moyens de penser un dépassement de notre perspective humaine – européenne ? – sur le monde, dans laquelle il voit non seulement notre force mais également notre plus grand danger. Il propose pour cela une nouvelle conception de la liberté et de la spontanéité, débarrassées des fictions du sujet et du libre arbitre : comment dès lors envisager notre rapport à « nous-mêmes » ainsi qu'à ce qui nous entoure, aux sollicitations que nous subissons sans cesse et qui pèsent sur nos choix ?

Notre démarche se voulant interne à la pensée de Nietzsche, nous ne tenterons pas d'élucider ce qui, dans ses critiques, relèverait de la mauvaise foi, ou d'une mauvaise compréhension du darwinisme. Nous ne chercherons pas non plus à réconcilier son « anti-darwinisme » proclamé

1. NT, § 18.
2. GM, II, § 12.
3. GM, I, § 13. Sur la réalité comme activité, voir déjà *La philosophie à l'époque tragique des Grecs*, dans *Œuvres philosophiques complètes*, *op. cit.*, § 5.

avec les points communs entre sa pensée et celle de Darwin[1]. Comme le montre Christian J. Emden dans ce volume, ce que Nietzsche a en vue dans ses critiques est moins la théorie de l'évolution telle qu'elle est présentée dans *L'Origine des espèces* qu'un certain type de pensée et d'évaluation caractérisé par une série de traits symptomatiques qui s'exprime dans les « darwinismes » de Haeckel, Strauss, Rée, Spencer et parfois chez Darwin lui-même[2]. Cette pensée, Nietzsche l'aborde *à partir de lui-même*, c'est-à-dire à partir de ses propres problèmes.

## « La déification du succès »

Si le darwinisme est un adversaire incontournable afin de « rendre visible un état de crise général », c'est qu'il tend à considérer tout mode d'être actuel comme justifié par son « succès », c'est-à-dire par le seul fait qu'il serait issu d'une lutte pour l'existence dont il serait sorti victorieux. C'est déjà le reproche que Nietzsche adresse dans sa première *Considération inactuelle* à David Strauss et aux « généalogistes du singe ». Au lieu d'exploiter l'énorme potentiel critique de la théorie darwinienne, ils utilisent celle-ci pour justifier les valeurs établies[3]. Il s'agit là pour Nietzsche d'un cas typiquement hégélien de « déification du succès », qui consiste à admettre « sans autre examen que tout ce qui arrive a *la plus grande* valeur intellectuelle »[4]. En 1888 encore[5], Nietzsche voit dans « la réduction de la

1. Ces deux points sont étroitement liés, étant donné que c'est souvent dans les passages où il critique Darwin, Spencer, le « darwinisme » ou le concept de « lutte pour l'existence » que Nietzsche prend à son compte des principes qui peuvent être considérés comme darwiniens. Cette tension entre un « darwinisme » et un « anti-darwinisme » de Nietzsche a fait l'objet de plusieurs tentatives de résolution, privilégiant tantôt l'affinité, tantôt la rivalité. Voir notamment D. R. Johnson, *Nietzsche's Anti-Darwinism*, Cambridge, CUP, 2010; J. Richardson, *Nietzsche's New Darwinism*, Oxford, OUP, 2004.

2. Voir par exemple C. Darwin, *L'Origine des espèces*, trad. fr. E. Barbier revue par D. Becquemont, Paris, Flammarion, 1992, p. 131 : « La pensée de la lutte universelle provoque de tristes réflexions, mais nous pouvons nous consoler avec la certitude que la guerre n'est pas incessante dans la nature, que la peur y est inconnue, que la mort est généralement prompte, et que ce sont les êtres vigoureux, sains et heureux qui survivent et se multiplient ».

3. Plus tard, Paul Rée se verra adresser un reproche analogue, voir GM, « Avant-propos », § 7.

4. CIn I, § 7.

5. Voir CI, « Incursions d'un inactuel », § 14; FP XIV 14 [123], 14 [133].

réalité à une formule morale» une falsification optimiste qui conduit à escamoter la cruauté et l'irrationalité à l'œuvre dans la nature :

> Ce qui m'a toujours le plus surpris, quand je passe en revue les grands destins de l'humanité, c'est d'avoir toujours sous les yeux le contraire de ce qu'aujourd'hui Darwin, avec son école, voit ou *veut* voir : la sélection en faveur des plus forts, des mieux partagés, le progrès de l'espèce. C'est justement le contraire qui crève les yeux, la suppression des réussites fortuites, l'inutilité des types supérieurement accomplis, l'inévitable prise de pouvoir par les types moyens, et même ceux *inférieurs à la moyenne* [1].

Ainsi, « l'homme, en tant qu'espèce n'est *pas* en progrès » [2]. Nietzsche insiste bien plutôt sur la tendance à la stagnation, à l'abêtissement, au nivellement, sur la propension à se complaire dans une perspective et un système de valeurs donnés : « ce *progressus in simile* naturel, trop naturel, l'évolution continue de l'homme vers le semblable, l'habituel, le moyen, le grégaire – vers le commun ! » [3]. Toute doxa commune, toute perspective majoritaire, toutes les expériences et les sensations les plus semblables, tendent en effet à s'imposer au détriment de ce qui est plus personnel et plus divergent. L'évolution tend à l'élimination de ceux qui ressentent autrement [4] ou qui ont une sensibilité trop fine [5]. Ce fait résulte notamment de l'efficacité qui accompagne toute communicabilité aisée [6], ainsi que de « l'esprit », c'est-à-dire « la prudence, la patience, la ruse, la dissimulation, la grande maîtrise de soi et tout ce qui est *mimicry* » [7]. C'est donc vers le fonctionnement de « l'esprit » que nous nous tournons à présent.

1. FP XIV, 14 [123].
2. FP XIV, 14 [133].
3. PBM, § 268.
4. FP GS, 11 [252].
5. GS, § 111.
6. PBM, § 268.
7. CI, « Incursion d'un inactuel », § 14. Sur la *mimicry*, voir A, § 26 : « Les pratiques qu'exige la société raffinée, éviter soigneusement le ridicule, l'ostentation, la prétention, la mise en retrait de ses vertus comme de ses désirs les plus violents, la placidité, le conformisme, l'effacement, tout cela, en tant que morale sociale, se retrouve partout dans ses grands traits jusqu'au plus profond du monde animal, et ce n'est qu'à cette profondeur que nous voyons l'intention cachée de toutes ces avenantes dispositions : on veut échapper à ses poursuivants et être avantagé dans la quête de sa proie. C'est pourquoi les animaux apprennent à se maîtriser et à se dissimuler de telle sorte que certains, par exemple, adaptent leur couleur à celle de l'environnement (grâce à ce qu'on appelle la "fonction chromatique"), qu'ils font le mort ou prennent la forme ou la couleur d'un autre animal ou celles du sable, des feuilles, des lichens, des éponges (ce que les spécialistes anglais désignent sous le nom de *mimicry*) ».

## ÉVALUATION, ASSIMILATION ET REJET

Afin de mieux saisir les raisons de cette tendance, il nous faut faire un détour par la « physio-psychologie »[1] nietzschéenne et rappeler la manière dont sont produites les sensations, pensées et volitions qui parviennent à notre conscience. Elles sont le résultat de l'activité de notre corps, compris comme une « collectivité inouïe d'être vivants, tous dépendants et subordonnés, mais en un autre sens dominants et doués d'activité volontaire ». La pensée, la sensation et la volonté ne sont pas le produit de « notre appareil neuro-cérébral », mais « sont "la chose elle-même" »[2], le matériau même de notre corps. Le corps est donc parcouru par une multiplicité de perspectives, de points de vue, d'éléments préindividuels qui sont de l'ordre de l'affect, de l'instinct, de la pulsion, du désir, de la préférence. Toute vie, tout corps est « une structure fondamentale d'affects »[3], « une structure sociale composée de nombreuses "âmes" » ou « "sous-volontés" »[4]. L'ensemble de ces éléments entretiennent des rapports hiérarchiques de lutte, de domination et de résistance. Ces relations plus ou moins stables constituent un processus incessant d'unification, de hiérarchisation et de reconfiguration qui donne au corps sa forme et son unité provisoires et fluctuantes.

Cette lutte ne se déroule pas en vase clos. Nos expériences sont des « nourritures »[5] pour nos pulsions et Nietzsche conçoit l'interprétation sur le modèle de l'*assimilation*. Nos opérations interprétatives sont toujours affectives et intéressées au sens où elles visent la satisfaction d'un de nos instincts. Ceux-ci évaluent les excitations qui se présentent à nous en termes de plaisir et de déplaisir[6], et Nietzsche voit là l'origine de la pensée et du jugement[7]. Ce « travail aux mille facettes »[8] donne lieu à nos expériences vécues, conscientes, qui ne sont dès lors « que des images et des improvisations sur un processus physiologique inconnu de nous »[9]. Nous

1. PBM, § 23.
2. FP XI, 37 [4].
3. PBM, § 258.
4. PBM, § 19.
5. A, § 119.
6. GS, § 127.
7. HTH I, § 18.
8. GS, § 127.
9. A, § 119.

*sommes agis* bien plutôt que nous n'agissons[1], en dépit de notre tendance systématique à identifier les pulsions dominantes à notre moi conscient[2].

À la base de ce travail affectif et pulsionnel se trouve toujours un besoin d'être soulagé, d'obtenir un sentiment de puissance. Toute activité interprétative part d'une affection douloureuse, d'une blessure causée par une sollicitation extérieure et consiste en un effort pour la rendre supportable, vivable[3]. Face à l'irruption de la réalité, nous éprouvons un sentiment de faiblesse découlant d'une situation de doute et de peur. Nous sommes peu exigeants en matière d'interprétation, car nous visons avant tout à résorber notre souffrance: «Premier principe: n'importe quelle explication vaut mieux que pas d'explication». L'explication la plus efficace est souvent aussi « *la plus habituelle* »[4]. Il apparaît ainsi que la tendance à favoriser les expériences communes et habituelles n'est pas le résultat d'une sélection mécanique mais affective: « Le nouveau se heurte aussi à l'hostilité et à la réticence de nos sens; et de manière générale, dès les "plus simples" des processus sensibles *règnent* les affects, tels la peur, l'amour, la haine, y compris les affects passifs de paresse »[5].

L'activité interprétative du corps, de l'«esprit», est donc toujours caractérisée par la combinaison de deux opérations: l'assimilation et le rejet, le « oui » et le « non ».

> En cela, son intention vise l'incorporation d'"expériences" nouvelles, l'insertion de choses nouvelles dans des agencements anciens, – la croissance, donc; plus précisément encore, le *sentiment* de croissance, le sentiment de force accrue. Une pulsion en apparence opposée sert cette même volonté, la brusque irruption d'une résolution d'ignorer, de s'isoler arbitrairement, de fermer ses fenêtres, un non intime opposé à telle ou telle chose, un refus de se laisser approcher, une espèce d'état de défense à l'égard de tout ce qui peut être connu[6].

La combinaison de ces deux mouvements complémentaires de l'esprit est fonction « de sa "faculté de digestion", pour le dire de manière imagée – car c'est bien à un estomac que l'esprit ressemble encore le plus »[7].

1. A, § 120.
2. PBM, § 19.
3. Nous sommes largement redevables à l'ouvrage de Barbara Stiegler sur ce point crucial. Voir *Nietzsche et la biologie*, Paris, P.U.F., 2001.
4. CI, « Les quatre grandes erreurs », § 5.
5. PBM, § 192.
6. PBM, § 230.
7. *Ibid.*

Les perspectives et les évaluations adoptées par le corps dépendent dès lors d'une certaine capacité d'être affecté. Celle-ci varie selon la stabilité du rapport hiérarchique au sein de la multiplicité qui constitue le corps. Un nouvel affect peut-il y être incorporé, y trouver une place, ou bien menace-t-il de le désorganiser au point de le dissoudre ? Selon les cas, une même excitation pourra être ressentie comme plaisir ou déplaisir, accueillie ou rejetée, de la même manière qu'un remède pour un corps pourra constituer un poison pour un autre [1].

## La servitude volontaire comme adaptation

Nous savons que pour Nietzsche, l'oubli de l'activité véritable au profit du concept d'adaptation est le résultat théorique d'un état de crise plus général dans lequel l'activité serait dénaturée et dissimulée. Nous voudrions montrer maintenant que cet état n'est autre que le résultat d'une tendance à la faiblesse inhérente à l'homme, une tendance à la servitude volontaire dont Nietzsche rend compte grâce à sa physio-psychologie. Que cette dernière soit intimement liée avec la culture, la politique et la morale ne doit en rien nous surprendre : celles-ci ne consistent pour Nietzsche qu'en la poursuite de l'activité interprétative du corps par des moyens de plus en plus raffinés. Chaque morale est une hiérarchisation des affects réalisée dans les corps mêmes des individus, lesquels voient ainsi leur perspective, leur « être », façonnés par les rapports de domination et de lutte qui constituent toute communauté [2]. De même, toute culture est un moyen de lutter contre un mal qui nous atteint [3] : « les moyens que l'on a trouvés pour se procurer ce sentiment [de puissance] constituent presque l'histoire de la culture » [4].

1. Voir PBM, § 30 : « Ce qui sert d'aliment ou de délassement à l'espèce supérieure d'homme sera inévitablement presque un poison pour une espèce très différente et plus modeste. » ; voir HTH I, § 280 : « c'est ainsi que la religion, par exemple, a un double visage, suivant que l'on élève son regard vers elle pour se décharger de son fait et de sa détresse, ou bien que l'on baisse le regard sur elle comme sur les fers où l'on vous a mis pour vous empêcher de monter trop haut en plein ciel ».

2. GS, § 116; PBM, § 19 : « un philosophe devrait prendre le droit de ranger le vouloir en tant que tel dans la sphère de la morale : à savoir la morale comprise comme doctrine des rapports de domination dont découle le phénomène "vie" ».

3. HTH I, § 108.

4. A, § 23.

Quel est le ressort psychologique de la servitude volontaire ? L'homme étant l'animal le plus sensible à la souffrance, le plus indéterminé, et le plus inquiet, il est menacé d'une lassitude qui le pousse fréquemment à renoncer à son activité interprétative propre pour se soumettre à une interprétation proposée par un tiers. Ce geste résulte d'une hyperexcitabilité, d'une sensibilité incontrôlée due à une absence de stabilité suffisante dans les relations affectives qui constituent le corps. Il est typique du mode d'évaluation du ressentiment, caractérisé par *un refus de tout extérieur* dû à une *incapacité à supporter l'affection*. On projette alors hors de soi des valeurs présentées comme absolues, pour ensuite prétendre corriger ou rejeter (comme faux ou immoral) tout ce qui en nous et hors de nous s'en distinguerait. On vise alors uniquement à se conformer à ces valeurs, à s'y adapter, à combler l'écart ou le manque qui nous en sépare [1].

Une telle démarche équivaut à une castration de l'intellect [2], mais elle procure un sentiment de soulagement qui nous rend – une fois encore – peu regardants : face à la souffrance, « un sens quel qu'il soit vaut mieux que pas de sens du tout » [3]. Se soumettre à une croyance, à un dogme, à une opinion ou à une autorité quelconques permet, paradoxalement, de se rendre maître de soi et de contrôler ses affects en les anesthésiant. Comme Bernard Reginster [4] l'a bien montré, pour Nietzsche, la faiblesse trouve sa force, sa maîtrise, dans la soumission à une croyance, à une instance stable et extérieure à elle :

> La quantité de *croyance* dont quelqu'un a besoin pour se développer, la quantité de "stable" auquel il ne veut pas qu'on touche parce qu'il y *prend appui*, – offre une échelle de mesure de sa force (ou, pour m'exprimer plus clairement, de sa faiblesse). [...] C'est-à-dire que moins quelqu'un sait commander, plus il désire de manière pressante quelqu'un qui commande, qui commande avec autorité, un dieu, un prince, un état, un médecin, un confesseur, un dogme, une conscience de parti [5].

Sur le plan théorique, outre la prévalence de la notion d'adaptation dans les sciences du vivant, la renonciation à l'activité interprétative revêt la forme de la croyance en la notion de vérité : « ce stoïcisme de l'intellect qui finit par s'interdire le Non tout aussi rigoureusement que le Oui, cette

1. GM, I, § 10.
2. GM, III, § 12.
3. GM, III, § 28.
4. B. Reginster, « What is a Free Spirit ? Nietzsche on Fanaticism », *Archiv für Geschichte der Philosophie*, 85/1, 2003, p. 51-85, en part. p. 74-77.
5. GS, § 347.

*volonté* d'en rester au factuel, au *factum brutum*, ce fatalisme des "*petits faits**" (ce *petit faitalisme**, ainsi que je le nomme) »[1]. Sur le plan pratique, l'anesthésie peut notamment prendre la forme du travail. On se fait fonction, rouage: « l'activité machinale et ce qui en relève – comme la régularité absolue, l'obéissance exacte et irréfléchie, l'une fois pour toutes du mode de vie, le remplissage du temps, le consentement en quelque façon, voire le dressage à l'"impersonnalité", à l'oubli de soi-même »[2]. Les « hommes d'action », qu'ils soient « fonctionnaires, négociants, savants », sont incapables d'« activité [*Thätigkeit*] individuelle », ils « roulent comme roule la pierre, conformément à l'absurdité de la mécanique »[3]. Si l'action est ainsi mise en crise, c'est que le renoncement à l'interprétation clôt l'espace des possibles et nous coupe de toute possibilité de commander, d'évaluer pour nous-mêmes. Nous postulons partout l'existence de valeurs, de normes et de possibles établis indépendamment de nous, auxquels il ne nous reste qu'à nous *conformer*. En ce sens, Deleuze et Guattari restent fidèles à la conception nietzschéenne de l'esclavage lorsqu'ils l'appliquent à leur description du capitalisme :

> il n'y a même plus de maître, seuls maintenant des esclaves commandent aux esclaves, il n'y a plus besoin de charger l'animal du dehors, il se charge lui-même. Non pas que l'homme soit jamais l'esclave de la machine technique; mais esclave de la machine sociale, le bourgeois donne l'exemple, il absorbe la plus-value à des fins qui, dans leur ensemble, n'ont rien à voir avec sa jouissance: plus esclave que le dernier des esclaves, premier servant de la machine affamée, bête de reproduction du capital, intériorisation de la dette infinie. Moi aussi, je suis esclave, tels sont les nouveaux mots du maître[4].

Nous pouvons mesurer ici toute l'importance, l'actualité et le caractère non seulement éthique mais politique de l'opposition de Nietzsche à Spencer, dont il a lu l'ouvrage *The Data of Ethics*. Ce dernier y déduit en effet de sa conception de l'évolution que le sentiment de plaisir signale toujours un avantage pour la vie, et la douleur un désavantage[5]. Il fait dès

1. GM, III, § 24.
2. GM, III, § 18.
3. HTH I, § 283.
4. G. Deleuze, F. Guattari, *Capitalisme et schizophrénie I. L'Anti-Œdipe*, Paris, Éditions de Minuit, 1972, p. 306.
5. H. Spencer, *Les bases de la morale évolutionniste [The Data of Ethics]*, trad. fr. E. Alglave, Paris, Alcan, 1895, p. 68 : « Tout à fait à l'origine, la vie se maintient par la persistance dans des actions qui ont la vie pour effet, et par la cessation des actes qui l'entravent; lorsque la sensibilité apparaît comme accompagnement, sa nature doit être telle que, dans le

lors de ces sentiments les critères de « l'accroissement » et de « la décroissance ou la perte de la vie » [1], et conçoit le progrès comme l'adaptation de nos comportements aux circonstances de manière à entraîner le maximum de « "bonne humeur" » comprise comme une « satisfaction émotionnelle générale » qui accroît « tout pouvoir, corporel et mental » [2].

## L'ACTION À PARTIR DE SOI ET LA CAPACITÉ D'AFFAIBLISSEMENT

Si, comme l'écrit Deleuze, « la lâcheté, la cruauté, la bassesse, la bêtise » sont « des structures de la pensée comme telle » [3], elles le sont de toute nécessité, la pensée trouvant sa force dans son renoncement à l'activité interprétative propre au profit d'une soumission à la croyance religieuse, à la « vérité », à l'opinion ou à une « rationalité » économique. Mais qu'est-ce que, dans ce cas, que l'activité véritable pour Nietzsche, et comment l'atteindre ? On sait que Nietzsche la conçoit comme une activité « à partir de l'intérieur », à partir de soi. En se basant notamment sur les travaux du biologiste Wilhelm Roux [4], il l'oppose à l'adaptation comprise comme mise en conformité par rapport à un extérieur. Dans un fragment de 1886-1887 intitulé « *Contre le darwinisme* », il écrit : « l'influence des "circonstances extérieures" est surestimée jusqu'à l'absurde chez Darwin ; l'essentiel du processus vital est justement cette monstrueuse puissance

premier cas, le sentiment produit soit d'un genre qui sera recherché, un plaisir, et, dans le second cas, d'un genre qui sera évité, une douleur ».

1. H. Spencer, *Les bases de la morale évolutionniste*, *op. cit.*, p. 70 : « On peut donc démontrer de deux manières qu'il y a une connexion primordiale entre les actes donnant du plaisir et la continuation ou l'accroissement de la vie, et, par conséquent, entre les actes donnant de la peine et la décroissance ou la perte de la vie. D'une part, en partant des êtres vivants les plus humbles, nous voyons que l'acte utile et l'acte que l'on a une tendance à accomplir sont originellement deux côtés d'un seul et même acte et ne peuvent être séparés sans un résultat fatal. D'autre part, si nous considérons des créatures développées comme elles existent actuellement, nous voyons que chaque individu et chaque espèce se conservent de jour en jour par la poursuite de l'agréable et la fuite de la peine ».

2. *Ibid.*, p. 77. Le « pouvoir » et la « bonne humeur » de Spencer se situent donc aux antipodes de la puissance et de la « belle humeur » (*Heiterkeit*) de Nietzsche.

3. G. Deleuze, *Différence et répétition*, Paris, P.U.F., 1968, p. 196.

4. Voir W. Müller-Lauter, « L'organisme comme lutte intérieure. L'influence de Wilhelm Roux sur Friedrich Nietzsche », dans *Nietzsche. Physiologie de la volonté de puissance*, éd. et trad. fr. J. Champeaux, P. Wotling, Paris, Allia, 1998, p. 111-164 ; B. Stiegler, *Nietzsche et la biologie*, *op. cit.*

formatrice qui, à partir de l'intérieur, est créatrice de forme, et qui *utilise*, *exploite* les "circonstances extérieures"... »[1]. Dans *La généalogie de la morale*, la volonté de puissance et l'homme noble sont dits agir et évaluer *à partir d'eux-mêmes*[2]. Mais si l'activité véritable est à comprendre comme pure spontanéité, en quoi alors le mode d'évaluation noble diffère-t-il du ressentiment, qui consiste en un « non à un "à l'extérieur", à un "autrement", à un "non pas soi-même" »[3]? En quel sens devons-nous comprendre cette spontanéité ?

Pour répondre à cette question, il nous faut nous tourner vers l'interprétation de l'évolution que Nietzsche oppose explicitement à la « lutte pour l'existence ». Celle-ci est présentée de la manière la plus explicite dans le paragraphe 224 d'*Humain, trop humain I*, ainsi que dans un fragment de 1875[4]. Nietzsche commence par y rappeler le danger de « l'abêtissement [...] qui accompagne toujours la stabilité comme son ombre »[5]. La stabilité et l'abêtissement sont nécessaires en ce qu'ils permettent de fixer un système interprétatif, et par là, de stabiliser un milieu dans lequel un individu ou une communauté peuvent œuvrer à leur conservation. La restriction de la perspective, la diminution des manières de voir, la limitation du nombre des motifs et des possibilités permet en effet des choix rapides et faciles[6]. Cependant, ainsi que nous l'avons vu, cette tendance prend le pas sur la divergence et la nouveauté. Elle doit dès lors toujours être complétée par une seconde tendance :

> Dans ces conditions, la fameuse lutte pour la vie ne me semble pas être le seul point de vue à partir duquel puisse s'expliquer le progrès ou la force croissante d'un individu, d'une race. Il y faut au contraire *le concours de deux éléments : d'abord*, l'accroissement de la force stable par des liens retenant les esprits dans une communauté de croyance et de sentiment; *ensuite*, la possibilité d'atteindre à des buts plus élevés, fournie par l'apparition de natures dégénérescentes et, en conséquence, d'affaiblissements et de *lésions* partielles de la force stable; c'est justement la nature plus faible qui, étant plus subtile et plus libre, rend possible le progrès quel qu'il soit[7].

1. FP XII, 7 [25].
2. GM, II, § 12; I, § 11.
3. GM, I, § 10.
4. FP CIn III et IV, 12[22].
5. HTH I, § 224.
6. HTH I, § 228.
7. HTH I, § 224 (nous soulignons).

Une certaine capacité d'affaiblissement est donc le facteur de l'augmentation de la puissance. L'activité véritable ne dépend pas de la volonté consciente d'un sujet unitaire. Sa mise en branle est au contraire involontaire, elle résulte toujours d'une violence exercée sur le corps depuis l'extérieur, d'une rencontre avec une excitation qui excède notre entendement, notre raison ou notre morale et qui à ce titre brise les œillères de notre perspective. Une distance, un décalage, un écart se creusent au sein même de celle-ci. L'activité consiste dès lors à cicatriser cette blessure, à combler cet écart, à résoudre ce nouveau problème, bref à assimiler l'élément douloureux et à le rendre supportable en renouvelant nos évaluations. C'est par une blessure, une « mutilation », un « défaut »[1], que la multiplicité qu'est le corps peut entamer un travail de reconstitution, réordonner ses composantes et gagner en puissance : « partout où un progrès doit succéder, il faut qu'un affaiblissement précède »[2].

Cette assimilation, qui consiste en une fluidification et en une réorganisation de notre corps, n'est possible que si la blessure ne mène pas à la dissolution complète de ce dernier. Elle dépend donc d'une forme de maîtrise[3], de stabilité, de hiérarchie qui détermine notre capacité d'affaiblissement, et repose à ce titre sur une « surabondance de forces plastiques »[4], sur « les forces spontanées, agressives, expansives, interprétant de manière nouvelle, ordonnant de manière nouvelle et donnant forme, "l'adaptation" découlant seulement de leur effet »[5]. En ce sens, la force, ou vigueur [*Stärke*], est conçue comme une capacité digestive[6]. Toutefois, Nietzsche ne reconduit pas la relation entre sujet actif et objet passif à un niveau préindividuel, puisque le résultat de la reconfiguration dépend de l'interaction entre tous les affects désormais en présence. Toute évolution résulte « de processus d'assujettissement plus ou moins profonds [...] à quoi s'ajoutent les résistances qui s'y opposent à tout coup, les tentatives de mutation de forme ayant pour but la défense et la réaction, et aussi les résultats des contre-actions couronnées de succès »[7]. La véritable activité nietzschéenne est donc une activité d'individuation. La vie peut être définie, comme chez Simondon, comme une « *activité d'individuation*

1. HTH I, § 231.
2. FP CIn III et IV, 12 [22].
3. Voir sur ce point B. Reginster, « What is a Free Spirit? Nietzsche on Fanaticism », *op. cit.*, p. 80-82.
4. HTH I, « Préface », § 4.
5. GM, II, § 12.
6. GM, III, § 16 ; voir également GM, I, § 10.
7. GM, II, § 12.

*permanente* »[1]. Elle est un *devenir soi* qui consiste en un processus continu d'unification d'une multiplicité.

La figure typique de cette activité, l'esprit libre, est logiquement caractérisée par une vulnérabilité et une sensibilité qui lui permettent, par-delà nos catégories, notre morale, ou nos souhaits, de toucher du doigt le caractère hautement problématique, conflictuel et contradictoire de toute réalité – que celle-ci soit sociale, politique, biologique ou physique :

> Quelque chose pourrait être vrai : tout en étant nocif et dangereux au suprême degré ; et il se pourrait même que l'existence ait cette propriété fondamentale de faire périr quiconque la connaîtrait complètement, – de sorte que la force d'un esprit se mesurerait à la quantité précise de "vérité" qu'il parviendrait à supporter, plus clairement au degré auquel il *aurait besoin* de la diluer, de la voiler, de l'adoucir, de l'émousser, de la falsifier[2].

La liberté d'esprit est ainsi la capacité de jouer « de constantes variations »[3], de « monter » ses affects[4], de « *renverser les perspectives* »[5]. Nietzsche explique la présence de cette dernière faculté chez lui précisément par le fait qu'il est « foncièrement sain – mais dans des détails et des particularités cachées, *décadent** »[6]. L'objectivité consiste alors dans « la faculté de *maîtriser* son Pour et son Contre, de les faire intervenir et de les congédier : de manière à savoir rendre la *diversité* des perspectives et des interprétations de l'affect utile pour la connaissance »[7]. La « grandeur » dépend « de la multiplicité et de la diversité des choses qu'un homme pourrait supporter et dont il pourrait se charger, du point *jusqu'auquel* il pourrait étendre sa responsabilité »[8] – sa capacité à répondre, à ré*agir*[9].

1. G. Simondon, *L'individu et sa genèse physico-biologique*, Grenoble, Édition Jérôme Millon, 1995, p. 25.

2. PBM, § 39. Voir EH, « Avant-propos », § 3 : « Quelle dose de vérité un esprit sait-il *supporter*, sait-il *risquer ?* Voilà qui, de plus en plus, devint pour moi le vrai critère des valeurs. »

3. HTH I, § 637.

4. PBM, § 284 : « Avoir et ne pas avoir, à sa guise, ses affects, son pour et son contre, daigner s'y laisser aller, pour quelques heures ; les monter, comme des chevaux, souvent comme des ânes : – on doit en effet savoir utiliser leur stupidité tout autant que leur fougue. »

5. EH, « Pourquoi je suis si sage », § 1.

6. EH, « Pourquoi je suis si sage », § 2.

7. GM, III, § 12.

8. PBM, § 212. Voir FP XIV, 14 [133] : « les formes les plus riches et les plus complexes » sont le « "type supérieur" ».

9. Sur la responsabilité comme capacité à réagir, voir B. Honig, *Political Theory and the Displacement of Politics*, Ithaca-London, Cornell University Press, 1993, p. 60.

C'est dans ce cadre que Nietzsche peut proposer un usage non ascétique de la science, qui « pourrait également se révéler la plus grande *dispensatrice de douleur!* »[1]. De même, l'ensemble de sa philosophie peut être lue comme une tentative de blessure et d'empoisonnement du lecteur par l'exhumation de la cruauté et des rapports de lutte et de domination partout à l'œuvre[2], par la retraduction « de l'homme en nature »[3]. Tant que nous restons assez forts pour l'affronter, tout aliment mettant à mal notre constitution nous sera de la plus grande valeur : « pour quelqu'un de typiquement sain [...], le fait d'être malade peut être un stimulant énergique de la vie, du "plus-vivre" »[4]. Le type supérieur est donc celui qui est capable de digérer la plus grande complexité, d'assumer la plus grande conflictualité, de la faire sienne et d'en tirer parti :

> L'homme le plus libre a le plus grand *sentiment de puissance* par rapport à lui-même, le plus grand *savoir* sur lui-même ; il a le plus grand *ordre* dans le *combat* nécessaire de ses forces, l'*indépendance* relativement la plus grande de ses différentes forces, le *combat* relativement le plus grand au-dedans de lui-même ; il est l'être *le plus divisé*, le *plus riche en variations*, le *plus apte à vivre longtemps*, le plus fécond en convoitises et en ressources pour se nourrir, qui sache le plus *éliminer* de soi-même et se *renouveler*[5].

## UNE ACTIVITÉ NON TÉLÉOLOGIQUE ET INTRANSITIVE[6]

En tant qu'elle est créatrice de nouvelles possibilités de sentir, penser et vouloir, l'activité interprétative ne vise aucune fin, aucune valeur existante. De même, elle n'a pas d'autre objet qu'elle-même, que son propre déroulement. C'est sur cette dernière dimension que Nietzsche insiste dans un autre ensemble de critiques qu'il adresse au darwinisme. Celui-ci aurait maintenu un résidu de téléologie grâce aux notions d'« autoconservation », d'utilité et de lutte *pour la vie* :

1. GS, § 12,
2. PBM, § 229.
3. PBM, § 230.
4. EH, « Pourquoi je suis si sage », § 2.
5. FP GS, 11 [130] (trad. mod.).
6. Voir D. Astor, *Deviens ce que tu es. Pour une vie philosophique*, Paris, Editions Autrement, 2016, p. 129 : « On comprend désormais l'équation, pour nous, entre *vivre* et *devenir* ; et non pas devenir quelque chose ou quelqu'un, mais devenir en un sens intransitif et essentiellement processuel ».

> Les physiologistes devraient réfléchir à deux fois quand ils posent la pulsion d'autoconservation comme pulsion cardinale d'un être organique. Avant tout, quelque chose de vivant veut *libérer* sa force – la vie elle-même est volonté de puissance –: l'autoconservation n'en est qu'une *conséquence* indirecte extrêmement fréquente, parmi d'autres. – Bref, ici comme partout, attention aux principes téléologiques *superflus* [1] !

Nietzsche oppose la conservation de soi à la prodigalité. La lutte ne doit pas être conçue comme une lutte pour l'existence, pour le maintien de soi, mais comme une lutte pour l'accroissement de la puissance [2]. Concevoir le processus qu'est la vie comme orientée vers un but (fut-ce le moi existant) relève de l'erreur fréquente qui consiste à poser ce qui vient en dernier, un produit ou résultat, comme principe, cause ou finalité [3]. De plus, nous avons vu que Nietzsche se distingue de Spencer, comme de toute morale utilitariste visant la « conservation » du soi existant. Il y voit en effet la traduction théorique d'une quête de soulagement, d'une recherche du bonheur caractéristique de la morale « anglaise » [4].

Toute activité dépend d'une souffrance, d'une blessure et, loin de viser le bien d'un moi existant, elle consiste toujours à se déphaser, à se départir d'un état présent et de ses évaluations pour franchir d'autres seuils, acquérir d'autres dimensions. La vie est « *ce qui doit sans cesse se dépasser soi-même* » [5]. Elle ne vise donc pas, au premier chef, le bonheur, mais la puissance, l'unification la plus importante possible, « le chemin conduisant à l'optimum », « à l'acte, au faire le plus puissant, et dans la plupart des cas, en réalité, le chemin qui [...] conduit au malheur » [6]. Contre l'optimisme et l'eudémonisme utilitaristes, Nietzsche insiste sur la dimension prodigue du devenir soi, sur la destruction et la mort qui accompagnent nécessairement l'individuation :

> Même au sein de tout organisme particulier, il n'en va pas autrement : chaque croissance essentielle du tout s'accompagne également d'un déplacement du "sens" des organes particuliers, – il arrive que leur destruction

1. PBM, § 13.
2. Voir GS, § 349; CI, « Incursions d'un inactuel », § 14 : « S'agissant de la célèbre lutte pour la *vie*, elle me semble pour l'instant plus affirmée que démontrée. Elle se produit, mais comme exception; l'aspect d'ensemble de la vie *n*'est *pas* la détresse, la disette, mais bien plutôt la richesse, l'opulence, même l'absurde prodigalité, – là où on lutte, on lutte pour la *puissance*... On ne doit pas confondre Malthus et la nature ».
3. Voir CI, « La "raison" en philosophie », § 4.
4. Voir GS, § 349 et PBM, § 228.
5. APZ, II, « du dépassement de soi-même ».
6. GM, III, § 7.

> partielle, la diminution de leur nombre (par exemple à travers l'anéantissement des membres intermédiaires) soit un signe de force et de perfection croissantes[1].

Cette souffrance nécessaire est associée à l'image de l'enfantement, de la grossesse, au sens où elle est toujours le signe de la production de nouveauté, production qui n'obéit à aucune rationalité, fut-ce à une loi d'économie. Cette activité à partir de soi-même permet l'émergence de nouvelles manières de sentir, penser, vouloir et agir, de nouveaux modes d'existence ou possibilités de vie. La rupture avec les évaluations en vigueur n'est que le négatif d'une liberté positive, qui ne consiste pas dans le libre arbitre, dans le choix entre des possibles déjà disponibles, mais dans la création de possibles. Comme l'écrit Bergson, la possibilité est « créée par la liberté même »[2]. On ne pourra donc en rendre compte qu'*a posteriori* :

> Que l'on devienne ce que l'on est suppose que l'on ne soupçonne pas le moins du monde *ce que* l'on est. De ce point de vue, même les *bévues* de la vie ont leur sens et leur valeur, et les détours, les écarts passagers, les hésitations, les « pudeurs », le sérieux gaspillé à des tâches qui se situent hors de *la* tâche. [...] Pendant ce temps l'« idée » organisatrice, celle qui est appelée à dominer, ne fait que croître en profondeur, elle se met à commander, elle vous *ramène* lentement des chemins détournés, des voies sans issue où l'on s'était égaré, elle prépare la naissance de qualités et d'aptitudes isolées qui, plus tard, se révéleront indispensables comme moyens particuliers de l'ensemble, – elle forme l'un après l'autre les pouvoirs *auxiliaires* avant même de rien révéler sur la tâche dominante, sur le « but », la « fin », le « sens »[3].

Comme dépassement de soi, en tant qu'elle cherche à se départir de conditions d'existence données, l'activité est toujours prise de risque. Du point de vue de la conservation, en effet, nous savons que la servitude et la limitation de la perspective constituent la « force de caractère » : « des motifs peu nombreux, une conduite énergique et une bonne conscience »[4]. De la même manière, la force est, depuis cette perspective, une faiblesse : « comparé avec celui qui a la tradition de son côté et n'a pas besoin de raisons pour fonder ses actes, l'esprit libre est toujours faible, surtout dans ses actes ; car il connaît trop de motifs et de points de vue et en a la main

1. GM, II, § 12.
2. PR, p. 115.
3. EH, « Pourquoi je suis si avisé », § 9.
4. HTH I, § 228.

hésitante, mal exercée »[1]. Devenir soi consiste alors à quitter ses appuis, l'horizon des utilités et des finalités en place. Il s'agit toujours d'une expérimentation, d'une tentative[2].

## LA REVITALISATION DU CORPS SOCIAL

Le fait que Nietzsche conçoive les modes d'existence particuliers et les manières de sentir différentes comme rares et fragiles est certainement un des facteurs qui ont nourri sa tendance, du moins apparente, à l'individualisme. Toutefois, l'examen de la pensée de l'activité, telle que Nietzsche la développe notamment au contact du darwinisme, confirme qu'il faut comprendre celle-ci comme une réponse à une crise de l'action qui touche la société *dans son ensemble*. En effet, l'activité à partir de l'intérieur, comprise comme reconfiguration du corps à partir d'une blessure, vaut tant pour le corps de l'individu que pour le corps social.

Nous avons vu que la servitude volontaire prend sa source dans une certaine configuration affective. Le devenir soi, à l'inverse, exerce un effet libérateur, permet de se réapproprier l'activité évaluative et constitue une démarche de désubjectivation, au sens où il bouleverse l'organisation affective et pulsionnelle sur laquelle repose notre servitude. Ce processus de réappropriation de l'évaluation, Nietzsche nous invite à le mettre en œuvre dès les plus petites expériences, « dans les choses les plus modestes et les plus quotidiennes »[3]. Il s'agit de donner la plus grande importance possible à toute expérience, à toute sollicitation, à tout « oui » et à tout « non » – étant donné que notre spontanéité trouve sa source dans les affects auxquels nous nous exposons.

La portée politique de ce geste est double. D'une part, elle permet la libération de l'emprise des guérisseurs, de la dépendance que provoque notre perpétuelle recherche de soulagement : ne plus « se laisser domestiquer, dorloter et *droguer* par de douteux docteurs »[4]. D'autre part, les nouveaux types de sentir, penser, vouloir, les nouveaux affects pourront, le cas échéant, se propager de proche en proche et opérer une fluidification et une reconfiguration du corps social, pour autant que la communauté,

1. HTH I, § 230.
2. Voir PBM, § 42, § 205, § 210.
3. GS, § 299.
4. EH, « Pourquoi je suis si sage », § 2.

comme l'esprit libre, soit assez saine et stable pour assimiler la nouveauté sans dommage :

> C'est des individus plus indépendants, beaucoup plus flottants et faibles moralement, que dépend le *progrès intellectuel* de telles communautés; ce sont les hommes capables de tentatives nouvelles, d'expériences multiples. Innombrables sont ceux de cette espèce qui périssent à cause de leur faiblesse, sans résultat bien évident; mais en général, surtout quand ils ont une postérité, ils entament la cohérence de la communauté et portent de temps à autre un coup à son élément stable. C'est à cet endroit lésé et affaibli qu'un élément neuf est en quelque sorte *inoculé* à l'ensemble de l'organisme; mais sa vigueur doit être au total assez forte pour absorber cette nouveauté dans son sang et se l'assimiler [1].

Comme l'a montré Julian Young [2], l'esprit libre nourrit la communauté. Nietzsche écrit qu'il « contribue à empêcher que ce que produisent les esprits asservis, leur État, leur civilisation, leur morale, ne se fige et ne dépérisse : il y fait sans cesse affluer dans le tronc et les branches la sève vivifiante du rajeunissement » [3]. Comme chez l'individu, stabilité et corruption, fixation du type et variation se combinent, la première étant favorisée par « le combat constant contre des conditions *défavorables* toujours identiques », la seconde par des périodes de relâchement [4]. Toute « corruption » peut dès lors mener à l'émergence d'individus plus libres [5]. Un corps social, un peuple, sera dit fort et sain dans la mesure où il est capable de tolérer et d'assimiler l'étranger et le nouveau. Par opposition, les Allemands souffrent de « fièvre nerveuse nationale », de « petits accès d'abêtissement » : « tantôt la bêtise antifrançaise, tantôt la bêtise antijuive, tantôt l'antipolonaise » [6].

On sait qu'un pan de la pensée de Nietzsche consiste à envisager cette question depuis le point de vue de la direction de l'État, notamment via la notion d'élevage (*Züchtung*) [7] et le projet d'une gestion de la nouveauté. Toutefois, ce concept s'avère peu compatible avec la possibilité pour des

1. HTH I, § 224.
2. J. Young, *Nietzsche's Philosophy of Religion*, Cambridge, CUP, 2006.
3. FP HTH I, 20 [11].
4. PBM, § 262.
5. GS, § 23; PBM, § 258.
6. PBM, § 251.
7. Sur l'importance de ce concept, voir les travaux de P. Wolting, *Nietzsche et le problème de la civilisation*, Paris, P.U.F., 1995 et « *Oui, l'homme fut un essai* ». *La philosophie de l'avenir selon Nietzsche*, Paris, P.U.F., 2016.

évaluations radicalement nouvelles d'émerger[1], de même qu'avec la conception de l'activité *à partir de l'intérieur* telle qu'elle est appliquée par Nietzsche à l'individu. Plus fructueuse nous semble la définition, appliquée au corps social, de la force comme capacité à tolérer et à maîtriser le plus grand conflit possible. Ainsi, Nietzsche voit le droit comme le moyen d'une lutte ouverte permettant d'intensifier la vitalité du corps social : « Un ordre juridique pensé comme souverain et général, non en tant que moyen dans le combat de complexes de puissance, mais au contraire en tant que moyen *contre* tout combat en général, [...] serait un principe *hostile à la vie* »[2]. Cette manière d'hériter de Nietzsche est également présente chez Deleuze et Guattari, qui insistent sur la nécessité de l'assimilation de la nouveauté par le corps social :

> L'évènement crée une nouvelle existence, il produit une nouvelle subjectivité (nouveaux rapports avec le corps, le temps, la sexualité, le milieu, la culture, le travail...). Quand une mutation sociale apparaît, il ne suffit pas d'en tirer les conséquences ou les effets, suivant des lignes de causalité économique et politique. Il faut que la société soit capable de former des agencements collectifs correspondant à la nouvelle subjectivité, de telle manière qu'elle veuille la mutation[3].

## NIETZSCHE CONTRE LE DARWINISME : UNE QUESTION DE PERSPECTIVE

Nous étions partis de l'hypothèse selon laquelle l'opposition déclarée de Nietzsche au darwinisme se fondait sur le diagnostic d'une crise de l'action ayant contaminé le terrain des sciences de la vie. De fait, l'ensemble des critiques que Nietzsche adresse au darwinisme concernent la question de « l'activité véritable ». Qu'elle soit toujours menacée, c'est ce que montre la tendance à la stagnation, à l'abêtissement, à la moyenne, qui est à l'œuvre dans toutes les communautés. Cette tendance n'est pas le résultat d'un processus mécanique mais des relations affectives qu'entretient le corps avec lui-même ainsi qu'avec le monde. Elles le conduisent à se soumettre à des valeurs considérées comme absolues et à renoncer à son activité interprétative propre. Échapper à ce danger

1. Voir à ce sujet le B. Stiegler, *Nietzsche et la biologie, op. cit.*, p. 86-122.

2. GM, II, § 11.

3. G. Deleuze, F. Guattari, « Mai 68 n'a pas eu lieu », *in* G. Deleuze, *Deux régimes de fous. Textes et entretiens 1975-1995*, éd. D. Lapoujade, Paris, Éditions de minuit, 2003, p. 215-217, en part. p. 216.

nécessite de subir une violence, une rencontre, d'être affecté de manière à être contraint d'assimiler le nouveau et de reconfigurer son corps et ses perspectives. Loin d'être une affaire purement individuelle, l'activité se révèle alors cruciale pour la communauté, celle-ci étant susceptible d'être régénérée et reconfigurée à partir d'une blessure, pour autant qu'elle possède la stabilité et la force nécessaire pour faire sienne une nouveauté, et viser le conflit intérieur le plus intense possible. Pour l'individu comme pour la communauté, la vitalité dépend donc d'un devenir actif, d'une dynamique d'autodépassement, toujours douloureuse, risquée, qui se réalise sans but ni raison préétablis et sans autre objet qu'elle-même.

Ce dernier point nous permet de revenir, pour conclure, sur la notion de conservation. Nietzsche en propose une autre interprétation, comme préservation de l'activité vitale non seulement par rapport au risque d'extinction mais également par rapport à celui de régression : « Peut-être l'homme le plus nuisible est-il encore le plus utile, dans la perspective de la conservation de l'espèce ; car il entretient chez lui, ou bien, par son action, chez d'autres des pulsions sans lesquelles l'humanité serait depuis longtemps avachie ou aurait pourri »[1]. Dans ce cadre, le dernier type de critique que Nietzsche adresse au darwinisme consiste à lui reprocher de s'être cantonné à un point de vue évaluatif extrêmement partiel, qui ne produit que des vérités basses, pour « esprits médiocres »[2] :

> Quelque chose qui, par exemple, aurait manifestement de la valeur dans la perspective de la plus grande durée possible d'une race (ou de l'accroissement de ses forces d'adaptation à un climat déterminé, ou de la conservation du plus grand nombre) n'aurait absolument pas la même valeur s'il s'agissait de constituer un type plus fort. Le bien-être du plus grand nombre et le bien-être du plus petit nombre sont des points de vue axiologiques opposés : considérer *en soi*, d'emblée, le premier comme celui qui possède le plus de valeur, c'est ce que nous abandonnerons à la naïveté des biologistes anglais…[3].

Si, comme nous l'avons vu, le devenir est toujours l'objet d'une expérimentation, c'est qu'il est toujours une question de degré. Nietzsche multiplie les perspectives, « les points de vue axiologiques opposés », afin de décrire une seule et unique réalité, comme il le fait déjà avec l'apollinien et le dionysiaque dans *La Naissance de la tragédie*, ou l'élément historique et l'élément non historique dans la deuxième *Considération inactuelle* :

1. GS, § 1.
2. PBM, § 253.
3. GM, I, § 17.

« Et c'est précisément là le principe auquel le lecteur est convié à réfléchir : *l'élément historique et l'élément non historique sont également nécessaires à la santé d'un individu, d'un peuple, d'une civilisation* »[1]. Ouverture et fermeture, affection et réaction, lésion et cicatrisation, maladie et guérison, fluidification et stabilisation, individu et communauté, sont autant de perspectives complémentaires prises sur un seul et unique processus.

Ainsi, Barbara Stiegler a bien montré en quoi il ne faut pas voir dans l'assimilation et le rejet deux tendances opposées, puisque la défense et le « non » sont toujours nécessaires, jusqu'à un certain point, à la préservation de la vulnérabilité et de l'irritabilité[2]. De fait, il est certaines choses que l'homme noble « se défend farouchement de connaître pour de bon »[3]. Un « être épanoui », certes, « invente des remèdes contre les lésions, il exploite à son avantage les hasards malencontreux », mais également « élimine bien des choses », il sélectionne, il choisit : « À toutes sortes de sollicitations, il réagit lentement, avec cette lenteur dont une longue prudence et une fierté délibérée lui ont imposé la discipline »[4]. Inversement, le prêtre ascétique a rendu l'homme malade, mais dans le même temps il « fait justement partie des suprêmes forces *conservatrices* et *créatrices de oui* de la vie »[5], il est « un véritable artiste »[6]. L'homme, « même lorsqu'il se *blesse*, ce maître de la destruction, de la destruction de soi, – cette blessure même le contraint ensuite *à vivre*... »[7].

Ni contraires dialectiques, ni dualités en soi-apparence ou transcendantal-empirique, les couples conceptuels de Nietzsche signalent plutôt l'existence de « boucles de rétroaction »[8]. On peut les décrire avec Dorian Astor comme « la *pulsation* même du devenir, et comme la diastole et la systole de l'individuation du vivant »[9]. Les dualismes « sont l'ennemi, mais l'ennemi tout à fait nécessaire, le meuble que nous ne cessons pas de déplacer »[10].

Antoine DARATOS
Université Libre de Bruxelles

1. CIn II, § 1.
2. B. Stiegler, *Nietzsche et la biologie, op. cit.*, p. 72-73.
3. GM, I, § 10.
4. EH, « Pourquoi je suis si sage », § 2.
5. GM, III, § 13.
6. GM, III, § 20.
7. GM, III, § 14.
8. B. Stiegler, *Nietzsche et la biologie, op. cit.*, p. 51.
9. D. Astor, *Deviens ce que tu es. Pour une vie philosophique, op. cit.*, p. 118.
10. G. Deleuze, F. Guattari, *Mille plateaux*, Paris, Éditions de minuit, 1980, p. 30-31.

# L'ÉLAN EST FINI
# LA PHILOSOPHIE DE LA VIE DE BERGSON

## QU'EST-CE QU'UNE *PHILOSOPHIE* DE LA VIE ?

On sait que dans *L'évolution créatrice*, l'intuition philosophique nous fait parcourir une nouvelle étape. Par elle nous passons « de notre existence » à « l'existence en général »[1]. Et la méthode pour le faire change avec l'objet. Il ne s'agit plus simplement de dissocier ce qui est « vécu » de ce qui est « représenté », afin d'éviter les mauvais mixtes. Il faut pourtant éviter en même temps de s'en tenir à « de vagues généralités »[2]. C'est une méthode de recoupement qui nous oblige « à suivre les savants dans les détails des expériences et d'en discuter avec eux les résultats »[3], sans en rester pourtant au point de vue partiel d'une théorie scientifique : « la réalité sur laquelle chacune de ces théories prend une vue partielle doit les *dépasser* toutes. Et cette réalité est l'objet propre de la philosophie, laquelle n'est point astreinte à la précision de la science, car elle ne vise aucune application »[4]. C'est ainsi que va procéder Bergson avec les trois grandes théories de l'évolution proposées par les biologistes de son époque. La méthode de recoupement est aussi une méthode de « dépassement », qui montre ce qui manque dans chaque théorie partielle, et qui donne une vision, par des images-concepts, de la réalité même de l'objet que le philosophe interroge. Par cette méthode, celui dont nous partons n'est plus le point de vue de la conscience, comme dans les premiers livres

1. EC, p. 7.
2. EC, p. 79.
3. *Ibid.*
4. EC, p. 85 (nous soulignons).

de Bergson. C'est plutôt un point de vue plus large de « communication sympathique » [1].

L'intuition qui parle au figuré (par des images), en effet, chevauche l'intelligence. Ce point de vue n'est donc pas non plus simplement le point de vue de la science. Il faut inventer un nouveau personnage pour le ressaisir, une sorte de troisième œil, dont le vécu n'est pas le simple vécu subjectif de la conscience, mais qui pourtant *sympathise* avec celui-ci. Ce personnage est le philosophe lui-même, qui ne doit plus penser la Conscience, mais la manière dont la conscience participe d'un Cosmos plus vaste et plus large qu'elle. C'est l'émergence du point de vue cosmique en métaphysique à laquelle nous assistons dans *L'évolution créatrice*, un point de vue qui éloigne définitivement Bergson de la phénoménologie idéaliste d'Husserl et de l'ontologie phénoménologique du *Dasein* proposée par Heidegger. Rien en effet ne peut plus se faire sans examiner les vues partielles des savants. Il ne s'agit plus de les mettre entre parenthèses. Il n'est pas possible non plus d'affirmer que de telles vues ne concernent que l'explicitation de l'étant (*Ausdehnung des Seienden*), puisque c'est en dialogue critique avec elles qu'une vision du réel peut surgir. Une telle vision ne peut survoler le travail du plongeur que dans la mesure où celui-ci apporte quelque chose « d'absolu » à l'aviateur.

En clair, il s'agit donc de retrouver dans la nature quelque chose qui sympathise avec la conscience de l'humain, mais qui ne se réduit pourtant pas au vécu subjectif. Il s'agit de retrouver dans la nature une dimension spirituelle, ou encore immanente, dont l'esprit humain n'est pourtant pas le fondement, mais qui entre en communication avec lui. Cette entité dont nous parlons n'est rien d'autre que *la vie*. C'est elle que ne parviennent pas à ressaisir les lamarckistes, qu'ils soient matérialistes comme Le Dantec, ou spiritualistes comme Cope. C'est elle qui échappe aux néo-darwiniens saltationnistes (De Vries, Correns), ou continuistes, comme Weissmann ou Darwin lui-même. Nous pouvons laisser de côté la théorie de l'orthogenèse, qui n'a plus de pertinence scientifique aujourd'hui. La philosophie dont nous parlons nous oblige donc à aller chercher plus profond que la conscience, car cette dernière n'apparaît *que comme une manifestation de la vie*. Elle n'est plus simplement *constitutive* d'un monde vécu qui est le nôtre ; elle est en même temps *constituée* par la vie. C'est R. Barbaras [2] qui a compris l'importance de ce changement, même s'il n'a pas vu que pour atteindre le niveau de la vie, il faut pour Bergson passer par ce dialogue

1. EC, p. 179.
2. *Cf.* R. Barbaras, *Vie et intentionnalité*, Paris, Vrin, 2003.

avec la science, un dialogue qui n'est pas un handicap, mais au contraire une chance. Pourtant ce dialogue ne change rien au fait que la philosophie ne trouve encore une fois sa précision que du dedans, et par une expérience. Elle ne peut l'obtenir par simple construction de concepts. Elle est toujours préalablement engagée dans la chose qu'elle interroge. C'est ce qui lui permet d'éviter l'abstraction, au sens de « systèmes philosophiques qui ne sont pas taillés à la mesure de la réalité où nous vivons »[1]. Bergson pense notamment aux grands noms de l'idéalisme allemand et à la philosophie de Spencer.

## UNE PHILOSOPHIE DE *LA VIE* N'EST PAS UNE PHILOSOPHIE DE L'ORGANISME

On pourrait certes comparer cette méthode de dialogue avec la science et la démarche spéculative de Whitehead. Les travaux de Didier Debaise[2] vont dans ce sens. Une telle perspective nourrit également les travaux de certains philosophes de la biologie aujourd'hui. Je pense notamment à l'ouvrage collectif *Everything flows* qui vient d'être publié sous la direction de Nicholson et Dupré[3]. Il y a pourtant une spécificité du spiritualisme bergsonien que la tradition anglo-saxonne ignore complètement. Et c'est sur elle que cet article va mettre l'accent. *La philosophie bergsonienne de la vie n'est pas une philosophie de l'organisme et elle ne peut pas l'être.* Pour comprendre le vivant, et la différence entre un être vivant et un être inerte, il faut au contraire être attentif à la différence ontologique radicale entre la vie et le vivant, à supposer qu'on puisse accepter l'identification trop rapide et discutable entre le vivant et l'organisme. Voilà pourquoi Bergson invente une nouvelle image pour faire comprendre ce point capital : c'est l'image de « l'élan vital ». En quoi consiste donc cette onde immense, cet élan de vie dont parle le philosophe français ?

La vie est bien de nature « psychologique »[4]. Mais « le courant », « le flot », « l'élan », ou encore « l'onde » de vie n'ont rien à voir avec l'effort que fait un organisme pour s'adapter à son milieu. Tel est le point capital sur lequel Bergson met l'accent. L'énergie de ce courant est en effet

1. PM, p. 1.

2. D. Debaise, *L'appât des possibles. Reprise de Whitehead*, Dijon, Presses du Réel, 2015.

3. D. J. Nicholson, J. Dupré (eds.), *Everything Flows. Towards a Processual Philosophy of Biology*, Oxford, OUP, 2018.

4. EC, p. 54.

d'abord «*une énergie génétique*»[1]. Elle passe d'un germe à l'autre, et l'organisme développé n'est «qu'une excroissance, un bourgeon»[2]. Bergson reprend ainsi à son compte l'hypothèse de «la continuité du plasma germinatif» proposée par Weismann. C'est un élément important pour montrer que la science n'est pas simplement un artifice. C'est une vue partielle, mais elle ne nous détourne pas forcément de la réalité, car le tout et la partie communiquent dans l'ontologie bergsonienne. Et le philosophe français critique certaines théories, mais il reprend en même temps d'autres théories à son compte. La science ne ment pas par principe. Elle a bien un point de vue absolu sur le réel[3]. L'évolution se fait donc davantage au niveau de la reproduction et de l'hérédité qu'au niveau de l'individuation, même si ce dernier niveau existe également.

L'organisation en elle-même n'est pas le secret de la vie. Elle *n'est qu'un modus vivendi*[4], un compromis entre la vie et la matière. L'organisme s'adapte, il meurt, il vieillit, il se reproduit; mais pas l'élan de vie. Certes, partout où quelque chose vit, «il y a un registre où le temps s'inscrit»[5] et le passé d'un être vivant se prolonge tout entier dans son présent[6]. Mais tout d'abord, en tant que «compromis», l'individu biologique n'a pas d'identité stable et il ne saurait trouver seulement en lui-même les principes qui le totalisent, car «la tendance à s'individuer» est partout «combattue par la tendance à se reproduire»[7]. L'organisation biologique ne saurait donc en aucun cas servir de fondement à une théorie de la complexité biologique, comme celles que proposeront plus tard Varela[8] ou Rosen. Comment expliquer autrement que «l'individualité loge son ennemi chez elle»[9]? Cette analyse théorique de l'antagonisme entre les deux propriétés essentielles du vivant, comme constitutif de son essence, va évidemment en sens inverse du concept de «clôture opérationnelle»[10]. Certes, la vieillesse ne se réduit pas pour Bergson à de l'altération. Elle est aussi de la maturité. Mais elle signe déjà la présence de la

1. EC, p. 27 (nous soulignons).
2. *Ibid.*
3. PM, p. 33.
4. EC, p. 250.
5. EC, p. 16.
6. EC, p. 15.
7. EC, p. 13.
8. F. Varela, *Principles of Biological Autonomy*, New York, North Holland/Elsevier, 1979 [trad. fr. P. Bourgine et P. Dumouchel, *Autonomie et connaissance. Essai sur le vivant*, Paris, Seuil, 1989].
9. EC, p. 13.
10. F. Varela, *Principles of Biological Autonomy*, *op. cit.*

mort, qui n'a de sens qu'au niveau de l'organisme, ainsi parcouru par des forces cataboliques de destruction, qui marquent une autre forme de finitude de l'individualité. Certes l'adaptation est liée à un effort individuel et une conscience, marquée par la présence du système nerveux dans l'organisme. Mais l'adaptation tourne en rond. Elle se focalise sur la division du travail physiologique propre au vivant, et surtout elle ne permet pas de comprendre en quoi consiste le principe vital présent en lui. Seul ce dernier reste toujours présent dans la nature, comme une force de création qui ne s'adapte pas, mais qui au contraire *évolue.* Une théorie de l'individuation n'est donc pas une théorie de l'évolution et la vie est fondamentalement évolution, au sens d'une « création continue d'imprévisibles nouveautés » avec laquelle la conscience intuitive sympathise : « comme des tourbillons de poussière soulevés par le vent qui passe, les vivants tournent sur eux-mêmes, suspendus au grand souffle de vie »[1]. Bergson s'appuie sur un argument précis pour avancer cette thèse : certes un organisme a un certain degré d'indépendance, mais il dépend pourtant en même temps du développement de cet ovule dont il est issu[2]. Où est le principe vital propre, dès lors, dans l'organisme, dans l'ovule ? Il est en réalité dans « la vie commune à tous les vivants »[3]. Il faut remonter jusque-là pour comprendre ce qui est en question.

En quoi consistent donc la vie et avec elle la temporalité spécifique de l'évolution qui la caractérise comme telle ? La vie ne peut pas se comprendre de manière causale, elle ne peut pas non plus se comprendre de manière finale. En plus des trois théories traditionnelles de l'évolution, il faut mettre de côté les schémas métaphysiques intellectualistes qui y sont associés et qui empêchent toujours aujourd'hui les scientifiques de pouvoir penser autrement : le mécanisme radical et le finalisme radical. Il y a en effet de mauvais schèmes dans les sciences, il y a une métaphysique spontanée qui nourrit la façon qu'a le savant d'interroger le réel, et que le philosophe a le devoir de critiquer, parce qu'elle empêche de comprendre le sens de cette forme de communication sympathique qu'il appelle de ses vœux.

Le mécanisme radical repose sur la survalorisation de la causalité efficiente. Il est bien entendu issu de la pensée de Hume, du point de vue philosophique. Mais du point de vue anthropologique, son émergence traduit la dépendance de toute théorie scientifique par rapport aux exigences de

1. EC, p. 129.
2. EC, p. 43.
3. EC, p. 43.

l'action. Le but fondamental de la science pour le mécanisme radical, c'est de prévoir, et c'est dans cette perspective qu'il examine attentivement la relation entre le présent et le passé. Le passé se réduit pour lui à l'ensemble des événements qui ont pu être observés et mis en mémoire, que l'on peut mettre en relation d'une manière ou d'une autre avec les événements présents, afin d'en induire ce qui se produira dans le futur. Cette induction est forcément un saut spéculatif que ne peut justifier que la confiance que nous avons dans la stabilité de la relation observée entre les événements passés et les événements présents dans tel ou tel système physique. C'est cette stabilité de mieux en mieux garantie qui va transformer une hypothèse scientifique en théorie. Elle atteint ce degré quand l'induction va jusqu'à ce point limite qui nous permet de dire que *du point de vue du « mécanisme radical »* [1], tous les événements passés, futurs et présents se ressemblent. Il revient au même de décrire la trajectoire d'un pendule idéal, que l'on parte de ses conditions initiales ou que l'on revienne de son état final à ses conditions initiales. Seul le signe de l'équation change. Mais l'équation reste la même. Elle décrit une fois pour toutes la trajectoire du pendule dans l'espace de ses états physiques. Puisqu'il revient alors au même du point de vue du mécanisme radical (qui trouve sa forme triomphante avec l'hypothèse du Démon de Laplace), de partir du passé pour aller vers le futur, ou de revenir au passé en partant de l'ancien futur, c'est que le temps n'agit pas.

On voit tout de suite qu'il en est de même pour « le finalisme sous sa forme extrême » [2]. Il substitue, à l'impulsion du passé, l'attraction du futur. Il ajoute donc cette hypothèse métaphysique auxiliaire que la raison d'un événement naturel ne saurait se trouver simplement dans les conditions observables de son émergence. Mais même si nous acceptons cette addition qui relève pourtant clairement de la pétition de principe, ou encore de la spéculation, cela ne change rien au point essentiel. Pour le finalisme radical, il y a un but, il y a une raison qui détermine à l'avance l'évolution ou la transformation d'un phénomène. Et cette raison est en acte. Elle ne change pas. Elle est donnée de toute éternité comme un moteur formel et final qu'il faut ajouter à la cause efficiente. Par exemple la plante se décrit pour Aristote comme âme végétative, ou l'animal comme âme sensitive. Voilà donc le premier énoncé fondamental que nous voulons souligner : le schème philosophique de l'élan vital suppose que nous sortions des deux

1. EC, p. 39 (nous soulignons).
2. *Ibid.*

schémas intellectuels du mécanisme radical et du finalisme radical, car dans aucun des deux le temps ne joue un véritable rôle ontologique.

## LA VIE EST UNE TENDANCE SPIRITUELLE

Il y a une innovation fondamentale que propose alors Bergson, y compris par rapport à ses anciens ouvrages. La vie est un élan, un courant, un flot, ou une onde, non pas parce qu'il s'agirait d'un simple phénomène physique, mais parce que c'est une « tendance »[1]. De ce point de vue, on peut sans doute faire des comparaisons entre l'élan vital de Bergson et la volonté de puissance de Nietzsche[2]. Il nous faut donc à la fois comprendre en quoi consiste une tendance, mais aussi ce qui fait la différence entre la vie et la matière, car la matière n'est plus du tout pour Bergson un ensemble d'éléments ou d'événements que l'on pourrait caractériser en se plaçant du seul point de vue du mécanisme radical. La matière est une tendance, la tendance à l'extension[3]. Encore une fois, cela ne signifie pas que le schème du mécanisme radical ne sert à rien. Il ne permet simplement pas d'épuiser la réalité de la matière, comme en atteste quelque chose qui vient de l'intérieur même des théories physiques et de leur complexification croissante, à laquelle Bergson assiste au début du XXe siècle. Si donc la temporalité physique et la temporalité biologique n'ont rien à voir l'une avec l'autre, c'est tout simplement parce que la vitalité comme tendance se distingue radicalement de la matérialité comme tendance. En quoi consiste cette différence ?

La vie est d'abord une « tendance »[4], car elle est « une durée immanente au tout de l'univers »[5]. On pourrait penser que tel est aussi le cas pour la matière. En un sens, le morceau de sucre atteste en effet déjà que l'univers dure de sa durée propre qui n'est pas la nôtre, et qui n'a rien à voir directement avec notre fatigue d'attendre qu'il fonde. Mais la vie ne dure pas comme la matière. Elle dure de manière créatrice. Ce qui est vécu par la vie, à la manière d'une conscience[6], est vécu de façon créatrice. Pourquoi en

1. EC, p. 100.

2. Voir P. Montebello, *L'autre métaphysique*, Dijon, Presses du réel, 2015 et A. François, *Bergson, Schopenhauer, Nietzsche. Volonté et réalité*, Paris, P.U.F., 2009.

3. M. Capek, « La théorie bergsonienne de la matière et la physique moderne », *Revue philosophique de la France et de l'étranger*, 143/1-3, 1953, p. 28-59.

4. EC, p. 100.

5. EC, p. 11.

6. EC, p. 27.

est-il ainsi ? La vie est une impulsion, un élan qui n'existe pas dans la matière inerte. En quoi consiste cet élan ? Il est explicitement caractérisé comme « une poussée intérieure » [1] qui porte la vie vers des formes de plus en plus complexes. Voilà donc pourquoi l'évolution de la vie se rapproche de celle d'une conscience [2]. Elle n'a rien de simplement causal, elle naît d'une poussée intérieure. Voilà pourquoi aussi la vie a une hérédité, une mémoire. L'énergie génétique progresse de germe à germe, et non pas de particule à particule ou encore d'atome à atome. Il y a donc un lien fondamental entre le fait que la vie soit tendance, et le fait qu'elle soit une poussée intérieure. C'est notamment ce lien que nous ne voyons pas apparaître directement chez Darwin. La vie a une mémoire et une tendance propre, une vitalité qui n'existe pas dans la matière inerte. C'est évidemment aussi pour cette raison que Bergson doute immédiatement de la possibilité même d'une connaissance de la vie. L'évolution ne s'explique pas simplement par une série de conditions observables que l'on pourrait poser initialement, et à partir desquelles on pourrait prévoir et expliquer sa trajectoire, dans un espace idéal donné. Elle s'explique par la présence d'une impulsion, d'une force interne, qui est aussi psychologique ou encore spirituelle, qui va continuellement rompre toute tentative d'explication causale, au sens de la causalité efficiente. En ce sens, tous les êtres vivants portent cette poussée, cet élan en eux. Cet élan n'est pas une énergie physique mystérieuse qui s'ajouterait à l'énergie mécanique, ou thermodynamique. C'est un chimisme *sui generis*, une énergie spirituelle.

Mais en même temps l'essence d'une tendance vitale, nous dit aussi Bergson, « est de se développer en forme de gerbe » [3]. N'avions-nous pourtant pas dit plus haut également que la matérialité est une tendance ? Or pour Bergson, la matérialité ne se développe pas sous forme de gerbe. Nous allons voir qu'il y a pourtant une solution cohérente à ce problème : la matérialité est une interruption de tendance. Une tendance à l'ex-tension. Une interruption de tension. Une déficience. Nous reviendrons sur ce point plus tard. Que veut donc dire Bergson ? Pourquoi l'image de la gerbe, après celle de l'élan et du courant ? La vie est une tendance intérieure, dans la mesure où *elle ne s'internalise qu'en se dilatant et se dépassant elle-même à travers les effets qu'elle produit* : « cette réalité est sans doute créatrice, c'est-à-dire productrice d'effets où elle se dilate et se dépasse elle-

1. EC, p. 103.
2. EC, p. 27.
3. EC, p. 100.

même »[1]. Elle est donc moins une forme qu'un effort. Les efforts qu'elle produit la transforment, et son internalisation (effet d'elle-même) n'est que le résultat de cette transformation, et non un principe qui lui préexisterait. Elle est fondamentalement potentielle en un sens très particulier : elle dépend des conditions qu'elle contribue en même temps à créer : « les causes uniques en leur genre, font partie de l'effet, ont pris corps en même temps que lui, et sont déterminées par lui autant qu'elles le déterminent »[2]. Comme expliquer cette signature spécifique de la vitalité, par différence avec la matérialité ?

Dans *Matière et mémoire*, Bergson a trouvé une élégante solution métaphysique pour comprendre en quoi le souvenir n'est pas susceptible d'explication causale. Le concept-image de durée naît de l'impossibilité de traiter la succession comme une ligne euclidienne. L'instant passé réel en effet, que l'on peut représenter sur la ligne comme homogène à l'instant présent, n'existe plus quand l'instant présent surgit. Pourtant le souvenir de ma grand-mère est toujours là dans ma mémoire. Mais il est là au sens où il est « *coextensif* » au présent[3]. Il ne *coexiste* pas avec celui-ci. Co-extension n'est en rien synonyme de coexistence, et ne peut pas l'être, puisque le souvenir que j'ai de ma grand-mère est virtuel, et que le présent est actuel. Plus il est virtuel, et plus c'est un souvenir, plus il est actuel, et plus il est comparable au présent, comme si ce dernier ne faisait que répéter ce qui s'est déjà produit auparavant. *Le passé dans la mémoire est donc virtuel*[4]*, il n'est pas actuel.* Il habite le présent en lui, et c'est ce qui explique qu'il ne puisse être une simple condition observable, à partir de laquelle on pourrait expliquer l'émergence du présent. La mémoire est un inobservable, et le passé n'est donc pas simplement l'ancien présent, il est aussi cette dimension virtuelle coextensive au présent. Que suppose la présence de cette dimension virtuelle ? Que le présent ne peut pas préexister comme possible avant sa réalisation.

Si nous revenons au mouvement du pendule évoqué plus haut, la vitesse nulle qu'il a quand il termine sa trajectoire avant de revenir en sens inverse *préexistait déjà comme possible,* quand le pendule a commencé à parcourir sa trajectoire. Elle préexistait déjà comme possible dans l'espace des états physiques à l'intérieur duquel l'équation de son mouvement permet de dessiner sa trajectoire. Tel était le cas, car si nous ne changeons

1. EC, p. 52.
2. EC, p. 165.
3. MM, p. 168.
4. MM, p. 150.

pas les conditions de ce mouvement idéal (sans frottement, avec des petits angles, etc.), il se répète continuellement. Mais une mémoire humaine habitée par un souvenir pur fait que la présence dans le présent d'une dimension « coextensive » [1] à la conscience fait naître en lui une dimension de radicale imprévisibilité, de radicale créativité, puisque par cette présence, ce qui va se produire dans le présent, ne dépend pas seulement de ce qui s'est produit avant, mais aussi maintenant de ce passé « virtuel » [2] qu'il porte et qui n'existait pas auparavant. En même temps qu'un être humain est dans le monde physique, il est dans son propre monde spirituel, vécu et intérieur, dans son monde virtuel. Voilà pourquoi en réduisant ce qu'il est aux mouvements de son cerveau, on manque forcément complètement sa nature. L'esprit humain n'est donc pas une fonction qui ne dépendrait que de la disposition des éléments qui composent son cerveau. Cette image mécaniste gomme l'essentiel : la présence de ce monde virtuel.

Pourquoi donc la vie dure-t-elle de manière créatrice ? Est-elle, comme la conscience humaine, habitée par une mémoire ? Ce n'est pas le point sur lequel Bergson insiste dans ce nouveau livre. Certes, la vie se déchiffre au niveau de l'hérédité du vivant, qui n'est justement pas une mémoire subjective, mais collective, biologique. Pourtant le philosophe français n'exploite pas davantage ce filon prometteur. Si la vie progresse à la manière d'une conscience, c'est essentiellement parce qu'elle est « invention », ou encore « création incessante », et elle ne l'est pas simplement en tant que mémoire, elle l'est en tant que *tendance*. Qu'est-ce alors qu'une tendance vitale ? La réponse est très simple. De même que pour la conscience l'événement passé n'est pas tout le passé, pour la vie, l'événement futur qui n'existe pas encore n'est pas tout le futur. Bien au contraire, plus il y a dans le présent un avenir coextensif au présent, une « direction » vers laquelle le présent tend, et plus ce présent est habité d'une dimension vitale. Mais ne pourrait-on pas précisément concevoir cette internalisation comme le fait que la vie préexiste comme possible à sa réalisation, autrement dit comme un but, ou encore comme une fin ? En tout cas, nous avons obtenu un premier résultat : *la vie internalise son avenir; elle l'anticipe.* Elle ne se dirige pas simplement vers lui, comme un système physique pourrait se diriger vers son état attracteur. Voilà pourquoi on ne peut pas expliquer mécaniquement ou même dynamiquement l'évolution du vivant. Ce serait ne pas tenir compte de la présence de la vie en lui. Insistons sur ce point : il ne suffit pas de dire que la vie tend vers une

1. MM, p. 168.
2. MM, p. 87 et p. 150.

direction que l'on peut décrire à partir de certaines conditions; il faut ajouter que la direction vers laquelle elle tend est aussi *la sienne*. Elle est en même temps vécue par la vie, au sens d'une entité psychique désignée par l'élan vital. Elle ne *résulte pas* simplement des conditions qui lui sont imposées. Une tendance n'a donc rien à voir avec un vecteur, ou même avec un principe d'optimisation.

Mais alors pourquoi une telle conclusion ne nous fait-elle pas retomber dans le schème intellectualiste du finalisme radical? Et pourquoi l'image de la gerbe? L'avenir de la vie n'est pas non plus « un plan ». Bergson le répète à de multiples reprises. *C'est une « vis a tergo »*[1]. L'avenir de la vie vient de derrière, comme le sang qui remonte depuis les veines jusqu'aux artères. C'est une impulsion, ce n'est pas une attraction. Que peut vouloir signifier cette formule si étrange? Comment l'avenir pourrait-il être une impulsion? La vie, nous dit aussi Bergson, progresse par « dissociation » et non par « association ». Elle ne converge vers rien, elle diverge au contraire en permanence, et il rejoint en cela un principe fondamental de la biologie de Darwin[2]. Il en est ainsi car la vie est une force de dépassement. C'est le moment d'expliquer cette formule, et aussi dès lors de comprendre pourquoi la vie est une force qui se dilate elle-même dans les effets qu'elle produit. La solution est très simple: la vie recompose en permanence ce vers quoi elle tend à travers ce qu'elle fait.

L'avenir n'est donc pas une simple fin ou un simple but, mais bien au contraire une fin ou un but continuellement recomposé par l'action même de tendre vers ce but. Voilà pourquoi il est une force de derrière et voilà pourquoi il ne préexiste pas comme possible avant sa réalisation. Il n'est pas en acte, comme la cause finale d'Aristote. Il est au contraire virtuel. Il y a bien une tendance, il y a bien un avenir de la vie, mais il faut inverser le couple aristotélicien de l'acte et de la puissance pour en comprendre le sens. L'avenir, comme ce qui nous fait tendre vers le présent, dépend en effet en même temps du présent et ne trouve ainsi son sens prospectif que rétrospectivement. Nous ne pouvons donc pas déchiffrer à l'avance ce sens, puisqu'il ne préexiste pas comme possible, il est au contraire invention permanente, incessante de possibles! Nous retenons cette leçon cruciale, l'avenir de la vie ne peut se comprendre que circulairement, au sens où il est en quelque sorte effet de lui-même. Il ne se comprend comme tel, que comme effet des effets qu'il produit. C'est cette circularité

1. EC, p. 104.

2. C. Darwin, *L'Origine des espèces*, trad. fr. E. Barbier revue par D. Becquemont, Paris, Flammarion, 1992, chap. IV.

temporelle qui fait qu'il se recompose en permanence, et que le temps créatif de la biologie n'a rien avoir avec le temps causal de la physique, même quand celui-ci est complexe et non linéaire. S'ajoute en effet au temps de la physique le fait qu'en étant effet de lui-même, en se dilatant ainsi comme effort, du fait qu'il est en permanence recomposé par les effets qu'il produit, il s'internalise, il est rapporté à lui, par sa différence constante avec lui-même, il se fait. Il devient un monde temporel virtuel qui est coextensif, mais qui diffère en même temps non pas simplement en degrés, mais en nature, avec la ligne causale qui lui a donné naissance. Sa différence, devient ainsi non pas une simple différence entre le présent et le futur, mais une différence d'anticipation entre la tendance que le présent porte, et le futur qui va advenir d'elle.

Ainsi la vie fait référence à elle-même, tel est le secret bien caché de l'élan vital. Mais en faisant référence à elle-même, elle n'est pourtant pas close sur elle-même, voilà pourquoi, comme l'a souligné S. Y. Hwang[1], la circularité de la vie est créatrice. L'élan est fini, nous dit Bergson. Il est une force de dépassement. S'il en est ainsi, c'est d'abord et avant tout dans la mesure où, en étant effet de lui-même, *il est en permanence recomposé par lui-même.* Il est ce qu'il fait de ce qu'il est. Il est-autre. Son être-autre n'est donc plus un affaiblissement, *une corruption* de son être, que l'on pourrait expliquer éminemment par celui-ci, comme un Dieu caché, un être de l'étant, ou un premier moteur. Il n'y a plus d'être de l'étant *avant* l'être-autre, avant la force de derrière, avant l'événement. Telle est l'invention géniale du bergsonisme. Ou tout du moins il en est en tout cas ainsi à propos de cet étant particulier qu'est la vie, et pour lequel il y va prioritairement dans son être de son être-autre…

## CE QUI SE FAIT DANS CE QUI SE DÉFAIT

La vie est une tendance, au sens où elle recompose en permanence ce vers quoi elle tend, à travers son mouvement. Elle n'est rien de tout fait, elle *se* fait. Et l'évolution de la vie dépend donc du chemin suivi, pour employer un langage de physicien. Voilà ce qui fait déjà en un premier sens sa finitude. L'élan vital est fini, nous dit Bergson et nous voyons déjà quel premier sens il faut donner à cette formule. L'élan n'est une direction ou une tendance en même temps *vécue* que dans la mesure où il se recompose

1. S. Hwang, « La figure du cercle vertueux comme aspect essentiel de la causalité créatrice. Une lecture critique de Bergson », *Dialogue*, 56/2, 2017, p. 317-335.

en permanence dans le présent. Il *ne peut donc pas se débarrasser du présent* au sein duquel il se recompose. Il ne peut pas se débarrasser de l'événement. Il y a un faire, pour que l'élan puisse *se* faire. Bergson ne dégage pas explicitement toutes les conséquences d'une telle conclusion. Mais elle ne peut pas résister à l'analyse : il n'y a pas de vie sans l'acte, sans le cheminement par lequel la vie refait en permanence ce qu'elle était. L'accident de l'événement est essentiel à son essence. Voilà pourquoi la vie n'est pas un principe final au sens traditionnel du terme, et voilà pourquoi il est donc difficile de substantialiser la vie, même si cette tentation existe encore chez Bergson lui-même, en raison de ses convictions spiritualistes. L'élan vital ne traverse pas la matière, comme un obstacle accidentel, dont il pourrait ensuite se débarrasser. La dimension du présent matériel est au contraire inhérente à l'élan, et explique qu'il reste une force « toujours inadéquate à l'œuvre qu'elle tend à produire » [1]. Elle n'est pas accidentelle, elle est ce qui permet de le définir comme effort, et non pas comme une simple forme finale.

Comment comprendre à présent que la matière ne soit pas simplement le présent spatial mais en même temps elle-même une tendance ? Comment comprendre la matérialité de la matière ? Nous l'avons dit *supra*, la matière est essentiellement privation, l'espace est essentiellement une temporalité privée d'elle-même. Comment mieux comprendre cette formule ? Nous oriente-t-elle vers un monisme spiritualiste, comme le pensait l'un des meilleurs commentateurs de Bergson [2] ? C'est là qu'une nouvelle invention surgit. La matérialité est bien une tension qui s'interrompt sans cesse. C'est-à-dire la répétition d'une même répartition stochastique d'événements, à la fois dans l'espace et dans le temps. La matière est fondamentalement entropique, pour Bergson. Elle est régie par le principe de Boltzmann. Il faut noter cependant que le principe de Boltzmann n'est pas une disparition du temps. Il désigne plutôt le fait *que la même temporalité privée d'elle-même revient toujours.* Ce retour reste encore une forme de temps. Nous ne développerons pas ici les conséquences de cette compréhension de la loi d'entropie, mais nous pouvons renvoyer par exemple aux travaux de Prigogine et Stengers [3], qui en éclairent le sens. Qu'est-ce qu'une temporalité qui s'interrompt ? N'est-ce pas une corruption ? Un principe négatif ? *Une temporalité qui s'interrompt n'est pas un néant de temporalité.* La négation change profondément de rôle dans la

1. EC, p. 127.
2. V. Jankélévitch, *Bergson*, Paris, P.U.F., 1959.
3. I. Prigogine, I. Stengers, *La nouvelle alliance*, Paris, Gallimard, 1979.

métaphysique bergsonienne. Une négation *de dicto* n'est pas nécessairement une négation *de re* :

> Et, pour cela, il était indispensable d'établir que la suppression est toujours une substitution, et même qu'elle est nécessairement conçue comme telle : seules, les exigences de la vie pratique nous suggèrent ici une manière de parler qui nous trompe à la fois sur ce qui se passe dans les choses et sur ce qui est présent à notre pensée [1].

La matérialité est une privation, mais au sens d'une « substitution » d'un ordre à un autre. En ce sens, comme énoncé clairement par Bergson, elle n'est pas un contradictoire, elle est un contraire [2]. Elle n'est pas rien, *elle est une autre durée.* Et elle entraîne avec elle l'espace sur ce chemin. *La matérialité est simplement autre que l'altérité du principe vital lui-même.* Et la durée cosmologique peut ainsi les inclure l'un et l'autre, comme « deux contraires au sein d'un même genre » [3]. Elle est *ce qui se fait*, ce qui est autre, en même temps qu'elle est *ce qui se défait*, ce qui est autre que l'être autre. La répétition, et même la nécessité mécanique ou géométrique, ne sont plus alors que des figures de la durée, qui inclut en elle ce qui est autre qu'elle, ce qui est autre que l'altérité. C'est ainsi que s'accomplit dans sa radicalité l'inversion de la métaphysique aristotélicienne. Ce qui venait en premier pour le Stagirite était l'Acte pur. L'Acte pur, « être nécessaire », était aussi une cause finale, une cause qui se définit hiérarchiquement par le fait qu'elle ne dépend pas des effets qu'elle produit, lesquels au contraire dépendent d'elle. Ce qui vient en premier pour Bergson est la durée, en tant que ce qui est autre que la durée est au contraire en même temps susceptible d'être inclus dans son essence.

Mais s'il en est ainsi, il doit demeurer quelque chose de l'ontologie de la durée dans la définition même de la vie. Soit à présent un réservoir de vapeur fissuré [4]. La vapeur s'échappe par les fissures et tend à se transformer en gouttelettes. Mais comme elle s'échappe toujours, ces gouttelettes cessent pour un temps d'obéir à la loi de la gravité. On peut se servir de cette image pour représenter la vie, nous dit Bergson. Il n'y a pas de vitalité sans obstacle, mais cela ne signifie pas simplement que cette dernière doit refaire en permanence ce qu'elle est de telle sorte qu'elle n'est jamais identique à elle-même, comme les lignes divergentes de l'évolution des espèces nous en fournissent l'indice. L'obstacle ici n'est pas

1. EC, p. 238.
2. EC, p. 233.
3. *Ibid.*
4. EC, p. 248.

simplement l'obstacle du présent. Nous avons vu que la matière comme présent n'est pas simplement actualité. L'actualité est elle-même une tendance qui peut se comprendre en durée, une autre durée faite de répétition, de stochasticité et de mécanismes.

Cette tendance doit donc elle-même habiter la vie. Tel est bien le cas, comme nous le montre le chapitre II de *L'évolution créatrice*. Chaque nouvelle invention de forme que la vie laisse sur son parcours est habitée, non pas seulement par un présent qui la force à se recomposer, *mais par une matérialité inhérente* qui la pousse vers l'inefficacité, la dépense, la prodigalité. Aucune nouvelle forme de vie ne peut naître par économie. Que fait l'animal? Il dépense sans cesse à se mouvoir l'énergie que la plante stockait en elle. Ce n'est qu'ainsi en effet que la fonction instinctive se met à émerger en lui. Que fait l'humain? Il dépense de la pensée grâce aux signes du langage, cette pensée qui adhérait directement à l'action dans le comportement instinctif. Et que fait le philosophe lui-même, ce flambeur, parmi tous les flambeurs, ce Dieu du Casino du vivant? Il *dépense de la pensée pour rien*, sans aucun souci de mesurer, ou encore de prévoir. Par «une torsion du vouloir»[1], il ne cherche plus à voir pour agir, mais simplement à « voir pour voir »[2]. Voilà en quoi consiste la vitalité du philosophe: dans son inutilité même. La vie est donc habitée par sa durée contraire, et cette dernière ne peut plus lui être opposée sans que nous ajoutions immédiatement qu'elle lui est complémentaire au point qu'elle l'internalise. Il n'y a donc pas de vie sans *internalisation* de la polarisation par la force vitale. C'est ainsi que dans la très singulière ontologie bergsonienne, la privation, la dépense, le désordre ne sont plus des simples contraires que l'on pourrait substituer à la vie, quand celle-ci s'échappe d'un organisme, ils deviennent en même temps des contradictoires, grâce auxquels l'élan vital se dépasse sans cesse lui-même, et change sans cesse de formes. L'élan est un effort, une torsion de volonté *qui internalise l'altérité*, ce n'est ni un plan, ni une fin.

Cette ontologie nous commande explicitement de sortir de la logique aristotélicienne qui a commandé la pensée dans la Modernité et la commande toujours. Dès le Περὶ Ἑρμηνείας[3] en effet, nous apprenons à distinguer les contraires et les contradictoires. Ce qui peut ne pas être (le contingent) est le contradictoire de ce qui ne peut pas ne pas être (le nécessaire); ce qui ne peut pas être (l'impossible) a comme

1. EC, p. 162, p. 238 et p. 251.
2. EC, p. 298.
3. Aristote, *De l'interprétation*, trad. fr. J. Tricot, Paris, Vrin, 2008, p. 6-7.

contradictoire ce qui peut être (le possible). Mais ce qui ne peut pas être (l'impossible) et ce qui ne peut pas ne pas être (le nécessaire) sont en revanche deux contraires. Cette manière de penser, compatible avec l'idée de cause finale, est en revanche complètement incompatible avec l'idée d'élan vital. On mesure l'importance qu'une telle conclusion va avoir sur l'invention du concept de normativité chez Canguilhem. Il n'y a plus de vie sans dépense, il n'y a plus de vie sans la maladie, le vieillissement et la mort qui ne sont rien d'autre que des formes de matérialité inhérentes au vivant lui-même.

## Conclusion

Je voudrais terminer d'abord par une première remarque, d'ordre métaphysique : puisque la matière, l'espace ne sont finalement dans leur fondement qu'une autre forme de durée filée dans le tissu de la matérialité, elles ne sont pas rien. Il n'y a plus de rien chez Bergson. Le rien, le néant n'existe pas. Mais une métaphysique des deux ordres qui le rejette doit en payer le prix : ce qui n'est pas la durée est une autre durée. Si le non être n'est ainsi pas rien, c'est bien dans la mesure où l'être n'est pas non plus le plein. Il n'y a plus de plein dans la métaphysique bergsonienne, il n'y a que des formes d'absolu qui ne peuvent se dire que dans la différence avec ce qu'elles ne sont pas. Il y en a en tout cas au moins deux : la durée et ce qui est autre que la durée. C'est ainsi que se décline une authentique pensée du devenir, une pensée qui donne la priorité à ce qui devient sur ce qui est, dans la mesure où on peut expliquer l'être, l'identique, à partir du devenir, alors que l'on ne peut pas expliquer le devenir (l'autre), à partir de l'être. C'est ainsi que se signe d'elle-même *une hiérarchie de complémentarité* qui nous indique vers quel sens il faut aller pour comprendre le réel. On peut penser l'être comme complémentaire du devenir, comme autre que l'autre, mais il est bien difficile de penser le devenir comme complémentaire de l'être. On peut penser l'identité à partir de l'altérité, mais comment s'y prendre pour penser l'altérité à partir de l'identité, sinon d'une manière purement négative, en la transformant en une négativité *de re*, une privation, une déficience, dont il nous est impossible de comprendre l'émergence ?

Ma deuxième remarque est que, si la vie ne peut se comprendre sans l'élan, si la vie est bien une force psychologique, et si c'est elle qui est véritablement créatrice et source d'évolution, la relation entre la vie et l'organisme, entre l'individuation et l'évolution n'est pas développée davantage par Bergson. On ne comprend pas vraiment pourquoi la vie de l'élan, quoiqu'elle ressemble à celle d'une conscience, et qu'elle croisse en vitalité au cours du temps (torpeur, intelligence, instinct, intuition), n'est en même temps vécue que dans chaque organisme, et non pas directement dans l'élan spirituel lui-même, de telle sorte qu'il n'y a de vie de la vie que parce qu'elle se redouble en une vie du vivant lui-même. Il est clair en tout cas qu'une telle manière de penser ne correspond pas à un panpsychisme, au sens traditionnel du terme. Cette relation de complémentarité entre vivant et vie reste certes obscure, mais en même temps elle indique une direction de pensée : ce n'est pas simplement au niveau de l'organisme qu'il faut se placer, si l'on veut comprendre la vie, mais bien au niveau de « la vie commune à tous les vivants »[1]. Réciproquement on ne peut donner un sens spécifique à la vie qu'en examinant la complémentarité entre la vie et le vivant.

Quoiqu'il en soit, il est clair qu'il n'y a de vitalité de la vie que par internalisation de l'altérité, et cela en trois sens du terme :

1) Il n'y a pas de vitalité de la vie, sans le présent, c'est-à-dire sans un « faire », un acte, une actualisation sans laquelle elle ne pourrait pas être perpétuellement effet d'elle-même, et du coup sans cesse autre.

2) Il n'y a pas de vitalité de la vie sans la dépense entropique, sans la prodigalité de dépense qui est propre à la matérialité ; et de ce point de vue l'analyse de Bergson anticipe les travaux sur la thermodynamique des systèmes ouverts, notamment bien sûr Prigogine[2], mais également aujourd'hui England[3].

3) Il n'y a pas de vitalité de la vie qui puisse être vécue directement par la vie. Elle n'est vécue paradoxalement qu'à travers la vie des vivants et leur liberté propre. Cette idée d'une vitalité qui se redouble, se dilate ou encore s'extériorise dans le vécu des vivants est sans doute la plus originale, même si elle est la plus mystérieuse, car elle implique que l'élan vital n'est justement pas un simple être vivant. Bergson ne pouvait pas la

1. EC, p. 43.

2. I. Prigogine, *A la rencontre du complexe*, Paris, P.U.F., 1989.

3. J. L. England, « Dissipative adaptation in driven self-assembly », *Nature Nanotechnology*, 10/11, 2015, p. 919-923.

développer davantage, et pourtant elle touche selon nous directement au grand mystère de la vie.

En tout cas, nous comprenons ainsi au terme du raisonnement que la vie n'est ni la simple succession, ni la simple durée, conçue comme altérité. Elle est l'internalisation de l'altérité, sous ses multiples figures. Sans cette notion, il est impossible de comprendre du dedans la différence cruciale entre le temps biologique et le temps physique. Nous pensons que cette découverte philosophique est d'une grande profondeur.

Ma troisième remarque : la relation entre les différentes dimensions de la matière qui permettent également de la comprendre comme une forme de durée reste elle-même assez obscure, notamment entre la matière comme un présent spatial et la matière comme répétition. Elle est trop vague en tant que telle pour pouvoir intéresser directement un philosophe des sciences contemporain. Si on développe en effet l'idée bergsonienne, et si la durée matérielle est véritablement un autre ordre de durée, et non pas simplement la suppression de l'ordre vital, il faudrait pouvoir prêter à la matière des attributs positifs, à la matière comme espace, et bien entendu aussi à la matière comme hasard. C'est une direction de pensée qu'il faudrait emprunter, si l'on voulait rendre plus actuelle l'ontologie des deux ordres.

Paul-Antoine MIQUEL
Université Toulouse-Jean Jaurès

# DIEU A BESOIN DE NOUS
# SUR LA GENÈSE IDÉALE DE LA MATIÈRE DANS *L'ÉVOLUTION CRÉATRICE* (ET DANS *LES DEUX SOURCES DE LA MORALE ET DE LA RELIGION*)

Ce que Bergson appelle la « genèse idéale de la matière » est l'idée la plus difficile et la plus obscure de *L'évolution créatrice*; idée qui va à l'encontre de nos habitudes de pensée les plus communes. Pour le dire vite, nous pensons généralement que la matière vient en premier et qu'ensuite, la vie en dérive d'une certaine façon. Plus précisément, et comme Bergson le souligne continuellement, en dehors des besoins naturels, pratiques, notre perception divise le monde en choses, et la science moderne détermine ces choses de façon mathématique. Les lois de la physique produites par la science rejaillissent ensuite sur nos perceptions, nous faisant croire que toute matière est inerte. Nous croyons par conséquent que le seul ordre de l'univers est celui de « la matière brute ». Lorsque nous réfléchissons à l'évidence de notre conscience, au fait que nous nous sentions nous-mêmes libres, peut-être pensons-nous que la vie a d'une certaine manière été ajoutée à cet ordre. Mais comment, nous ne le savons pas. En revanche, comme Bergson le montrera, il est possible (*possible* est une des significations du terme « idéal » dans la genèse idéale de la matière) qu'il y ait un ordre différent de celui de la matière brute, ce dernier étant seulement l'image inversée du premier. La genèse idéale de la matière nous laisse entrevoir cet autre ordre, qui est l'ordre vital. En réalité, la vie vient en premier et la matière en dérive.

Dès les toutes premières pages de *L'évolution créatrice*, Bergson tente de nous montrer cet ordre inversé. Les pages d'ouverture établissent une distinction au sein du sens de l'existence. Celle que nous connaissons le mieux est notre propre existence, notre propre conscience. La forme de notre propre existence est caractérisée par le changement, la continuité, l'irréversibilité et la nouveauté. Ici, nous avons toujours une forme de création. Même « une intelligence surhumaine »[1], dit Bergson, ne serait pas capable de prévoir ce qui va arriver : le tout n'est pas donné. Le plus souvent, bien sûr, notre existence est durée. Par contre, la forme d'existence de l'univers matériel semble se résumer à la permanence, la discontinuité, la réversibilité et la prédictibilité. La configuration actuelle des parties de l'univers semble déjà contenir sa configuration future : le tout est donné. Le plus souvent alors, l'univers matériel consiste, non en durée, mais en simultanéité. Une intelligence surhumaine serait capable de prédire les configurations futures de l'univers. Cette distinction bergsonienne est bien connue. En revanche, « la succession est un fait incontestable, même dans le monde matériel »[2]. Afin de démontrer cela, Bergson se tourne vers son fameux exemple du morceau de sucre qui fond dans l'eau. Simplement, c'est un fait que je doive attendre que le sucre fonde. Le temps du sucre qui fond « coïncide » avec une portion de ma propre durée, qui est le temps d'attente. Parce qu'il coïncide avec une portion de ma propre durée, le sucre qui se dissout change en succession, comme ma propre durée. Donc, comme le conclut Bergson, le sucre qui fond peut avoir une durée comme la nôtre : il pourrait exister en tant que conscience. Plus encore, « l'univers dure »[3], dit-il. Le fait concernant le sucre qui fond établit une analogie entre ma propre existence et l'existence de l'univers : l'histoire du monde matériel se déroule « au fur et à mesure, comme si elle occupait une durée *analogue* à la nôtre »[4]. Par conséquent, l'univers est un processus de création imprévisible, continu et irréversible.

Comme le souligne Bergson, et cela semble vrai, le « petit fait » que je doive attendre que le sucre fonde est « gros d'enseignements »[5]. Cependant, une facette de cette analogie reste manquante. Afin d'accentuer l'imprévisibilité de notre propre durée, Bergson décrit la création d'une peinture. Il avance que, même si nous connaissions ce qui explique la peinture – la physionomie du modèle, la nature de l'artiste et les couleurs de la palette –, « personne, *pas même l'artiste*, n'eût pu prévoir exactement ce que serait le portrait, car le prédire eût été le produire avant qu'il fût produit »[6]. Dans ses descriptions initiales de l'existence de

1. EC, p. 6.
2. EC, p. 9.
3. EC, p. 11.
4. EC, p. 9 (nous soulignons).
5. *Ibid.*
6. EC, p. 6-7.

l'univers, Bergson ne mentionne pas « l'artiste ». La facette manquante de cette analogie est le créateur de l'univers. Il ne mentionne pas ce créateur, Dieu, avant la section sur la genèse idéale de la matière au chapitre III [1].

Le seul commentaire de Bergson au sujet de Dieu fut l'objet de lourdes critiques immédiatement après la publication de *L'évolution créatrice*. Pour parler de l'exemple le plus manifeste, Maritain suggéra que Bergson était à tout le moins panthéiste, voire athéiste [2]. Dans une lettre de 1912 à Joseph de Tonquédec, Bergson affirme cependant avoir réfuté à la fois le monisme et le panthéisme en général [3]. Dans la même lettre, il souligne également qu'il n'a, à ce moment-là, rien à ajouter à ce qu'il a dit sur Dieu dans *L'évolution créatrice*. Bien sûr, vingt-cinq ans plus tard, dans *Les deux sources de la morale et de la religion*, il enrichira beaucoup cette idée de Dieu [4]. À vrai dire, Bergson dit dans l'une de ses conversations avec Chevallier qu'il n'a pas « déduit simplement » *Les deux sources de la morale et de la religion* de *L'évolution créatrice*. En revanche, ajoute-t-il, « ma découverte ultérieure de Dieu n'a pas aboli, mais complète, mes précédentes découvertes, *en les transposant à un plan supérieur* » [5]. Cette citation indique que nous ne pouvons pas vraiment comprendre *L'évolution créatrice* sans comprendre *Les deux sources*. En particulier, puisqu'il mentionne Dieu dans la genèse idéale de la matière, nous devons examiner ses descriptions de Dieu dans *Les deux sources* [6]. La clé que procure cet ouvrage est le rôle de l'émotion dans la création. Ce n'est qu'à travers l'émotion que nous pourrons clarifier l'analogie qu'il tente, dans *L'évolution créatrice*, entre la création humaine (comme celle du peintre, mentionnée précédemment) et la création divine [7]. Comme nous le verrons,

1. EC, p. 248.

2. J. Maritain, *La philosophie bergsonienne. Études critiques*, 4ᵉ éd., Paris, Librairie P. Téqui, 1918, p. 187, 191. Christiane Baka Okpobé fournit un résumé précieux des critiques que reçut le Dieu de Bergson (cf. *Élan vital et mystique dans la pensée d'Henri Bergson*, Strasbourg, Presses Universitaires de Strasbourg, 2016, p. 185-210).

3. H. Bergson, *Mélanges*, Paris, P.U.F., 1972, p. 964.

4. Brigitte Sitbon-Peillon fournit un compte rendu très précis de la période qui sépare les deux livres (cf. *Religion, métaphysique et sociologie chez Bergson*, Paris, P.U.F., 2009, p. 41-51). Elle fournit également un compte rendu intéressant de l'émotion chez Bergson en le comparant aux analyses phénoménologiques (*Ibid.*, p. 111-118).

5. J. Chevallier, *Entretiens avec Bergson*, Paris, Plon, 1959, p. 176.

6. Nous pourrions appeler ceci « la théologie de Bergson ». Voir EC, p. 314, où Bergson dit « dès qu'on met les Idées immuables au fond de la mouvante réalité, toute une physique, toute une cosmologie, toute une théologie même s'ensuivent nécessairement ».

7. Maritain affirme également que « la doctrine de l'analogie ne peut avoir aucune place dans une philosophie anti-intellectualiste [comme celle de Bergson] » (J. Maritain,

la nouvelle forme d'analogie bergsonienne nous présente un Dieu qui – à l'inverse du Dieu d'Aristote – est une réalité créant graduellement. À cause de cette création graduelle, nous argumenterons que le Dieu bergsonien n'est *pas* omniscient. De plus, nous aborderons l'affirmation déconcertante dans *Les deux sources* que Dieu a besoin de nous. Au lieu de voir un manque dans ce besoin, nous avancerons que celui-ci fait en réalité référence à un impératif. Afin d'arriver à ces deux affirmations – Dieu n'est pas omniscient et Dieu suit un impératif –, nous devons d'abord enquêter sur la genèse idéale de la matière dans *L'évolution créatrice.* Une telle enquête nous permettra de découvrir la signification de cet intitulé. Pour autant que nous sachions, Bergson n'explique jamais le sens de cette formulation. Plus haut, nous en avons suggéré un sens : l'idéal comme possible, mais comme nous le verrons plus loin, le titre semble également suggérer une idéalisation. Cette idéalisation nous mènera à Dieu.

## La genèse idéale de la matière

Bergson anticipe la genèse idéale de la matière lorsqu'il parle d'« Intellectualité et matérialité » au début du chapitre III de *L'évolution créatrice*[1]. Puisque l'intelligence « est accordée sur » la matière inerte, Bergson pense que nous devrions pouvoir montrer la genèse des deux ensemble[2]. La double genèse de l'intellectualité et de la matérialité commence avec « un moment rare », le moment où nos actions sont « vraiment libres »[3]. Pour trouver ce moment rare (qui est une intuition, même si Bergson ne le nomme pas ainsi à cet endroit), nous devons chercher « la durée pure » dans les profondeurs de notre expérience. Comme le savent tous les spécialistes de Bergson, et comme nous l'avons déjà mentionné, la durée pure est le passé « en marche », qui se grossit d'un présent absolument nouveau[4]. Bergson stipule qu'elle est ce qu'il y a de plus éloigné de l'externalité, et de moins pénétré par l'intellectualité[5]. Alors que nous concentrons notre

*La philosophie bergsonienne. Études critiques*, *op. cit.*, p. 191). Cette affirmation semble incorrecte dans la mesure où Bergson parle constamment d'analogies dans ses travaux. Mais, comme nous essayons de le montrer ici, le concept d'analogie que développe Bergson ne ressemble pas à celui de Thomas d'Aquin.

1. EC, p. 201-211.
2. EC, p. 197.
3. EC, p. 201.
4. *Ibid.*
5. *Ibid.*

attention sur la durée, nous sentons notre volonté « se tendre jusqu'à sa limite extrême »[1]. Afin d'y parvenir, « il faut que, par une concentration violente de notre personnalité sur elle-même, nous ramassions notre passé qui se dérobe, pour le pousser, compact et indivisé, dans un présent qu'il créera en s'y introduisant »[2]. Malgré le fait que nous ne puissions pas coïncider avec la durée, plus le sentiment est profond, plus la vie absorbe l'intellectualité. En bref, puisque « la fonction essentielle de l'intelligence »[3] réside dans la synthèse, reliant le même au même, elle ne concerne que des faits qui se répètent. Ce qui est répété a déjà été généré par le nouveau présent que crée la poussée de notre volonté en lui. En d'autres termes, lorsqu'un nouvel état survient, l'intelligence le reconstitue « après coup » avec une série de vues extérieures à lui. Postérieure à la création, elle cherche des similarités parmi les vues qui peuvent être comparées à ce qu'elle connaît déjà. L'intelligence dépend alors de l'état de conscience nouvellement créé qui fournit ces vues. Donc, le nouvel état de conscience « contient de l'intellectualité "en puissance" »[4]. L'intelligence est générée à partir de l'expérience de la durée. Quant à la matérialité, Bergson affirme qu'elle est générée lorsque nous nous « détendons », lorsque nous « interrompons » et « laissons aller » l'effort qui pousse le passé dans le présent. De même que nous ne pouvons pas entièrement coïncider avec la durée, nous ne pouvons pas non plus complètement nous détendre. Mais, si nous le pouvons, dit Bergson, « à la limite, nous entrevoyons une existence faite d'un présent qui recommencerait sans cesse »[5]. Cette instantanéité indéfinie ressemble à l'existence de la matière. Nous avons donc deux processus, l'un étant l'inverse de l'autre : détente et contraction, interruption et continuité, ainsi que le laisser-aller en relation avec l'effort. La détente est l'inverse de la tension.

Bergson tire trois conclusions de la double genèse de l'intellectualité et de la matérialité. Premièrement, malgré le fait que la durée contienne potentiellement l'intellectualité, les deux sont incommensurables : la durée est indivisible et nouvelle, alors que l'intellectualité divise et répète. En ce sens, la durée dépasse l'intellectualité[6]. Deuxièmement, alors qu'il poursuit sa description de la détente, Bergson précise que plus nous

1. *Ibid.*
2. *Ibid.*
3. *Ibid.*
4. *Ibid.*
5. EC, p. 202.
6. EC, p. 201.

laissons aller l'effort vers l'action, plus nous entrons dans un état de rêverie dans lequel les milliers de souvenirs que nous concentrons deviennent des images séparées extérieures les unes par rapport aux autres. Ainsi, à partir de la durée, par la détente, nous entrons dans le domaine de l'espace. Troisièmement, dès lors que la détente incline d'abord l'esprit vers l'espace, l'esprit continue à descendre cette pente et forme alors le schéma de l'espace pur, ce qui est de la géométrie et donc de la physique. Ainsi, comme le souligne Bergson, « le physique est simplement du psychique inverti »[1]. Si nous pouvions remonter la pente que descend la physique, nous serions en mesure de « constituer progressivement une cosmologie qui serait [...] une psychologie retournée »[2]. Bergson entame la constitution d'une telle cosmologie à travers la genèse idéale de la matière[3].

Bergson définit l'univers comme « un assemblage de systèmes solaires »[4] et ajoute que « ces systèmes ne sont pas absolument indépendants les uns des autres »[5]. Pour étayer cette affirmation, il se tourne vers deux faits : d'une part, « notre soleil rayonne de la chaleur et de la lumière au-delà de la planète la plus lointaine, et d'autre part notre système solaire tout entier se meut dans une direction définie »[6]. Il y a par conséquent une connexion entre les mondes au sein de l'univers. Néanmoins, cette connexion est plus lâche que les liens que l'on trouve dans un monde comme le nôtre. La nature incline notre pensée à isoler le système de notre monde, le rendant relativement clos. Bergson limite alors sa discussion cosmologique à notre système solaire dans sa totalité, relativement isolé. Il veut voir ce qui arrive si l'on applique les deux lois les plus générales de la physique à cet ensemble : la loi de la conservation de l'énergie et celle de sa dégradation[7].

En ce qui concerne la loi de la conservation de l'énergie, il suffit de dire que les critiques de Bergson à son égard sont cohérentes avec l'analogie d'ouverture dans *L'évolution créatrice*, que nous avons décrite plus haut, entre notre existence et celle de l'univers matériel. Ses critiques impliquent qu'il est possible de concevoir l'univers comme un être vivant. Pour

1. EC, p. 203.
2. EC, p. 209.
3. Yala Kisukidi offre un compte rendu intéressant de la cosmologie de Bergson ; elle parle de sa théologie comme d'une « théologie intuitive » (cf. *Bergson ou l'humanité créatrice*, Paris, CNRS Éditions, 2013, p. 49-72, en part. p. 63-64).
4. EC, p. 242.
5. *Ibid.*
6. *Ibid.*
7. *Ibid.*

Bergson, la loi de dégradation de l'univers est plus importante. Comme il le souligne, cette loi est « la plus métaphysique »[1]; il l'envisage sous une forme non quantitative. Dans cette forme plus vague, la loi stipule essentiellement « que tous les changements physiques ont une tendance à se dégrader en chaleur, et que la chaleur elle-même tend à se répartir de manière uniforme entre les corps »[2]. Sans aucun artifice de mesure, selon lui, la loi indique « la direction où marche le monde »[3]. Telle est la direction : « les changements visibles et hétérogènes les uns aux autres se dilueront de plus en plus en changements invisibles et homogènes, et l'instabilité à laquelle nous devons la richesse et la variété des changements s'accomplissant dans notre système solaire cèdera peu à peu la place à la stabilité relative d'ébranlements élémentaires qui se répéteront indéfiniment les uns les autres »[4]. Par conséquent, la loi indique qu'« un monde tel que notre système solaire apparaît comme épuisant à tout instant quelque chose de la mutabilité qu'il contient »[5]. La question que je pose alors à Bergson est : d'où vient cette mutabilité ?

Bergson envisage trois réponses *physicalistes* possibles à cette question. D'abord, peut-être la mutabilité de notre système solaire vient-elle de quelque autre point de l'espace, quelque source de mutabilité extérieure à notre système solaire. Mais alors, cela nous amène selon lui à poser la question de l'origine de cette mutabilité. Ensuite, il est possible de dire que « le nombre des mondes capables de se passer de la mutabilité les uns aux autres est illimité »[6]. Dans cette explication, la somme totale de mutabilité dans l'univers serait infinie. Ainsi, on pourrait dire qu'il n'y a pas de nécessité à chercher l'origine de la mutabilité (ou sa fin). Selon Bergson, « une hypothèse de ce genre est aussi irréfutable qu'elle est indémontrable »[7]. Enfin, la troisième explication physicaliste de la mutabilité de notre système solaire suppose que l'instabilité générale ait émergé d'un état général de stabilité. Il en résulterait que « les alternatives d'accroissement et de diminution de l'énergie se succèdent sans fin »[8]. Cette hypothèse est « théoriquement concevable » pour Bergson, mais « elle est d'une improbabilité mathématique qui passe toute imagination et qui équivaut,

1. EC, p. 244.
2. *Ibid.*
3. *Ibid.*
4. *Ibid.*
5. *Ibid.*
6. EC, p. 245.
7. *Ibid.*
8. *Ibid.*

pratiquement, à l'impossibilité absolue»[1]. À l'issue de cette analyse, il conclut qu'en réalité, le problème de la source de la mutabilité reste insoluble aussi longtemps que l'on s'en tient au domaine de la physique, qui reste dans celui de l'espace. Selon lui, la réponse à ce problème doit être cherchée dans « un processus extra-spatial »[2].

Nous ne voyons ce processus extra-spatial que si nous ne considérons *pas* l'espace abstrait ou l'extension en général, mais la réalité concrète qui remplit cet espace ou cette extension. Bergson rejoint ici les descriptions d'« Intellectualité et matérialité ». L'ordre des lois naturelles qui détermine l'extension abstraite naît lorsque l'ordre inverse est supprimé. À nouveau, il souligne qu'un relâchement ou une détente du vouloir produiraient cette suppression : l'extension est une tension qui s'interrompt[3]. Enfin, le mouvement de la matière – la réalité concrète au sein de l'étendue abstraite – nous suggère « l'idée d'une chose *qui se défait* » et qui est, selon Bergson, l'« un des traits essentiels de la matérialité »[4]. Par conséquent, « notre vision du monde matériel est celle d'un poids qui *tombe* »[5]. Cependant, ajoute-t-il, « aucune image tirée de la matière proprement dite ne nous donnera une idée du poids qui *s'élève* »[6].

Les images ascendantes doivent être tirées de la vie. La vie est une réalité plus concrète que la matière. Comme l'écrit Bergson, « toutes nos analyses nous montrent en effet dans la vie un effort pour remonter la pente que la matière descend »[7]. À vrai dire, il pense que, à défaut de pouvoir arrêter la descente, la vie ne peut que la retarder. Avec l'idée de retardement, il produit deux images, toutes deux familières aux spécialistes de sa pensée. Premièrement, plus tôt dans *L'évolution créatrice*, il mentionne la machine à vapeur de Newcomen[8]. De même, dans le passage sur la genèse idéale de la matière, il nous demande d'imaginer « un récipient plein de vapeur à une haute tension »[9] comportant des fissures par lesquelles la vapeur s'échappe en jet. Lorsque le jet est lancé en l'air,

1. EC, p. 245.
2. *Ibid.*
3. EC, p. 246.
4. *Ibid.*
5. *Ibid.*
6. *Ibid.* C. Tresmontant soutient que Bergson possède deux métaphysiques, l'une ascendante et l'autre descendante ; voir « Deux métaphysiques bergsoniennes ? », *Revue de métaphysique et de morale*, 64/2, 1959, p. 180-193.
7. EC, p. 246.
8. EC, p. 185.
9. EC, p. 248.

presque l'entièreté de la vapeur se condense en gouttes d'eau qui retombent. La chute représente « la perte de quelque chose, une interruption, un déficit. Mais une faible partie du jet subsiste, non condensée, pendant quelques instants »[1]. Ces gouttes d'eau non condensées s'efforcent de relever les gouttes qui se condensent et retombent; mais au mieux peuvent-elles en ralentir la chute. Ce ralentissement, qui est l'effort de s'élever à nouveau, est le mouvement inverse du déclin. L'image a cependant une faiblesse, car il s'agit de l'image d'une machine alors que la vie est création et acte libre. Aussi Bergson demande-t-il au lecteur d'imaginer lever son bras pour l'abandonner ensuite à lui-même. Abandonné de cette façon, le bras retombe sur le côté, mais la volonté qui anime le geste subsiste; elle fait l'effort de relever le bras. Il s'agit là d'une image plus adéquate « d'un geste créateur qui se défait »[2]. Comme l'écrit Bergson, l'activité vitale est alors « ce qui subsiste du mouvement direct dans le mouvement inverti, *une réalité qui se fait à travers celle qui se défait* »[3].

Par ces images, Bergson tente de nous montrer la vie telle qu'elle a évolué « à la surface de notre planète »[4]. La vie sur terre est attachée à la matière, aux organismes, et par conséquent aux lois de la matière inerte (les lois de la nature). Mais, comme il le souligne, même ici, la vie fait tout son possible pour s'affranchir de ces lois. Sur terre, la vie ne peut pas renverser la direction descendante de la matière; elle peut seulement la retarder[5]. En d'autres termes, renvoyant à la loi de la dégradation de l'énergie, la vie ne peut que ralentir cette dégradation. Comment procède-t-elle? Dans *L'évolution créatrice*, Bergson avance que la vie sur terre s'est divisée en deux directions : plantes et animaux. Sur cette planète, les plantes accumulent l'énergie solaire, alors qu'animaux et humains la dépensent. Tout au long de *L'évolution créatrice*, il se servira de l'image de l'explosion[6]. L'énergie solaire accumulée est explosive; l'explosion est mouvement. C'est à travers la rétention de l'énergie, à travers la « fonction chlorophyllienne », que la vie est capable de retarder la dépense de l'énergie. Sans organismes, c'est-à-dire sans les plantes, qui ont emmagasiné l'énergie, celle-ci se serait dépensée plus tôt[7]. Sous la forme d'organismes terrestres,

1. EC, p. 248. Bergson parle également de condensation, de jaillissement et de retombée, plus tôt dans *L'évolution créatrice* (EC, p. 47).

2. EC, p. 248.

3. *Ibid.*

4. EC, p. 246.

5. EC, p. 247.

6. EC, p. 74, p. 99, p. 116 et p. 121.

7. EC, p. 247.

la vie retarde donc la libération de l'énergie, la réservant pour des actes explosifs.

Néanmoins, comme l'a montré Bergson, « l'évolution de la vie continue une impulsion initiale »[1]. Plantes et animaux résultent de la division de cette impulsion.

> Envisagée dans son impulsion initiale, avant toute scission, [la vie] était une tendance à accumuler dans un réservoir [c'est-à-dire dans un organisme] quelque chose qui se fût écoulé sans elle[2].

Donc, « en réalité », les tendances d'accumulation et d'expansion sont des « tendances complémentaires l'une de l'autre »[3] dans la vie. Ce que Bergson dit ici à propos de tendances mutuellement complémentaires ne se limite cependant pas à la terre. Selon lui, nous avons toutes les raisons de penser que tous les autres mondes dépendant de l'énergie solaire des étoiles sont « analogues au nôtre »[4]. Analogue à la vie sur terre, chaque planète de l'univers contient les tendances complémentaires de l'accumulation d'explosifs et de leur déclenchement. Il doit y avoir une source pour cette énergie ; il doit y avoir eu une explosion initiale[5]. Pour le Bergson de *L'évolution créatrice*, Dieu est cette première explosion d'énergie qui crée tous les mondes dans l'univers[6]. Il est le « processus extra-spatial » mentionné plus haut qui résout le problème de la source de mutabilité de l'univers.

En tant que source de mutabilité de l'univers, Dieu est aussi son créateur. Bergson présente ici sa conception de la création – et ceci est l'une, sinon la plus importante, des discussions de *L'évolution créatrice*. Selon lui, nous ne pouvons pas comprendre la création si nous la concevons comme une *chose* qui en crée d'autres[7]. La concevoir ainsi est une illusion qui est en même temps celle du néant. Le traitement que Bergson réserve à cette illusion dans le quatrième chapitre de *L'évolution créatrice* est célèbre. En bref, la notion de rien (telle que formulée en philosophie) n'est pas une idée indépendante et théorique. Elle dépend en fait de la déception

1. EC, p. 247.
2. *Ibid.*
3. EC, p. 250 et p. 247.
4. EC, p. 242 et p. 249.
5. Dans son cours de 1889 sur la métaphysique (Clermond-Ferrand), Bergson semble privilégier, parmi toutes les preuves traditionnelles de l'existence de Dieu, la « preuve cosmologique », puisqu'elle présente Dieu comme un créateur (cf. *Leçons d'esthétique. Leçons de morale, psychologie et métaphysique*, Paris, P.U.F., 1992, p. 365).
6. EC, p. 249.
7. *Ibid.*

que nous ressentons lorsque nous n'avons pas trouvé ce que nous cherchions. Elle repose sur une idée pratique. Comme le précise Bergson, « toute action humaine a son point de départ dans une dissatisfaction et, par là même, dans un sentiment d'absence. [...] Notre action procède ainsi de "rien" à "quelque chose" »[1]. Lorsque nous avons ce sentiment d'absence, nous ne sommes pas à la recherche d'une chose à proprement parler, mais de son utilité[2]. Notre entendement a découpé la chose en fonction d'un dessin ou d'un plan d'action dirigé vers une fin. En d'autres termes, c'est parce que nous recherchons son utilité que la chose est considérée comme relative à un plan ou un dessin de moyens et de fins, à quelque chose de « déjà fait ». Ensuite, en transposant cette idée à l'idée générale de choses agissant sur d'autres choses – nous passons à nouveau du pratique au spéculatif – nous pensons que cette action ou ce mouvement sont basés sur un « plan d'ensemble » ou un « dessin immobile »[3]. Une fois éliminée cette illusion, nous sommes conduits à voir que Dieu n'est pas une chose; Sa création n'est pas relative à un dessin immobile déjà réalisé (nous reviendrons plus loin sur ce manque de dessin immobile). Aussi ne crée-t-il pas les choses. L'image de l'explosion apparaît à nouveau : Dieu est « un centre d'où les mondes jailliraient comme les fusées d'un immense bouquet »[4]. Ou, comme le dit également Bergson, le procès de la création et du déclin est « comme le chemin que se fraye la dernière fusée du feu d'artifice parmi les débris qui retombent des fusées éteintes »[5].

## LES DIFFÉRENTS SENS DE LA « GENÈSE IDÉALE DE LA MATIÈRE »

Comme nous l'avons suggéré au début, Bergson semble ne jamais avoir expliqué le titre de « genèse idéale de la matière ». Cependant, ce titre suggère une variété de significations, et plus particulièrement trois. *Premièrement*, si nous nous rappelons, comme le fait Bergson lui-même, que le terme du Grec ancien « eidos » signifie « vue » ou « moment »[6],

1. EC, p. 297.
2. *Ibid.*
3. EC, p. 303.
4. EC, p. 249. Dans *Bergson et le Christ des Évangiles*, Paris, Vrin, 1999, Henri Gouhier nomme le Dieu de Bergson un « Dieu cosmique » (p. 92). La section de cet ouvrage sur le « Dieu cosmique » est une présentation extrêmement utile du Dieu bergsonien (p. 89-96).
5. EC, p. 251.
6. EC, p. 314.

le titre semble alors faire référence au fait que la description bergsonienne de la genèse soit ponctuée par des visions[1]. Comme nous ne pouvons pas observer la création de l'univers, nous ne pouvons en avoir qu'une idée. En d'autres termes, la description de la genèse est censée nous conduire à « entrevoir », « voir », ou nous amener à un « voici » comment l'univers a été créé. La description est supposée nous conduire à une intuition. Comme Bergson le répète continuellement – et ce point vaut la peine d'être répété – « il n'y a pas d'autre source de connaissance que l'expérience »[2]. Aussi, comme toujours chez lui, les images sont-elles importantes pour comprendre l'intuition. Mais, comme nous le verrons plus loin, l'intuition requiert d'être élaborée sous la forme de concepts, le plus important étant celui d'analogie. *Deuxièmement*, le titre semble faire référence à l'une des idées de base de la description de la genèse. En nous rappelant l'identité entre idée et forme chez Platon, nous constatons qu'« idéale » fait référence à la genèse de la matière par le biais d'une forme. Il s'agit d'une idée compliquée car elle indique que Bergson a deux concepts de matière dans *L'évolution créatrice*. Lorsque la matérialité est le mouvement inverse de la vie, elle est « un flux indivisé »[3]. Il s'agit ici de quelque chose comme une matière vivante. Cependant, quand le flux est divisé, quand il devient une chose, alors il devient la matière inerte, non-vivante et non-fluide dont traite la physique. Mais ces divisions entre choses ne se produisent que lorsque des formes sont faites. En d'autres termes, Bergson essaye de montrer que la création de matière inerte se produit lorsque l'activité ou le mouvement créateur *se fige* dans une forme. La forme figée est de la matière inerte. Comme nous l'avons vu dans la discussion autour d'« Intellectualité et matérialité », le figement apparaît lorsque l'activité créatrice relâche sa tension, lorsqu'elle s'interrompt ou fait une pause, sans avancer dans une autre création de forme. Nous avons également vu que Bergson soutient cette « genèse de la matière par la forme » en la rapportant à la création artistique humaine. Lorsqu'un peintre ou un poète compose une œuvre et qu'il interrompt ensuite son effort de composition, la peinture devient lignes inanimées et le poème lettres statiques.

La référence de Bergson à la créativité humaine nous conduit au *troisième* sens du titre. Généralement, nous pensons que l'ordre que nous procurent les sciences naturelles est l'ordre réel. Avec les lois physiques tirées des mathématiques, et en particulier de la géométrie (un espace

1. EC, p. 238, p. 242, p. 246, p. 248 et p. 25.
2. DS, p. 263.
3. EC, p. 250.

homogène), il n'y a ni création ni liberté; tout prend place par nécessité. Nous pensons alors que l'ordre de la création active et de la vie elle-même comme création est irréel. Mais, comme le remarque Bergson, lorsque nous nous représentons un objet comme irréel, nous ne pouvons le priver de toute espèce d'existence. Si nous pensons à l'objet, nous le pensons comme existant[1]. Quand nous conférons à l'objet représenté une sorte d'existence, l'existence que nous attachons à l'objet est « une existence tout idéale, celle d'un simple possible »[2]. Selon Bergson, l'idéalité de l'objet n'a de sens qu'en relation avec un autre objet qui le conduit dans la région de l'idéal[3]. Cependant, comme il le souligne également, si nous abolissons cet autre objet, considéré comme réel, alors l'objet idéal ou possible devient réel. Partant, c'est parce que l'ordre nécessaire de la nature est si fort que l'autre ordre, celui de la vie libre et créatrice, a été chassé dans le royaume de l'idéal. Nous pouvons à présent clairement voir l'objectif de la genèse idéale de la matière qui vise à abolir l'autre ordre afin que nous voyions celui de la vie créatrice comme réel, comme étant la réalité même.

## CONCLUSION : DIEU A BESOIN DE NOUS

Cette « existence tout idéale » nous conduit néanmoins à un autre sens du titre. Nous conclurons avec cette *quatrième* signification. La genèse idéale de la matière est une *idéalisation* qui va de la création humaine d'œuvres d'art (ou d'inventions) jusqu'à la création divine de l'univers. L'idéalisation est le fait de concevoir ou de spéculer sur la nature de Dieu et de sa relation avec les humains. Au cœur de cette conceptualisation se trouve l'idée d'analogie[4]. Ce raisonnement analogique doit éviter ce que Bergson appelle « un grossier anthropomorphisme » dans *Les deux sources*[5]. Celui-ci est un anthropomorphisme trop grand pour Dieu; il est, pour ainsi dire, surdimensionné ou volumineux. Il ne s'ajuste pas bien à Dieu; il lui attribue trop. Nous pouvons aborder la manière dont Bergson

1. EC, p. 284.
2. EC, p. 285.
3. *Ibid.*
4. Tout le long de la description de la genèse idéale, et peut-être partout dans *L'évolution créatrice*, Bergson raisonne par analogie (EC, p. 256).
5. DS, p. 267. Dans son cours de 1889 sur la métaphysique, Bergson parle d'« un plat anthropomorphisme » (*Leçons d'esthétique. Leçons de morale, psychologie et métaphysique*, *op. cit.*, p. 371).

évite cet anthropomorphisme démesuré à partir de deux orientations : celle de l'existence humaine, et celle de la conception occidentale traditionnelle de Dieu, c'est-à-dire celle du Dieu aristotélicien.

Commençons par le Dieu d'Aristote, qui, selon Bergson, a été adopté par la majorité de ses successeurs [1]. Quels sont ses attributs ? Dans *L'évolution créatrice*, Bergson souligne qu'Aristote essaya « en vain » de se soustraire à la conception platonicienne selon laquelle les Idées existent par elles-mêmes, et qu'elles existent indépendamment du changement [2]. N'étant pas capable d'échapper entièrement au Platonisme, Aristote pressa toutes les Idées en une seule, qu'il plaça ensuite au-dessus du monde physique. Cette seule Idée est l'Idée des Idées ou, comme le dit Bergson en répétant l'expression d'Aristote : « la Pensée de la Pensée » [3]. « Tel est le Dieu d'Aristote, poursuit-il, – nécessairement immuable » [4]. Ou, comme il le précise dans *Les deux sources*, « un Moteur immobile, Pensée qui se pense elle-même » [5]. Bien sûr, l'attribut d'immobilité et d'immutabilité implique que le Dieu d'Aristote soit éternel ; il est suspendu dans l'espace « aussi haut que possible au-dessus de terre » [6]. Son existence est en dehors de la durée.

Bergson critique le Dieu d'Aristote tant dans *L'évolution créatrice* que dans *Les deux sources*. Il soutient dans *Les deux sources* que, si la divinité est Pensée, celle-ci est « à peine, semble-t-il, un Être pensant, que nous appellerions plutôt Idée que Pensée » [7]. Comme Pensée se pensant *elle-même*, ce Dieu, selon lui, est enfermé en lui-même [8]. Dans *L'évolution créatrice*, Bergson parle également du fait d'hypostasier l'unité de la nature ou de la science dans « un être qui ne sera rien », dans « un Dieu inefficace » [9]. Pour lui, le Dieu d'Aristote est un Dieu que personne ne reconnaîtrait ; un Dieu qui n'a aucun rapport avec nous [10]. Ces critiques indiquent que le *Dieu de Bergson* est dans la durée, mobile et changeant, qu'il est réellement Pensée et, le plus important, qu'il est efficace dans notre monde, sur la terre comme dans l'univers. Il est un Dieu avec lequel

1. DS, p. 256.
2. EC, p. 321.
3. *Ibid.*
4. *Ibid.*
5. DS, p. 256.
6. EC, p. 268.
7. DS, p. 257.
8. DS, p. 256.
9. EC, p. 198.
10. DS, p. 256.

nous pouvons entrer en relation. Pour autant que le Dieu de Bergson soit efficace, la genèse de l'univers n'a pas été faite « d'un seul coup »[1]. Tout n'est *pas* donné « une fois pour toutes », de toute éternité, et n'est pas « donné en bloc dans l'essence divine »[2]. Nous devons insister sur le fait que le Dieu de Bergson n'a pas de dessin immobile pour la création de l'univers. Aussi devons-nous reconnaître qu'il crée (en tant que cause, et même en tant que cause efficiente) *graduellement*. Sa création est « un accroissement progressif de l'absolu »[3] ou, comme le dit encore Bergson dans *L'évolution créatrice*, « la réalité est une croissance perpétuelle, une création qui se poursuit sans fin »[4].

Abordons à présent le problème qui consiste à éviter un anthropomorphisme surdimensionné à partir de la création humaine. Nous pouvons glaner certaines caractéristiques de la création *humaine* à partir de la genèse idéale de la matière. Malgré l'idée selon laquelle des génies humains sont capables de créer de la nouveauté et non simplement de réarranger des formes préexistences et matérielles, comme tous les humains, ces génies sont « chargés de matière »[5]. La conscience humaine est réduite à la conscience de soi en tant qu'« être vivant placé en un certain point de l'espace »[6]. Même lorsque nous sommes capables de coïncider avec l'élan vital – en de rares moments – notre volonté est encore fragmentaire et individuée par nos corps[7]. Par contraste, si Dieu crée la matière de l'univers, alors Il doit être, comme le dit Bergson dans *L'évolution créatrice*, « immatériel »[8]. Le Dieu de Bergson est une « supra-conscience », et non une conscience diminuée[9]. Finalement, pour Bergson, la volonté de Dieu est entière et universelle : créatrice de l'univers. Ici se profile la différence entre Dieu et les humains. Comme il l'écrit dans sa lettre de 1932 à Henri Gouhier : « Une seule chose me paraît certaine, c'est que Dieu doit être dit *transcendant* au monde »[10]. En tant que centre d'un déversement continu de feux d'artifice – « une continuité de

1. EC, p. 241.
2. *Ibid.*
3. EC, p. 343.
4. EC, p. 240.
5. *Ibid.*
6. EC, p. 238.
7. EC, p. 239.
8. EC, p. 246.
9. *Ibid.*
10. H. Bergson, *Correspondances*, Paris, P.U.F., 2002, p. 1377. Voir également DS, p. 278.

jaillissement», «comme les fusées d'un immense bouquet» –, Dieu n'est *aucun* de ces feux d'artifice. Même si le Dieu de Bergson perdure en tant que déversement continu d'énergie et de mondes, il n'est identique à aucun des mondes qu'Il crée, y compris le nôtre.

En approchant le problème qui consiste à éviter « un grossier anthropomorphisme » à partir des attributs humains, nous constatons que Bergson n'a pas encore vraiment évité un tel anthropomorphisme démesuré. Car ici, nous concevons les attributs de Dieu – supraconscience, immatérialité et transcendance – à travers la négation des attributs humains et, ce faisant, nous Lui donnons davantage que ce que nous avons. Nous pensons que l'analogie de Bergson est différente de l'analogie traditionnelle. Elle est centrée sur deux affirmations. D'une part, au lieu de nier les attributs humains pour les augmenter dans ceux de Dieu, l'analogie bergsonienne fait l'inverse. Elle nie les attributs de Dieu afin de les rapprocher des attributs humains. En d'autres termes, au lieu d'élargir les vêtements humains, elle rend Dieu suffisamment petit pour qu'il s'ajuste à ceux-ci. La réduction des attributs de Dieu mène à la seconde affirmation. Parce que nous avons en quelque sorte réduit Dieu à une plus petite taille, nous pouvons élargir ou agrandir les attributs humains pour qu'ils s'ajustent à Dieu. La seconde affirmation concerne un élargissement de ce qui constitue, pour Bergson, le principal attribut humain: les émotions créatrices.

Voici la première affirmation dans laquelle nous avons une *réduction* des attributs traditionnels de Dieu. Si notre analyse des différences entre humains et Dieu (qui équivaut à nier les qualités humaines) est correcte, et si notre analyse de ce que Bergson dit au sujet du Dieu d'Aristote est juste (analyse qui revient à renverser les attributs du Dieu aristotélicien), alors une conclusion semble certaine. Puisque pour le Dieu bergsonien tout n'est pas donné «une fois pour toutes», de toute éternité, ce Dieu n'a pas de dessin immobile pour la création, et n'est donc *pas* un super intellect (une super intelligence). Il n'est *pas* omniscient. Nous devons admettre que nous entrons ici dans une partie très obscure de la discussion bergsonienne des attributs de Dieu. Pour Bergson, l'incapacité de Dieu à prévoir n'implique pas un manque de pouvoir. Il affirme explicitement que Dieu est «toute-puissance»[1]. Nous pouvons éclairer cette contradiction apparente – Dieu a une connaissance limitée et Dieu est omnipotent – en admettant qu'il ne s'agisse pas là du concept traditionnel de «toute-puissance». Celui-ci suppose que la puissance de Dieu est si grande

1. DS, p. 278-279.

qu'Il pourrait vouloir le réel et également le possible, les choses qui existent et celles qui n'existent pas. Selon Bergson, cette définition est un *apriori* ou une définition non-expérientielle. Il s'accorde plutôt avec l'*expérience* mystique que Dieu est « une énergie sans bornes assignables »[1]. Dieu, en tant qu'énergie illimitée, n'est pas une définition dont nous pourrions déduire quoi que ce soit[2]. Néanmoins, en reniant la définition traditionnelle de toute-puissance, Bergson semble restreindre la puissance de Dieu à ce qui existe. Peut-être refuserait-il lui-même cette restriction, mais en définissant Dieu comme énergie illimitée, il semble *nier* cet attribut divin central. La négation de l'idée traditionnelle de toute-puissance semble renforcer le manque de préscience chez Dieu. Personne, pas même Dieu, ne peut entièrement prédire les effets d'une explosion d'énergie. Il semble alors que pour Bergson, même si Dieu déverse une énergie illimitée, même s'Il a une « supraconscience », le tout ne lui est pas donné, pas davantage qu'il ne nous est donné. À l'instar d'un artiste humain, le Dieu de Bergson ne peut prévoir les créatures qui sont effectivement créées. En effet, s'Il pouvait prévoir, il ne créerait pas; Il renfermerait le « déjà fait » qu'il ne ferait que réorganiser. Ce manque de préscience explique pourquoi Bergson dit dans *L'évolution créatrice* que « nous ne devons pas rendre responsable le principe même de la vie » pour « les luttes » présentes dans la nature et dans la société[3].

Tournons-nous à présent vers la seconde affirmation qui réside, selon nous, au centre de l'analogie bergsonienne. Nous pensons que Bergson élargit la vie intérieure des humains. L'analogie consiste en une comparaison entre ce qui est nécessaire à la création chez les humains et chez Dieu. Comme nous pouvons le voir dans *Les deux sources*, ce qui est nécessaire pour ces deux sortes de création est l'émotion. Ainsi que l'exprime Bergson, « qu'une émotion neuve soit à l'origine des grandes créations des arts, de la science, et de la civilisation en général, cela ne nous paraît pas douteux. [...] Il y a des émotions qui sont génératrices de pensée »[4]. Ce genre particulier d'émotion – les émotions créatrices – est la raison pour laquelle le Dieu de Bergson (contrairement au Dieu d'Aristote) pense. Nous devons nous tourner vers le cours de Bergson sur l'évolution du problème de la liberté (Collège de France, 1904-1905) afin d'éclaircir le rôle de l'émotion dans son analogie. Nous y voyons Bergson suivre Jean

1. DS, p. 279.
2. *Ibid.*
3. EC, p. 255.
4. DS, p. 40.

Duns Scot dans son opposition à Thomas d'Aquin. Alors que Thomas d'Aquin place l'intelligence au-dessus de la volonté, Duns Scot place la volonté au-dessus de l'intelligence. L'argument de Duns Scot consiste à dire que si nous plaçons l'intelligence au-dessus de la volonté, alors nous la plaçons au-dessus de la charité (*agape*). Faire cela contredirait ce que dit Saint Paul dans sa première lettre aux Corinthiens : « la charité est le premier des dons »[1]. Bergson souligne que Paul associe « cardia », le « cœur », qui est « une faculté affective », avec la charité[2]. Par conséquent, ce qui est au centre de l'analogie de Bergson est l'analogie entre notre cœur et celui de Dieu. Lorsque les humains sont consumés par l'amour (ou par l'enthousiasme, ce qui signifie littéralement « être en Dieu »)[3], *spécialement et en particulier*, lorsque l'amour humain atteint un amour au-delà de tout individu ou groupe ; un amour pour l'univers entier, alors, et alors seulement, sont-ils capables de créer. Alors, et alors seulement, ressemblent-ils à Dieu[4]. C'est précisément ce genre d'analogie affective qui permet vraiment à Bergson d'éviter un grossier anthropomorphisme. Si son analogie conduit toujours à un anthropomorphisme, celui-ci sied bien à Dieu car en élevant l'émotion de l'amour humain, nous l'élevons à l'amour pour l'univers entier. Cet amour est alors plus élevé que l'amour humain ; il est surhumain. Davantage encore semble-t-il être plus qu'une ressemblance. Bergson, bien sûr, pense que les mystiques ont fait l'expérience de cet amour surhumain. À travers lui – quel moment rare ! – ils s'identifient presque à l'amour de Dieu. Cette expansion de l'amour est une réelle tentative d'élever ce qui décline.

L'amour de Dieu nous permet de faire un pas de plus. Comme le souligne Bergson dans *Les deux sources*, l'attribut positif de Dieu est l'amour : « L'amour divin n'est pas quelque chose de Dieu : c'est Dieu lui-même »[5]. Cet amour, selon lui, se suffit à lui-même[6]. À propos de la perfection de l'amour humain, il écrit dans *Les deux sources* que « la charité subsisterait chez celui qui la possède, lors même qu'il n'y aurait plus d'autre vivant sur la terre »[7]. Même un morceau de musique qui exprime l'amour et qui n'est destiné à personne en particulier s'adresse aux

1. H. Bergson, *L'évolution du problème de la liberté*, Paris, P.U.F., 2017, p. 202.
2. *Ibid.*, p. 203.
3. Bergson se réfère à l'enthousiasme plusieurs fois dans *Les deux sources* (DS, p. 49, p. 61, p. 97 et p. 252).
4. DS, p. 268.
5. DS, p. 267.
6. DS, p. 270.
7. DS, p. 34.

anonymes qui l'entendent. C'est parce que la musique est une forme d'expression qu'elle est aussi une adresse. Même si l'amour qui est Dieu ne dépend pas d'un objet aimé en particulier, « il est difficile de concevoir un amour agissant, qui ne s'adresserait à rien »[1]. C'est pourquoi Dieu doit adresser cet amour à quelque chose. Ainsi, dit Bergson, « les mystiques sont unanimes à témoigner que Dieu a besoin de nous »[2]. Si, comme l'impliquent les descriptions bergsoniennes, Dieu est perfection, alors un besoin contredit Sa nature. Des besoins indiquent évidemment un manque et, partant, une imperfection. Mais Bergson parle d'« une *exigence de création* »[3]. Nous pensons que cette exigence implique qu'à travers Son amour, qui agit directement sur Sa volonté, Dieu subit quelque chose comme une obligation de créer. Il n'a pas vraiment besoin de nous ; Il nous crée parce que Son amour Lui commande de créer. Même si Dieu est parfait, il n'en reste pas moins qu'*Il doit parce qu'Il doit.* Par cet impératif, Dieu nous ressemble, nous qui en amour, nous sentant si impérativement poussés, allons tête la première, inconsciemment, à la tragédie[4].

Leonard LAWLOR
Penn State University
(Traduit de l'anglais par Valérie Glansdorff)

1. DS, p. 270.

2. *Ibid.*

3. EC, p. 262. Voir également DS, p. 44.

4. DS, p. 36. Ghislain Waterlot suggère que lorsque Bergson dit que Dieu a besoin de nous, ce commentaire ouvre sur la question moderne de la fragilité, et sur la souffrance de Dieu. « Le mysticisme, "un auxiliaire puissant de la recherche philosophique" », *in* G. Waterlot (éd.), *Bergson et la religion*, Paris, P.U.F., 2008, p. 249-277.

## LE POSSIBLE DANS L'ÉVOLUTION. LA PERTINENCE DE LA CRITIQUE BERGSONIENNE DE L'ILLUSION RÉTROSPECTIVE

C'est contre les deux paradigmes dominants de son temps, le mécanisme et le finalisme, que Bergson a développé sa philosophie de l'évolution. À ses yeux, en effet, ces paradigmes partageaient une conception identique de l'évolution[1] caractérisée par le refus d'attribuer un rôle effectif au temps. En biologie, cela implique de considérer un ensemble donné de composants organiques, définis dans l'espace et dans le temps, comme épuisant le phénomène de la vie du point de vue d'une certaine branche des sciences du vivant. Sur le plan évolutif, cela suppose que ce qui apparaît comme l'émergence de la nouveauté dans le temps peut être déduit de manière infaillible d'un état de choses actuel. Tant pour le mécanisme que pour le finalisme, écrit Bergson, « tout est donné », ou – ce qui revient au même – le futur peut faire l'objet d'un calcul, et la pure nouveauté temporelle n'est pas réelle[2]. Le mécanisme (dans sa version adaptationniste) nie la réalité effective du temps : il isole les parties et les processus organiques dans le présent et en fait les objets passifs sur lesquels des pressions sélectives agissent de manière causale depuis l'extérieur de l'organisme, sur le modèle d'un système matériel inorganique. Le finalisme élide quant à lui le rôle du temps en déterminant le futur par avance sous la forme d'un plan de développement, d'un programme génétique ou d'un but fonctionnel, éléments qui sont donnés dès le départ sous la modalité du « possible ».

1. EC, p. 39.
2. EC, p. 46.

Dans le présent texte, je propose d'isoler et de reconstruire les arguments de *L'évolution créatrice* contre une forme de finalisme en particulier, à savoir celui qui défend la finalité externe[1]. Cela me permet d'approfondir la question des présupposés métaphysiques qui y sont à l'œuvre pour ensuite les retrouver, sous leur forme la plus récente, dans les conceptions de l'évolution centrées sur la génétique. Je commence ma reconstruction de la critique bergsonienne de la finalité externe en exposant l'origine de cette dernière dans la théorie leibnizienne du possible. Je montre en quoi cette théorie est victime de ce que Bergson appelle « l'illusion rétrospective », avant de retrouver une telle métaphysique du possible dans la version du darwinisme récemment proposée par Daniel Dennett. Je conclus, en m'appuyant sur Bergson, que toute théorie qui repose sur le registre du possible doit être considérée comme incompatible avec la créativité du processus évolutif. Une philosophie de l'évolution créatrice doit par conséquent faire l'hypothèse d'une catégorie modale alternative à celle du possible.

## LE FINALISME

Le finalisme est une théorie qui porte sur les fins et les buts. Appréhender un objet d'un point de vue finaliste consiste à le prédiquer d'une finalité, à l'expliquer *par* sa finalité, son but ou son sens. Il est possible de distinguer différents types de finalismes, en fonction du type d'objet sur lequel l'explication porte[2].

Bergson distingue deux formes principales de finalité : une forme locale ou « interne » et une autre, globale ou « externe ». Il souligne toutefois le fait qu'elles ne peuvent pas être défendues indépendamment l'une de l'autre, et qu'il n'y a qu'une seule forme viable de finalisme, qui découle logiquement de ses prémisses de départ[3]. Bergson en voit l'expression la plus claire dans la doctrine leibnizienne selon laquelle « les choses et les êtres ne font que réaliser un programme une fois tracé »[4]. Dans cette version du finalisme, toute actualisation a été précédée non seulement par sa propre possibilité, mais par un ensemble global de possibles qui

1. Sur les deux types de finalité, voir EC, p. 41.

2. Voir W. E. Agard, « The Concept of Purpose in Biology », *The Quarterly Review of Biology*, 13/3, 1938, p. 255-273, en part. p. 255.

3. EC, p. 43-44.

4. EC, p. 39.

constitue le plan ou le programme sur base desquels l'actualisation en est venue à se réaliser.

Le finalisme de Leibniz comporte trois éléments principaux : les notions complètes, la compossibilité et la décision divine[1]. Étant donné que les substances individuelles sont en principe indéterminées du point de vue modal – elles peuvent être actuelles ou possibles, nécessaires ou contingentes –, elles ne peuvent être définies par aucune exemplification présente de leurs propriétés. Elles doivent bien plutôt être définies par leur concept. Mais, si la question du statut modal d'un individu est en principe ouverte, son concept doit être exemplifié quelque part, c'est-à-dire, pour Leibniz, en Dieu. Dieu, du fait de son omnipotence, possède ce que Leibniz appelle « une notion individuelle complète » de chaque substance finie possible, notion qui contient chaque prédicat qui est, a été et sera vrai au sujet de cette substance[2]. La notion complète est donc l'essence d'un individu. Dieu est en mesure d'examiner toutes les essences individuelles possibles et de les disposer dans des ensembles définis par la « compossibilité »[3]. Le concept de compossibilité renvoie chez Leibniz aux essences possibles qui peuvent coexister au sein d'un même monde qui soit cohérent sur le plan logique. Les compossibilités sont des combinaisons de possibilités, et il y a exactement autant de mondes possibles qu'il y a d'ensembles compossibles d'individus. Dès lors, pour quelle raison, et comment, un de ces mondes a-t-il été actualisé au détriment des autres ? La réponse de Leibniz consiste à invoquer la décision divine, c'est-à-dire l'action de Dieu par laquelle il actualise le « meilleur » ensemble d'individus compossibles. Le meilleur monde possible est donc identique à l'actualité elle-même.

1. Je m'inspire ici de B. Mates, « Individuals and Modality in the Philosophy of Leibniz », *Studia Leibnitiana*, 4/2, 1972, p. 81-118. Je laisse toutefois de côté, pour des raisons de pertinence, le problème des applications locales de la finalité dans l'explication de l'association de monades individuelles au sein de corps animaux. En tout cas, peu importe le caractère extrêmement nuancé de la théorie leibnizienne des causes finales, elle consiste, en dernière analyse, dans l'idée générale selon laquelle, comme l'écrit G. Hartz, « chaque substance – y compris chaque animal – exécute un script qui s'insère dans le script divin pour le meilleur des mondes », voir « Leibniz's Animals : Where Teleology Meets Mechanism », *in* J. Smith and O. Nachtomy (eds.), *Machines of Nature and Corporeal Substances in Leibniz*, New York, Springer, 2011, p. 29-38. Je m'intéresse uniquement ici à cette théorie du script.

2. G. W. Leibniz, *Discours de métaphysique* et *correspondance avec Arnauld*, introd. et éd. C. Leduc, Paris, Vrin, 2016.

3. G. Brown, « Compossibility, Harmony, and Perfection in Leibniz », *The Philosophical Review*, 96/2, 1987, p. 173-203.

La décision divine confère une finalité globale au monde actuel dans son ensemble. C'est en cela que réside pour Bergson l'« externalisme » de Leibniz, au sens où il suppose que « les êtres vivants seraient coordonnés les uns aux autres » par une instance extérieure à chacun[1]. Une telle conception repose sur l'idée selon laquelle Dieu possède la notion complète de chaque individu possible ou, dans la description qu'en donne Bergson, sur l'idée que chaque individu réalise un programme préalablement tracé et contenu d'après Leibniz dans l'éternité atemporelle de l'intellect divin.

Ceci n'est pas l'unique forme que le finalisme peut revêtir, ni la seule que Bergson ait identifiée et soumise à la critique. L'idée d'une organisation téléologique peut également être appliquée à chaque organisme en tant qu'individu indépendant. C'est ce que Bergson appelle la « finalité interne ». Elle trouve son origine dans la théorie kantienne de la finalité interne. Selon Bergson, cette variante à l'explication externe est réfutée en raison du fait qu'elle attribue une individualité autosuffisante à l'organisme. Si les parties de l'organisme sont subordonnées à sa totalité, en tant que celle-ci est posée comme étant la cause finale de l'organisme (comme la version kantienne le suppose), alors il doit exister une distinction déterminée entre le tout et ce qui lui est extérieur. La finalité ne peut être interne qu'au regard d'une limite – d'une individualité délimitée – qui permettrait de distinguer l'interne de l'externe. La validité de la téléologie interne dépend donc de l'existence d'une « individualité absolument tranchée »[2]. Or, pour Bergson, les sciences de la vie nous obligent à abandonner une telle conception. En effet, l'organisme dérive d'une lignée germinative, il est composé d'éléments et de systèmes qui sont relativement autonomes par rapport à lui, et d'un point de vue développemental, écologique et immunologique, il forme une continuité avec des symbiontes microbiens ainsi qu'avec des composantes de son environnement. Pour Bergson, il faut dès lors conclure que s'il doit y avoir de la finalité dans le domaine du vivant, celle-ci ne saurait qu'être de nature extrinsèque ou externe. Dans ce qui suit, je laisserai donc de côté la critique bergsonienne de la finalité interne pour me concentrer sur la variante globale ou externe, qui est en jeu dans une version darwiniste récente de la théorie de l'évolution. C'est là en effet que l'analyse bergsonienne de la métaphysique du possible trouve selon moi toute sa pertinence.

1. EC, p. 41.
2. EC, p. 42.

## La métaphysique du possible

« Il faut opter », écrit Bergson, « entre la négation pure et simple de la finalité et l'hypothèse qui coordonne, non seulement les parties d'un organisme à l'organisme lui-même, mais encore chaque être vivant à l'ensemble des autres »[1]. Le finalisme interne se brise sur les bords irréguliers de l'individualité organique, et l'organisation et la finalité ne sauraient être des caractéristiques générées de manière interne aux êtres vivants. Elles doivent bien plutôt avoir été imposées du dehors. Nous pourrions donc discerner, dans la coordination collective des êtres, l'effectuation d'un modèle préexistant : si la vie est un phénomène globalement harmonieux, alors cela doit être parce qu'elle réalise un programme établi pour elle au préalable[2]. Or, pour Bergson, la finalité ainsi conçue tend inexorablement à une conception de l'évolution dans laquelle le temps est sans importance et où « tout est donné »[3] à l'avance. Ce qui est en jeu ici est ce que Bergson appelle le possibilisme, ou la métaphysique du possible.

Le possibilisme, dans sa version la plus générale, consiste dans la position selon laquelle il existe des choses qui ne sont pas en acte, des choses qui pourraient être en acte si un ensemble de conditions causales adéquates étaient données, mais qui ne doivent pas nécessairement être actualisées[4]. Pour Bergson, le possibilisme est la position selon laquelle des entités ou des évènements sont possibles *avant* de devenir actuels. Il s'agit de la métaphysique modale qu'il devine derrière le finalisme externe : les buts et les finalités doivent y être conçus comme des possibilités qui résident hors de chaque être individuel, lui préexistent et sont actualisés avec lui. La présente section reconstruit la critique bergsonienne du possibilisme en deux étapes : d'abord en abordant la question de la fausseté du problème sur lequel repose le possibilisme, à savoir, la confusion du « moins » et du « plus ». Ensuite, en présentant la notion d'illusion rétrospective, caractéristique pour Bergson du possibilisme.

Les problèmes, pour Bergson, doivent être définis non seulement par leurs solutions mais par la vérité ou la fausseté intrinsèques de leur composition en tant que problèmes[5]. L'analyse conceptuelle pourrait suffire pour

1. EC, p. 43-44.
2. EC, p. 39.
3. EC, p. 46.
4. C. Menzel, « Actualism », *in* Edward N. Zalta (ed.), *The Stanford Encyclopedia of* Philosophy, 2017, https://plato.stanford.edu/archives/win2017/entries/actualism/.
5. G. Deleuze, *Le bergsonisme*, Paris, P.U.F., 2014, p. 6.

révéler et dissiper un faux problème, mais une illusion, un mirage, nous pousse sans relâche à la confusion[1]. En effet, les faux problèmes maintiennent l'intelligence sous leur emprise à cause d'une caractéristique indéracinable de notre pensée[2]. Le projet bergsonien repose dès lors sur deux axes méthodologiques : d'une part, les problèmes peuvent être déterminés comme étant vrais ou faux en eux-mêmes, c'est-à-dire considérés indépendamment des solutions avancées pour les résoudre ; d'autre part, la persistance des faux problèmes est attribuable à une série d'illusions intellectuelles.

### *Le faux problème*

Le possibilisme constitue une réponse au problème de la créativité : comment penser et expliquer des évènements créateurs, qu'ils soient évolutifs, artistiques, ou autres ? Sa réponse consiste, comme nous l'avons vu, dans l'hypothèse selon laquelle « la possibilité des choses précède leur existence », ce qui signifie qu'« elles pourraient être pensées avant d'être réalisées [actualisées] »[3]. Dire que les possibilités sont pensables avant d'être actualisées revient à dire qu'elles sont réelles sans être des réalités déterminées dans le temps et l'espace. Elles seraient d'abord idéelles, « de l'idéalement préexistant »[4]. L'actualité serait donc réalisée par l'addition de l'existence concrète aux idées qui la préfigurent. Il faudrait alors considérer, selon Bergson, qu'il y a *moins* dans le possible que dans l'actuel, et que l'actuel *ajoute* quelque chose – l'existence – à ce qui le précède, un peu comme l'érection d'un bâtiment consiste en l'ajout de briques et de ciment au plan à partir duquel il est construit.

Une certaine manière d'ordonner le temps correspond à cette priorité conceptuelle accordée au « moins » sur le « plus ». La série d'actualités déterminées qui constitue la réalisation progressive de l'appareil visuel à travers une histoire phylogénétique doit être conçue, selon cette manière de voir, dans les termes d'un ensemble de possibilités préformées qui viennent à l'être en étant actualisées – c'est-à-dire tout simplement localisées – dans l'espace et dans le temps, dans un ensemble de corps individuels. La nouveauté est réinterprétée comme l'apparition, dans l'actuel, d'une entité qui existait déjà dans un autre registre modal. Si les fins sont externes par rapport aux individus particuliers, c'est en dernière

1. PR, p. 111.
2. EC, p. 273-274.
3. PR, p. 109.
4. PR, p. 112.

analyse parce qu'elles sont extérieures au registre modal au sein duquel ces individus sont inscrits en tant qu'actualités déterminées. Dans la mesure où le possible précède l'actuel, le temps n'ajoute rien et ne joue aucun rôle effectif dans la réalisation du modèle idéel préexistant[1].

Toutefois, la conception bergsonienne de la durée comme réalité positive, conçue comme un flux effectif de nouveauté imprévisible, exige l'inversion de la priorité temporelle qui vient d'être exposée. Ainsi, « si l'évolution est une création sans cesse renouvelée, elle crée au fur et à mesure, non seulement les formes de la vie, mais les idées qui permettraient à une intelligence de la comprendre, les termes qui serviraient à l'exprimer »[2]. Une telle inversion temporelle entre le possible (les idées) et l'actuel (les formes de vie), duquel le possible découle, est permise par l'inversion *conceptuelle* que Bergson opère entre le « moins » et le « plus »[3]. C'est là, en effet, que Bergson situe la source de notre confusion et l'origine du faux problème. Il n'y a pas « moins » dans le possible que dans l'actuel. L'actuel ne vient pas à l'existence par l'addition de l'existence concrète à la réalité préformée du possible. C'est exactement l'inverse qui se produit : « il y a plus, et non pas moins, dans la possibilité de chacun des états successifs [de la conscience ou du monde de la vie] que dans leur réalité [ou actualité] »[4].

S'il y a « plus » dans l'idée de la possibilité que dans l'actualité qu'elle est censée préfigurer, c'est que « le possible n'est que le réel avec, en plus, un acte de l'esprit qui en rejette l'image dans le passé une fois qu'il s'est produit »[5]. Pour Bergson, le possible ne préfigure pas l'actuel, car l'actuel est premier. Ontologiquement, la possibilité relève de l'ordre de la représentation, d'un postulat intellectuel qui trouve son fondement dans l'entité actuelle qu'elle prétend précéder. Les possibles sont des idées que nous formons sur la base des entités actuelles auxquelles elles ressemblent. C'est donc la possibilité qui consiste en l'addition de quelque chose de « plus » que ce qui la préfigure. Ce qui est ainsi ajouté, de manière un peu paradoxale, est une opération intellectuelle de soustraction, combinée à la projection de son résultat dans le passé. La possibilité soustrait de l'actuel précisément ce que l'actuel est censé lui ajouter, à savoir l'existence. Une

1. L. Lawlor, « Intelligence and Invention : The Three Aspects of Virtuality in Bergson », *in* A. Lefebvre (ed.), *Interpreting Bergson*, Cambridge, CUP, 2019.

2. EC, p. 104.

3. G. Deleuze, *Le bergsonisme, op. cit.*, p. 6.

4. PR, p. 110.

5. *Ibid.*

fois diminuée de la sorte, cette idée ou « image » de l'actuel est projetée dans le passé, et située avant l'existence de l'actualité à partir de laquelle elle a été construite[1]. C'est cette image qu'on appelle le possible, dont la priorité temporelle est ainsi établie. L'actuel en vient alors à être conçu comme sa réalisation concrète par l'addition de l'existence. Le possibilisme prend un effet pour la cause. Les images qu'il manipule sont les effets d'une série d'opérations intellectuelles réalisées à partir de l'actualité. Après avoir projeté les effets de ses opérations en amont de l'actuel, comme s'il s'agissait de sa forme préexistante, le possibilisme conclut que c'est l'actuel, en fait, qui a été réalisé subséquemment sur base de ces images.

*L'illusion rétrospective*

Bergson voit dans le possibilisme la conséquence de ce qu'il appelle l'illusion rétrospective[2]. Elle consiste dans le mirage du présent dans le passé, de l'actuel sous la forme du possible. Il s'agit d'une illusion car c'est uniquement du point de vue d'une actualité présente qu'il est possible de percevoir et de concevoir les possibilités antécédentes qui y sont réalisées. L'illusion rétrospective consiste dans l'attribution après-coup d'une finalité : depuis la perspective présente d'un processus achevé, on regarde les évènements passés comme s'ils culminaient dans l'état présent, tendant inexorablement vers lui comme vers leur *telos*. Cette illusion est à l'œuvre partout où nous parlons de progression orientée vers un but; il s'agit, comme l'écrit Jankélévitch, de l'idole de l'intelligence par excellence[3]. Après l'invention de l'appareil photographique, par exemple, il nous semble que la chambre noire et le daguerréotype ont constitué deux phases d'un seul et unique processus, dont le but a toujours été la photographie. Mais c'est seulement après l'apparition de l'appareil photographique que l'on peut attribuer la possibilité de ce dernier à ce qui apparaît désormais comme une série de conditions antécédentes. On discerne donc un processus téléologique seulement de manière rétrospective, en regardant en arrière, depuis la perspective du terme apparent de ce processus, en sélectionnant et en alignant les causes de sa réalisation progressive. Cette illusion consiste en une tendance « naturelle » de l'intelligence, qui est à

1. PR, p. 111. Voir D. W. Smith, « Deleuze's Concept of the Virtual and the Critique of the Possible », *The Journal of the Society for Philosophy and Literary Studies of Nepal : A Cross-Disciplinary Inquiry*, 4/9, 2009, p. 34-43, en part. p. 36.

2. PR, p. 111, p. 14.

3. V. Jankélévitch, *Henri Bergson*, Paris, P.U.F., 2008, p. 20-21.

son affaire dans l'analyse causale de la matière inerte. Lorsque l'intelligence se penche sur les évènements contingents et imprévisibles de l'histoire de la vie, elle reste attachée à l'idée selon laquelle les effets sont toujours contenus dans leurs causes : « d'avant en arrière se poursuit un remodelage constant du passé par le présent, de la cause par l'effet »[1].

Les possibles n'existent toutefois pas seulement en tant qu'inférences erronées réalisées à partir d'actualités achevées par un intellect habitué à la matière inerte. Ils sont d'abord des corrélats de l'actualité existant sur un autre mode. En tant que tels, ils sont produits dans le même mouvement que les évènements actuels et ils en constituent le reflet dans un autre registre modal. C'est ce que Bergson indique lorsqu'il avance qu'« au fur et à mesure que la réalité se crée, imprévisible et neuve, son image se réfléchit derrière elle dans le passé indéfini »[2]. Il ne s'agit pas encore, ici, d'une proposition à caractère illusoire. La réalité « se trouve avoir été ainsi, de tout temps, possible ; mais c'est à ce moment précis qu'elle commence à l'avoir toujours été »[3]. Sa possibilité ne précède pas son actualité, mais elle « l'*aura* précédée une fois la réalité [l'actualité] apparue »[4]. Bergson nous fournit donc ici un concept du possible épuré des confusions concernant sa relation avec l'actuel. Le possible peut donc être conçu, me semble-t-il, comme une catégorie possédant une extension identique à celle de l'ensemble du passé de l'actuel. Il est l'archive de toutes les actualités accomplies, témoignant de la réalité de leur existence. Les possibles ne peuvent rien nous apprendre sur le futur (sur les actualités qui sont encore à advenir), ils ne nous renseignent que sur ce qui a déjà eu lieu, sur les actualités accomplies, ce qui permet d'en conclure à leur possibilité future. Le possible est donc, au fond, une catégorie modale dérivée.

L'illusion naît de l'oubli de la dimension rétrospective du possible, de sa nature de conséquence – et non de cause antécédente – de l'actuel, d'où l'apparence d'un ensemble de possibilités comme étant premières et réalisées subséquemment dans des évènements actuels qui leur ressemblent. S'il est impératif de réaffirmer le statut dérivé du possible, c'est afin de mettre en valeur la créativité inhérente au processus d'actualisation qui le produit. Pour reprendre un exemple de Bergson, Shakespeare n'a pas seulement créé *Hamlet* en tant qu'œuvre d'art

1. PR, p. 114.
2. PR, p. 111.
3. *Ibid.* (nous soulignons).
4. *Ibid.* (nous soulignons).

actuelle, mais également, et du même coup, la possibilité de cette œuvre[1]. *Hamlet* est possible uniquement en vertu de son actualisation et il l'est pour toujours, mais il a commencé à l'être seulement lorsque Shakespeare l'a écrit. Les possibilités sont éternelles et pourtant elles sont générées depuis l'intérieur de temps. Elles sont des effets atemporels du développement temporel de l'actuel. Nous voyons bien maintenant que c'est ce caractère atemporel de la possibilité qui est à l'origine du fait que le possibiliste abjure la réalité du temps. Ainsi, pour lui, l'œil a *toujours* (éternellement) été possible, et c'est cela qui permet d'expliquer son actualisation progressive dans une pluralité de lignées phylogénétiques et le fait qu'elles aient convergé vers des formes similaires du même organe.

La conception bergsonienne du possible nous permet de relever cette bévue. Les possibles ont toujours existé mais en tant qu'effets rétrospectifs des entités actuelles auxquelles ils ressemblent et qu'ils idéalisent. Leur éternité est produite depuis l'intérieur du temps, mais le temps n'a sur elle aucune prise. On dit des possibles qu'ils sont inertes à la fois au sens où ils ne changent pas, où ils ne produisent rien de nouveau, et au sens où ils ne participent pas à l'ordre causal du monde actuel. Ils en sont les effets, les épiphénomènes, doublant ou reflétant le cours de la réalité sans influer sur elle. L'illusion rétrospective ignore le sol temporel de la nature atemporelle de la possibilité, mais elle manque également son statut d'épiphénomène. En proie à cette illusion, le possibilisme brouille la relation entre l'actuel et le possible et soutient que les évènements actuels sont précédés par les possibles réalisés en eux. Il sape l'importance de la temporalité de la réalité en plaçant à la base de cette dernière le programme statique de possibles qui structureraient son développement.

Selon le possibilisme, l'apparition de nouvelles entités actuelles est réductible à un simple «réarrangement d'éléments anciens»[2], les possibles. Si ces éléments préexistent à leur réalisation dans l'actuel, alors ils doivent être considérés, du moins en principe, comme calculables et prévisibles, exactement comme s'ils faisaient partie d'un système matériel inorganisé[3]. Si un intellect assez puissant pouvait prédire l'histoire entière du monde tel que le mécanisme le conçoit, alors un tel intellect pourrait également prévoir l'ensemble du cours de la réalité telle que le possibilisme se la représente. En effet, qu'il s'agisse de l'interaction de parties ou de la réalisation d'idées, dans les deux cas, ce qui apparaît comme de la

1. PR, p. 112-113.
2. PR, p. 115.
3. *Ibid.*

nouveauté est en réalité le réarrangement d'éléments déjà donnés. Bien entendu, contre une telle conception, il est possible de soutenir que les évènements actuels doivent être considérés comme imprévisibles. Une telle position n'implique pas de regarder leur émergence et leur constitution comme inexplicables : au contraire, les entités actuelles peuvent toujours être expliquées, mais seulement rétrospectivement. L'explication, du moins lorsqu'elle porte sur le vivant, consiste toujours en un regard porté sur le passé, et à ce titre elle doit toujours être distinguée de la prédiction – qui est son pendant tourné vers le futur. Ainsi, on peut expliquer l'apparition de l'œil par des causes précises, après coup. Mais nous ne sommes pas autorisés par là à conclure que « *ce qui peut être expliqué aurait également pu être prédit* »[1]. Toutefois, cette confusion, caractéristique de l'illusion rétrospective, a permis à la métaphysique du possible de prospérer au sein d'interprétations philosophiques plus récentes de l'évolution biologique. C'est vers une de celles-ci que je me tourne à présent.

## LE POSSIBILISME DANS LA THÉORIE DE L'ÉVOLUTION

Dans son livre *Darwin est-il dangereux ?*, Daniel Dennett élabore une théorie de l'évolution par sélection naturelle qu'il qualifie volontiers de mécaniste. Il est toutefois possible de montrer, avec Bergson, qu'un finalisme persistant est également à l'œuvre dans cette théorie – sous la forme de la métaphysique de la possibilité[2]. Dennett réinterprète la théorie darwinienne en concevant le mécanisme de la sélection naturelle comme un « algorithme », c'est-à-dire « un certain type de processus formel qui garantit – logiquement – la production d'une certaine sorte de résultat quand on le "met en marche" ou qu'on l'instancie »[3]. Les algorithmes comportent trois traits principaux : « neutralité du substrat », « caractère

1. P. Marrati, « The Natural Cyborg : The Stakes of Bergson's Philosophy of Evolution », *The Southern Journal of Philosophy*, 48, Splindel Supplement, 2010, p. 3-17, en part. p. 5.

2. Je m'inspire ici en grande partie de la critique de Dennett réalisée par K. Ansell-Pearson, *Philosophy and the Adventure of the Virtual : Bergson and the Time of Life*, London, Routledge, 2002, p. 79-86. Je mets cependant l'accent sur un point différent : plutôt que de chercher à montrer que Dennett soustrait la nouveauté de l'évolution (et bien que je sois d'accord avec cette thèse), je défends l'idée selon laquelle cette soustraction repose sur un mélange de mécanisme et de finalisme qui trouve sa source dans le réductionnisme génétique. La philosophie de Bergson s'avère extrêmement fructueuse pour déployer cette critique.

3. D. C. Dennett, *Darwin est-il dangereux ?*, trad. fr. P. Engel, Paris, Odile Jacob, 2000, p. 57.

aveugle» [*underlying mindlessness*], et «résultats garantis»[1]. La neutralité du substrat renvoie à la possibilité de déployer les algorithmes dans n'importe quel matériau ou milieu dont les «pouvoirs causaux permettent de suivre exactement les étapes de la procédure»[2]. Le caractère aveugle des algorithmes signifie que chacune de leurs étapes, de même que la transition de l'une à l'autre, est «assez simple pour qu'un idiot scrupuleux puisse l'accomplir – ou pour qu'un dispositif mécanique ordinaire puisse l'accomplir»[3]. Un algorithme n'est donc rien de plus qu'une série d'étapes assez basiques pour être exécutées par un mécanisme rudimentaire. Aucune intelligence n'est requise pour que les algorithmes fonctionnent, ils sont «“automatiques” par définition: ce sont les effets d'un automate»[4]. Si chaque étape est correctement réalisée, alors l'algorithme produit un résultat identique à chaque fois qu'il est exécuté. Il s'agit là du troisième trait que nous annoncions. L'«idée dangereuse» de Darwin consiste dans la thèse selon laquelle l'évolution est un processus algorithmique de ce type[5].

Dennett, à aucun moment, ne précise les étapes qui sont censées constituer l'algorithme de la sélection naturelle. Essayons cependant de les reconstruire :

1) Les organismes héritent des traits de leurs parents, mais présentent également de légères différences par rapport à eux – ils varient.

2) Les organismes produisent plus de progéniture qu'il n'en peut survivre[6].

3) Les descendants dont les différences sont avantageuses ont de meilleures chances de survivre et de se reproduire que ceux qui présentent des variations nuisibles on non avantageuses[7].

4) Étant donné que la progéniture engendrée par les organismes favorisés ressemblera et différera également de ses géniteurs, le processus se répète : retour à l'étape 1.

1. D. C. Dennett, *Darwin est-il dangereux ?*, *op. cit.*, p. 57-58.
2. *Ibid.*
3. *Ibid.*
4. *Ibid.*, p. 67.
5. *Ibid.*, p. 69.
6. C. Darwin, *L'Origine des espèces*, trad. fr. E. Barbier et D. Becquemont, Paris, Flammarion, 1992, p. 115.
7. *Ibid.*, p. 133.

La sélection naturelle fonctionne en combinant variation et sélection et produit du dessein. C'est ce processus que Dennett nous dépeint comme neutre du point de vue du substrat, aveugle, et produisant des résultats garantis. Partout où l'on trouvera de la variation dans le temps ainsi que quelque chose qui garantisse la répétition, la réplication ou la conservation de certaines variations et non d'autres, on trouvera la sélection naturelle au travail. Exécutez cet algorithme pendant assez longtemps et il suffira pour expliquer l'émergence graduelle de chaque innovation apparue durant l'évolution de la vie sur terre.

Le darwinisme de Dennett conserve la notion de dessein, pourtant si souvent mobilisée contre la théorie de l'évolution. Il explique l'apparence du dessein sans faire référence à l'intentionnalité intelligente d'un auteur et la repense dans les termes de l'automaticité aveugle d'un algorithme. Selon Dennett, « le Dessein est le telos d'Aristote, une exploitation de l'ordre en vue d'une fin, comme nous le voyons dans un artefact bien conçu » [1]. Alors que le système solaire présente un ordre élégant, descriptible mathématiquement, il ne possède pas de fin, sa structure n'est pas mise à profit pour accomplir quoi que ce soit. De ce fait, il ne témoigne pas de l'existence de ce que Dennett appelle le dessein. Un œil, au contraire, « est fait *pour* voir » : il a une fonction, dont la réalisation repose sur sa structure organique. L'œil offre donc un exemple de dessein [2]. Pour Dennett, l'explication darwinienne de la production algorithmique du dessein ne requiert et ne postule rien d'autre que de l'ordre dans le temps : « laissez-moi commencer par la régularité, dit le Darwin de Dennett, et je vous montrerai un processus qui finira par produire des choses qui ne manifestent pas seulement de la régularité mais un dessein et un but » [3].

Le dessein peut être expliqué soit par le recours à des « grues », soit par l'hypothèse de « crochets célestes ». Cette dernière expression est à entendre « au sens d'une force, d'un pouvoir ou d'un processus de type "esprit d'abord", une exception au principe selon lequel tout dessein, et tout dessein apparent, est en dernière instance le résultat d'une mécanicité aveugle, sans motif » [4]. Toute explication du dessein de l'œil qui reposerait sur un autre principe que celui de la sélection naturelle devrait ainsi avoir recours à un « crochet céleste », une interruption transcendante de l'ordre mécanique intervenant sur les processus causaux. Les « grues », au

1. D. C. Dennett, *Darwin est-il dangereux ?, op. cit.*, p. 73.

2. *Ibid.*

3. *Ibid.*, p. 73-74.

4. *Ibid.*, p. 86.

contraire, ne convoquent dans leur explication d'un évènement évolutif donné rien de plus que les processus mécaniques déjà à l'œuvre sur le sol où elles trouvent leur assise[1]. Expliquer l'évolution de l'œil grâce à une grue consiste à en rendre compte de manière ascendante, par l'exploitation algorithmique de la régularité afin de produire de la finalité, selon un processus récursif – utilisant de petites grues afin d'en produire de plus grandes[2] – aboutissant à des structures de plus en plus complexes et des traits de plus en plus sophistiqués.

Ce n'est pas un hasard si Dennett s'appuie sur les métaphores spatiales de « soulèvement » (du bas vers le haut) et d'« accrochage » (depuis le haut) pour rendre compte des explications du dessein organique. À peine a-t-il introduit le concept de grue qu'il postule un « espace » au sein duquel le travail de soulèvement est censé avoir lieu. Cet « Espace du Dessein » est une version de « l'espace de possibilités » de la théorie des jeux, une carte de toutes les options d'action disponibles, tracée de telle manière que tout déplacement, toute décision, puisse y être modélisé sous forme d'une trajectoire. L'Espace du Dessein de Dennett est un espace comprenant tous les phénotypes possibles pouvant découler d'une combinaison de gènes. Si le dessein peut en effet être produit par une grue et si le fonctionnement des grues est explicable mécaniquement et prévisible (rétrospectivement), alors il doit exister quelque chose comme un « plan du dessein », possible avant d'être actuel, au service duquel les grues opèrent. Dennett fait ainsi l'hypothèse d'une « Bibliothèque de Mendel », en référence à la Bibliothèque de Babel de Borges, qui contiendrait tous les génomes, toutes les chaînes d'ADN composables à partir d'un alphabet génétique comprenant « toutes les permutations des séquences d'adénine, de cytosine, de guanine et de thymine »[3]. Il convient ici de souligner la différence entre l'espace des génomes possibles et celui des organismes possibles (bien que, dans les deux cas, nous ayons affaire à des postulats possibilistes) : « le fait que nous puissions décrire de manière cohérente un produit fini – disons une girafe avec des rayures vertes plutôt que des taches brunes – ne garantit pas qu'il y ait une recette d'ADN pour la fabriquer. Il peut simplement se faire que, en raison des exigences particulières du développement, il n'y ait tout simplement pas de point de départ dans l'ADN qui ait la girafe comme destination »[4]. L'Espace du Dessein est donc situé au sein de la

1. D. C. Dennett, *Darwin est-il dangereux ?*, *op. cit.*, p. 86.
2. *Ibid.*, p. 85
3. *Ibid.*, p. 129
4. *Ibid.*, p. 133.

Bibliothèque de Mendel, à un niveau de possibilité sous-jacent à celui des organismes possibles.

Selon Dennett, l'Espace du Dessein est le milieu dans lequel l'algorithme de la sélection naturelle se déploie. L'algorithme actualise des desseins possibles en les recherchant dans l'espace des possibilités et en les construisant sur base des « recettes » génétiques disponibles. Les raisons de ceci seront éclaircies plus loin. Notons pour l'instant que la théorie de l'Espace du Dessein implique l'introduction de la métaphysique de la possibilité dans le programme par ailleurs explicitement mécaniste de Dennett. Son mécanisme *ne* se substitue *pas* à une conception finaliste de la création des formes vivantes, mais uniquement à l'idée d'une intentionnalité qui présiderait à leur actualisation. En d'autres termes, si Dennett remplace l'auteur par un algorithme, il retient néanmoins le langage et la logique propres à l'idée de dessein. Il est difficile d'imaginer un meilleur exemple d'intellectualisation ou de spatialisation au sens de Bergson, étant donné que Dennett conçoit l'ensemble des phénotypes possibles comme donnés dès le départ, et explique leur actualisation progressive dans le temps géologique comme étant l'effet de la productivité graduelle d'un ensemble de mécanismes aveugles. Je ne crois pas que ce soit aller trop loin que de suggérer que les possibles de Dennett ressemblent bien plus à des « crochets célestes » qu'à des « grues ».

Sous le niveau des possibilités phénotypiques, nous trouvons ainsi un espace structuré par des « coups » ou « choix forcés », des nécessités biologiques qui déterminent la direction à prendre par une trajectoire phylogénétique lorsque celle-ci fait face à des problèmes donnés [1]. Les possibles se déploient autour de chaque choix, choix après choix, comme en cascade. La représentation spatiale de ce processus permet à Dennett de répondre à la question de savoir pourquoi l'ensemble des génomes actuels comprend « un nombre minusculement petit parmi les génomes combinatoirement possibles » [2]. Il apparaît en effet que certains possibles biologiques furent « "plus possibles" que d'autres [...] tout simplement parce qu'ils étaient *voisins* de génomes réels, à une distance de seulement quelques choix au sein du processus de mixage aléatoire qui réunit le nouveau volume d'ADN et les esquisses parentales, ou seulement à un seul ou à quelques coquilles de distance dans le grand processus de copie » [3]. Certaines possibilités sont

1. *Ibid.*, p. 148-149.
2. *Ibid.*, p. 143.
3. *Ibid.*, p. 144.

plus proches et « plus accessibles, “plus faciles” à obtenir »[1] que d'autres, qui sont plus éloignées d'une trajectoire donnée dans l'espace. Au cours de l'histoire de l'évolution, au fur et à mesure que les génomes actualisés s'éloignent de certaines localisations, la probabilité qu'apparaissent les desseins correspondant à ces localisations diminue[2]. L'Espace du Dessein tend à favoriser la répétition des déterminations actuelles, celles-ci devenant ainsi également de plus en plus *probables*. Il s'agit donc d'un possibilisme spatialisé, structuré de manière topologique, replié et rabattu sur les trajectoires actuelles qui y sont déjà tracées.

Au sein de l'espace des possibilités restreint par des coups forcés, nous trouvons également ce que Dennett nomme le « bon truc » (*good trick*)[3] : une manière facile et efficace de résoudre un problème particulier. Comme des problèmes analogues se posent continuellement dans l'histoire de l'évolution, nous devrions nous attendre à trouver des solutions du même type. Celles-ci ont tendance à être choisies plus souvent que d'autres options car, même si leur actualisation n'est en aucun cas nécessaire, même si aucun *telos* n'oriente l'évolution vers elles, elles constituent en quelque sorte des solutions rationnelles ou rationnellement explicables. Toutefois, aux yeux de Bergson un tel argument consisterait à faire fi, purement et simplement, de la distinction pourtant indispensable entre explication rétrospective et prédiction. En effet, même si certaines solutions semblent après coup plus explicables que d'autres, cela ne prouve en rien que ces solutions représentaient l'option la plus rationnelle avant leur actualisation. Pour cela, il faudrait que les formes de vie élémentaires, confrontées à une série de solutions possibles, puissent raisonner sur le bien-fondé du développement de la vision ou d'une autre voie. Pour Bergson, il n'est possible d'énumérer ces voies et de les hiérarchiser selon leur rationalité que rétrospectivement. Nous ne pouvons pas les prévoir, et encore moins les comparer.

Revenons à Dennett. Les « bons trucs » donnent de bons résultats et sont dès lors « comme des balises dans l'espace du Dessein, découverts et redécouverts sans cesse, par les processus de recherche en dernière instance algorithmiques de la sélection naturelle »[4]. Le métabolisme est un « bon truc » – ainsi qu'une grue – permettant de prolonger l'existence d'un organisme complexe en dépit des lois de la thermodynamique. Il sera dès

1. D. C. Dennett, *Darwin est-il dangereux ?, op. cit.*, p. 135-136.
2. *Ibid.*, p. 144.
3. *Ibid.*, p. 88.
4. *Ibid.*, p. 167.

lors réalisé partout où les conditions nécessaires à son apparition ont cours. La même explication est réputée suffisante pour expliquer des cas de convergences évolutives plus sophistiquées, comme celui de l'œil :

> *si* un organisme doit développer ses projets métaboliques en se dotant de locomotion, et [...] *si* le médium dans lequel la locomotion prend place est transparent ou translucide et doté amplement de lumière ambiante, et *puisque* la locomotion *marche bien mieux* (pour développer les buts de protection, métaboliques et reproductifs) si l'organisme qui se meut est guidé par de l'information venue d'objets distaux, et *puisque* cette information peut être recueillie par la vision par un dispositif de haute fidélité et de coût faible, la vision est une très bonne option [1].

Il semble donc sensé de considérer la vision comme un « bon truc », actualisé partout où cela est possible. Les yeux ne sont pas toujours accessibles dans l'Espace du Dessein – étant donné les coups forcés et les possibilités qui en découlent en cascade – mais nous devrions nous attendre, toutes les fois où ils le sont, à ce que les organismes dotés de locomotion en développent.

Je voudrais suggérer que l'évolutionnisme de Dennett a réussi à unifier, d'une part, une conception mécaniste de l'organisme conçu comme un système inerte dont les éléments sont analysables en termes de gènes responsables de leur construction avec, d'autre part, l'hypothèse finaliste de possibles qui ressemblent et préexistent à leurs actualisations dans le temps. Cette unification est réalisée sur base de la théorie génétique. Déployé dans le milieu spatialisé des génomes possibles, structuré par des « coups forcés » et ponctué par des « bons trucs », l'algorithme de la sélection naturelle suffit à expliquer l'ensemble de l'histoire évolutive sur la base de la logique combinatoire de la génétique. S'il est vrai, comme l'écrit Dennett, qu'« avec le recul, nous pouvons dire que les tigres furent en fait possibles tout du long, même s'ils étaient distants et très improbables », c'est seulement parce que les combinaisons génétiques requises pour construire chacun de leurs organes furent de tout temps disponibles, dans l'attente du mécanisme de recherche de la sélection naturelle opérant dans l'espace de la possibilité biologique [2].

1. *Ibid.*, p. 148.
2. *Ibid.*, p. 135.

Or, il est possible de montrer, grâce à Bergson, que le possibilisme de Dennett opère rétrospectivement, ce qui signifie que l'Espace du Dessein est en réalité la réification des postulats fondamentaux d'une intelligence habituée à la matière inerte et à ses recombinaisons[1]. Les explications mécanistes sont, pour Bergson, les effets de certaines tendances évolutives qui se sont sédimentées dans l'intelligence humaine[2]. Il s'agit notamment de la tendance à la compréhension géométrique, utilisée pour appréhender des objets et des systèmes représentés dans l'espace et décomposables « en parties extérieures à des parties »[3]. Cette tendance de l'intelligence correspond à une tendance inhérente à la matière elle-même, dont elle tire des conclusions. Selon la lecture que Bergson donne de Faraday, la matière est composée d'« ébranlements élémentaires dont les plus courts sont d'une durée très faible, presque évanouissante, mais non pas nulle »[4]. Toutefois, les passés et les futurs de ces ébranlements sont assez proches pour être ramenés, de manière approximative, à leur situation présente, et c'est sur cette base qu'ils peuvent être expérimentalement stabilisés et calculés. C'est sur cette approximation que repose l'intelligence, qui réduit la matière brute à une pure répétition en en soustrayant le rôle minimal que le temps pourrait par ailleurs jouer dans les interactions causales qui s'y déroulent. L'intelligence fonctionne en déployant un ensemble de principes heuristiques extrapolés à partir de tendances inhérentes aux systèmes matériels inorganisés[5]. Si les présupposés mécanistes de notre intelligence s'appliquent de manière illégitime lorsqu'ils sont utilisés pour comprendre la vie, c'est parce que le temps joue un rôle *prééminent* dans les structures et les processus qui caractérisent les corps organiques. C'est pour cette raison que Bergson considère le mécanisme comme inadéquat à l'étude de l'évolution.

Nous pouvons dès lors conclure que la conception de l'évolution de Dennett ne laisse aucune place à l'efficace de la nouveauté temporelle. Ce n'est qu'en réduisant l'organisme – pourtant intégré à un environnement fluctuant que son action contribue à constituer, ouvert sur des réseaux contingents de relations avec d'autres organismes, et régulé de

1. G. D. Adamson, « Henri Bergson : Time, Evolution, and Philosophy », *World Futures*, 54/1, 1999, p. 135-162, en part. p. 144.

2. EC, p. 152-158.

3. EC, p. 155.

4. EC, p. 202.

5. K. Ansell-Pearson, « Bergson and Creative Evolution/Involution : Exposing the Transcendental Illusion of Organismic Life », *in* J. Mullarkey (ed.), *The New Bergson*, New York, Manchester UP, p. 146-167, en part. p. 152.

manière interne par une immunité d'ordre écologique – à une combinaison statique de symboles fixes qui constituent son génome, qu'on peut concevoir l'organisme comme un artéfact construit, bien que de manière aveugle, sur la base de desseins lui ayant préexisté. Ainsi que je l'ai montré, le pendant et le complément nécessaire de la position mécaniste de Dennett consiste dans une métaphysique possibiliste qui sous-tend l'ensemble de sa reconstruction philosophique de la sélection naturelle. J'espère avoir ainsi démontré qu'à cet égard, la critique bergsonienne du finalisme et de ses conséquences métaphysiques permet d'aboutir à une profonde remise en cause de la fondation même de la théorie de Dennett.

## CONCLUSION

Certains développements exposés dans *L'évolution créatrice* peuvent, de prime abord, ne plus paraître pertinents qu'au regard d'un ensemble de positions issues de l'histoire de la philosophie et de la biologie que l'évolution ultérieure de ces disciplines aurait remplacées ou rendues caduques. Mais il ne s'agit que d'une apparence que je me suis efforcé de lever en montrant à quel point le possibilisme métaphysique que Bergson prend pour cible est proche du déterminisme génétique tel qu'il est élaboré et défendu aujourd'hui. J'ai, pour ce faire, reconstruit une facette de la critique bergsonienne du finalisme, en me concentrant sur la question de la finalité extrinsèque, pour ensuite retracer la filiation qui unit le possibilisme de Leibniz à celui sur lequel s'appuie la version philosophique récente et si prisée du darwinisme établie par Dennett. Dans d'autres travaux, je cherche à montrer que la conséquence de la critique bergsonienne du finalisme et de la métaphysique de la possibilité réside dans le fait que l'élan vital doit être conçu comme relevant d'un registre modal qui n'est pas celui du possible. Ce registre est, pour Bergson, celui du virtuel, de sorte que je crois qu'il est possible de soutenir que la métaphysique bergsonienne du virtuel est partie intégrante de sa philosophie de l'évolution, dont il n'est pas possible de rendre compte sans elle.

Tano POSTERARO
Penn State University
(*Traduit de l'anglais par Antoine Daratos*)

## DEWEY, LE DARWINISME ET LA VARIATION DIRIGÉE

Dewey était darwinien – faut-il en douter? Il déclare en effet en 1909 que « *L'Origine des espèces* a introduit une manière de penser qui, finalement, ne pouvait que transformer la logique de la connaissance, et ainsi le traitement des questions morales, politiques et religieuses »[1]. Toutefois, l'histoire de la biologie nous montre que la période qui correspond aux études de Dewey et à ses débuts professionnels entre 1880 et 1900 coïncide avec un « engouement massif en faveur d'idées non-darwiniennes »[2]. Si Darwin a minimisé le rôle de l'organisme et du milieu dans l'orientation des variations, la majorité des naturalistes de l'époque a surtout suivi Herbert Spencer pour qui les variations spontanées et la sélection naturelle ne peuvent expliquer à elles seules « une grande quantité de phénomènes morphologiques ». Plus particulièrement, les adaptations complexes semblent exiger que de multiples variations soient coordonnées ou dirigées d'une manière ou d'une autre, suggérant par-là que les « modifications acquises de manière fonctionnelle » – celles produites par l'interaction de l'organisme et du milieu – peuvent jouer un rôle plus important que ne le pensait Darwin[3]. Dewey était-il vraiment darwinien à cette époque de prétendue éclipse du darwinisme[4]?

1. IDP, p. 19-20.

2. P. J. Bowler, « Revisiting The Eclipse of Darwinism », *Journal of the History of Biology*, 38/1, 2005, p. 19-32, p. 19.

3. H. Spencer, *The Principles of Biology*, London, Williams and Norgate, 1864, t. 1, p. 449-453 [trad. fr. E. Cazelles, *Principes de biologie*, Paris, Alcan, 1893, t. 1, p. 545-550]; voir C. Darwin, *L'Origine des espèces*, trad. fr. E. Barbier revue par D. Becquemont, Paris, Flammarion, 1992, p. 190-191.

4. P. J. Bowler, *The Eclipse of Darwinism: Anti-Darwinian Theories in The Decades Around 1900*, Baltimore, Johns Hopkins UP, 1983; M. A. Largent, « The So-called Eclipse of Darwinism », *Transactions of the American Philosophical Society*, 99/1, 2009, p. 3-21.

Non. Gérard Deledalle a raison de dire que « le pragmatisme est une philosophie biocentrique » et que « la vie vécue en son évolution est la catégorie essentielle du pragmatisme »[1]. Je défendrai toutefois l'idée que l'assise évolutionniste du pragmatisme de Dewey n'est pas darwinienne : selon Dewey, la variation dirigée représente une dimension fondamentale de l'évolution sociale[2].

Dewey a très probablement pris connaissance des débats sur la nature de la variation biologique dans des revues auxquelles il a lui-même participé telles que *Psychological Review*, *The Monist* et *Open Court*. Ces discussions se sont intensifiées en 1889 suite à la publication du *Darwinisme* d'Alfred Russel Wallace et des *Essais sur l'hérédité* d'August Weismann. Dans son livre, Wallace consacre un chapitre entier aux « Problèmes fondamentaux relatifs à la variation et à l'hérédité » dans lequel il s'attaque à de nombreux naturalistes – dont Spencer et le paléontologue américain Edward Drinker Cope – qui ont, selon lui, surestimé l'importance de facteurs évolutifs alternatifs à la sélection naturelle : « quelles que soient les autres causes à l'œuvre, la Sélection Naturelle est suprême, à un point que même Darwin hésitait à l'avouer. Plus nous l'étudions, plus nous sommes convaincus de son importance primordiale »[3]. Weismann, quant à lui, fait valoir que les exemples les plus évidents de variation dirigée, tels que les caractères acquis au cours de la vie d'un organisme, ne peuvent pas être directement hérités car les cellules germinales demeurent isolées du reste du corps[4]. Opposée au « néo-lamarckisme » de Cope et d'autres naturalistes, la position de Weismann et de Wallace en viendra dès lors à être désignée comme « Néo-darwiniste »[5].

1. G. Deledalle, *Histoire de la philosophie américaine, De la Guerre de Sécession à la Seconde Guerre Mondiale*, Paris, P.U.F., 1954, p. 26.

2. Pour l'expression « variation dirigée », voir H. Bergson, EC, p. 63.

3. A. R. Wallace, *Darwinism, An Exposition of The Theory of Natural Selection With Some of Its Applications*, London, Macmillan, 1889, p. 444 [trad. fr. H. de Varigny, *Le Darwinisme. Exposé de la théorie de la selection naturelle avec quelques-unes de ses applications*, Paris, Lecrosnier et Babé, 1891].

4. A. Weismann, « La continuité du plasma germinatif », dans *Essais sur l'hérédité et la sélection naturelle*, trad. fr. H. de Varigny, Paris, Reinwald, 1892, p. 157-244.

5. L. F. Ward, « Neo-Darwinism and Neo-Lamarckism », *Proceedings of the Biological Society of Washington*, 6, 1891 ; E. D. Cope, « Alfred Russel Wallace », *Evolution in Science, Philosophy, and Art, Popular lectures and Discussions Before The Brooklyn Ethical Association*, New York, D. Appleton, 1891, p. 12 ; H. F. Osborn, « The Present Problem of Heredity », *Atlantic monthly*, 67, 1891, p. 353-364, en part. p. 356 et p. 360.

Les théories de Weismann sont directement opposées à celles de Spencer qui représente, pour Dewey, malgré leurs différences, une figure importante[1]. À la fin des *Principes de Psychologie*, directement lu et enseigné par Dewey après sa parution en 1890, William James s'associe à Weismann dans son combat contre la psychologie de Spencer. James admet néanmoins que la position de Spencer concernant les adaptations complexes, mentionnée ci-dessus, est convaincante :

> puisque, comme le dit M. Spencer, les variations accidentelles de toutes les parties du corps sont indépendantes, si l'organisation complète des animaux était seulement due à de telles variations accidentelles, la quantité d'adaptation mutuelle et d'harmonie que nous constatons actuellement aurait difficilement pu se produire en un temps fini[2].

Quelques années plus tard, Spencer et Weismann participent à un débat public dont la « question cruciale » porte essentiellement sur « la co-adaptation des parties coopératives ». Pour Weismann, les variations essentielles résident dans les « déterminants » du plasma germinatif qui définissent le caractère des cellules germinales et de l'organisme dans son ensemble. Mais Spencer pose la question de savoir « pourquoi les déterminants varient-ils simultanément de la manière la plus adaptée qui soit ? » avant de déclarer que Weismann n'avait finalement pas d'autre alternative que de faire appel à « *un concours fortuit de variations* rappelant l'antique "concours fortuit d'atomes" »[3].

Weismann reconnaît néanmoins que « la difficulté principale quant à l'origine des variations nécessaires subsiste toujours »[4]. En revanche, il lui reste une dernière carte à jouer : un processus qu'il appelle « sélection germinale » et qui repose sur l'idée que les variations orientées dans une certaine direction ont plus de chances que d'autres d'apparaître grâce à une coopération entre la sélection germinale et la sélection organique. En effet, selon lui, les déterminants entrent constamment en compétition pour se

1. T. Pearce, « The Origins and Development of The Idea of Organism-Environment Interaction », *in* G. Barker, E. Desjardins and T. Pearce (eds.), *Entangled life, Organism and Environment in The Biological and Social Sciences*, Dordrecht, Springer, 2014, p. 23-27 ; T. Pearce, « The Dialectical Biologist, circa 1890 : John Dewey and The Oxford Hegelians », *Journal of The History of Philosophy*, 52/4, 2014, p. 747-777.

2. W. James, *The Principles of Psychology*, New York, Henry Holt, 1890, t. 2, p. 687.

3. H. Spencer, « A Rejoinder to Professor Weismann », *Contemporary Review*, 64, 1893, p. 893-912, en part. p. 905-906.

4. A. Weismann, « Heredity Once More », *Contemporary Review,* 68, 1895, p. 420-456, en part. p. 430.

nourrir. Si la sélection individuelle favorise l'augmentation d'un ensemble de parties,

> les déterminants ne peuvent pas varier dans le sens négatif et, parallèlement, la capacité moyenne d'assimilation de ces groupes de déterminants est accrue. L'apport en fluide nutritif est donc augmenté et les variations positives sont, une fois de plus, favorisées au détriment des variations négatives.

Dans les cas où la sélection individuelle favorise la variation dans le sens positif au niveau de l'organisme, l'« intra-sélection » entraîne un plus grand nombre de variations positives au niveau du germe. Weismann en conclut que « l'influence de la sélection sur les éléments du germe pour la direction de la variation joue un rôle important dans l'ensemble du processus de sélection naturelle». Les critiques de Spencer ont donc poussé Weismann à adopter une nouvelle position qu'il détaillera dans *The Monist*[1] : les caractères acquis ne peuvent pas être hérités mais une variation au niveau de l'organisme peut « devenir dirigée » par la sélection germinale.

C'est en 1894 que Dewey commence à faire allusion au débat entre Spencer et Weismann, soit seulement un an après qu'il ait commencé. Il a certainement lu un article sur ce sujet du paléontologue américain Henry Fairfield Osborn (un allié de Cope) et publié dans le numéro de mai 1894 de la *Psychological Review*, une importante source de documentation pour Dewey à cette époque[2]. Contre Weismann et les néo-darwiniens, Osborn y mentionne explicitement le caractère dirigé de la variation :

> Le postulat fondamental des défenseurs de la sélection naturelle selon lequel les structures adaptatives résultent du jeu fortuit des variations adaptatives et non adaptatives est réfuté par la preuve directe du contraire. La paléontologie montre de manière concluante qu'il existe une tendance

1. A. Weismann, « Heredity Once More », art. cit., p. 431-432; A. Weismann, « Germinal Selection », *Monist*, vol. 6, 1896, p. 250-293. Sur l'évolution des conceptions de Weismann, voir R. G. Winther, « August Weismann on Germ-plasm Variation », *Journal of the History of Biology*, 34/3, 2001, p. 517-555 et F. B. Churchill, *August Weismann: Development, Heredity, and Evolution*, Cambridge, Harvard UP, 2015, chap. XVIII.

2. Voir par exemple J. Dewey, « The Psychology of Infant Language », *Psychological Review*, 1, 1894, p. 63-66. Dewey était également membre du comité de rédaction : voir J. H. Tufts to W. R. Harper, n.d. [December 1893], *in* J. Dewey, *The Correspondence of John Dewey, 1871-1953*, ed. L. A. Hickman, Charlottesville (VA), InteLex, 2008, t. 1, n° 00477.

adaptative à la variation sous l'effet de certaines lois ; que cette loi soit la loi lamarckienne, ou une autre, encore inconnue, reste à découvrir [1].

Osborn souligne également les implications générales du débat : « bien que peu concluant, il est très stimulant et a suscité une grande attention, car la question concerne autant les problèmes éthiques et psychologiques que l'ensemble de la pensée biologique » [2]. Cette affirmation semble apparemment justifiée par les arguments du livre de Benjamin Kidd, intitulé *Social Evolution*, publié la même année. Comme Spencer l'écrit dans une lettre : « le livre de M. Kidd prend le weismannisme pour une évidence et, ce faisant, corrompt l'opinion sociale » [3]. L'argument principal de *Social Évolution* repose essentiellement sur l'analyse de Weismann quant au relâchement de la sélection, ou *panmixia*. Weismann avait entamé sa polémique avec Spencer sur toute une discussion autour de la *panmixia*, étant donné que la régression ou la dégénérescence des organes était généralement attribuée à la transmission des effets de l'inutilité. Parce que, selon Weismann, les organes inutilisés n'apportent plus d'avantages en termes d'adaptation, les organismes apportent la même contribution (*ceteris paribus*), quel que soit l'état de ces organes, à la génération suivante, entraînant alors le déclin progressif de l'organe : « les parties superflues qui ne sont plus contrôlées par la sélection ne sont plus conservées au plus fort de leur développement, mais coulent lentement à travers la panmixie » [4]. Comme Weismann l'a déclaré quelques années auparavant dans la revue *Open Court*, « si l'adaptation [*Zweckmässigkeit*] des êtres vivants réside, quant à leur organisme, sur le principe de la sélection naturelle, cette aptitude doit donc être maintenue par le même processus que celui qui l'a créée et doit disparaître dès que ce processus de sélection naturelle prend fin » [5].

L'idée que le relâchement de la sélection entraîne une dégénérescence semble disqualifier certaines conceptions du progrès social. Dans une de ses incursions en politique, le biologiste Thomas Henry Huxley affirme que « l'atténuation ou l'abolition » de la lutte pour l'existence est « le but

1. H. F. Osborn, « The Discussion Between Spencer and Weismann », *Psychological Review*, 1, 1894, p. 312-315, p. 315.

2. *Ibid.*, p. 312.

3. Lettre de Spencer à Bunting, 3 juin 1894, *Sir Percy William Bunting Papers*, Special Collections Research Center, University of Chicago.

4. A. Weismann, « The All-sufficiency of Natural Selection », *Contemporary Review*, 64, 1893, p. 309-338, en part. p. 311.

5. A. Weismann, « Retrogression in Animal and Vegetable life (II) », *Open Court*, 3, 1889, p. 1827-1833, en part. p. 1830.

principal de l'organisation sociale». Il soutient ainsi que «de toutes les formes successives prises par la société, celle qui s'approche le plus de la perfection est celle dans laquelle la guerre des individus entre eux est le plus strictement limitée»[1]. Citant Huxley ainsi que d'autres socialistes, Kidd craint que la société ne commence à décliner au point que la lutte pour l'existence y soit limitée. Selon Kidd, si des auteurs tels que Karl Marx, Henry George et Edward Bellamy ont raison de dire que «les classes inférieures de notre population n'ont aucune obligation rationnelle de maintenir les conditions existantes», ils ont néanmoins tort de penser que l'abolition de la concurrence et de la rivalité constitue un objectif progressiste. Ainsi, selon le weismannisme de Kidd, «si l'on devait suspendre la sélection continuelle parmi les formes de vie supérieures, ces formes n'auraient non seulement aucune tendance à progresser, mais devraient en réalité régresser»[2].

Ainsi, lorsque Dewey écrit une recension du livre de Kidd dans le numéro de juillet 1894 de *Psychological Review*, il lui attribue un « weismannisme extrême de principe » qu'il décrit de la manière suivante :

> Le progrès se fait toujours à travers la concurrence et la lutte. Il se produit une quantité infinie de variations légères, certaines variations tendant légèrement en dessous, d'autres légèrement au-dessus de la norme moyenne existante. Le progrès ne survient que par la sélection de différenciations favorables et il n'y a pas de sélection sauf lorsqu'il y a rivalité et lutte. Cette loi biologique (à propos de laquelle le Dr Kidd suit le weismannisme sous sa forme la plus extrême) s'applique à l'histoire humaine comme à l'histoire animale. Sa scène d'opération est simplement transférée à la rivalité des nations et de la vie industrielle[3].

Cette prémisse élaborée définit brièvement le néo-darwinisme : l'évolution conçue comme résultat de la sélection naturelle de petites variations fortuites non dirigées. Compte tenu de la chronologie, Dewey n'aurait pas pu être au courant de l'adoption par Weismann d'une forme de variation dirigée. Mais Osborn avait récemment mentionné «une tendance adaptative dans la variation» au point d'inspirer Dewey lorsqu'il écrit :

1. T. H. Huxley, *Social Diseases and Worse Remedies*, London, Macmillan, 1891, p. 22-23 cité par B. Kidd dans *Social evolution*, New York, Macmillan, 1894, p. 3, trad. fr. P.-L. Le Monnier, *L'évolution sociale*, Paris, Guillaumin, 1896.

2. B. Kidd, *Social Évolution*, *op. cit.*, p. 36-37, 68. Voir D. P. Crook, *Benjamin Kidd, Portrait of a Social Darwinist*, Cambridge, CUP, 1984.

3. J. Dewey, « Social Psychology », *Psychological Review*, 1, 1894, p. 400-411, en part. p. 408 et p. 410.

> Si nous supposons que l'activité consciemment acquise et les habitudes formées sous la direction de l'intelligence sont conservées, la position opposée à celle [de Kidd] s'en trouve renforcée [...]. Il n'y a même pas besoin de supposer que l'activité rationalisée se conserve de manière directe ou par l'organisme; si le milieu est modifié de manière à créer des conditions qui stimulent et facilitent la formation d'habitudes similaires de la part de chaque individu, le même but est atteint [1].

Dewey suppose que la variation de l'activité humaine est vraisemblablement dirigée par l'intelligence et implique la culture délibérée de certaines habitudes. De plus, l'hérédité de telles habitudes acquises ne doit pas nécessairement impliquer des modifications du système germinatif car elle pourrait être déléguée au milieu, les modifications du milieu ayant pour effet de favoriser la production d'habitudes fiables. Le modèle d'évolution proposé par Dewey inclut donc ce que nous appellerions maintenant un héritage non génétique[2].

Si Dewey favorise cette conception de l'évolution sociale, c'est probablement parce qu'elle entre en concordance avec les travaux en psychologie du développement et en psychologie comparée de son époque. En effet, William James et James Mark Baldwin venaient récemment de souligner l'importance de notre réactivité face au milieu social – rendue possible par la plasticité, associée à l'imitation en tant que choix des stimuli préférés – dans la formation des habitudes : « les phénomènes de l'habitude chez les êtres vivants », écrit James, « sont dus à la plasticité des matériaux organiques dont sont composés leurs corps » ; et selon Baldwin, l'imitation est « la méthode par laquelle notre *milieu* de vie, sous tous ses aspects, est emporté et reproduit en nous »[3]. Dewey a probablement aussi connu les

1. *Ibid.*, p. 410.

2. Sur l'échafaudage, la construction de niche et l'hérédité non-génétique, voir J. Odling-Smee, « Niche Inheritance : A Possible Basis for Classifying Multiple Inheritance Systems in Evolution », *Biological Theory*, 2/3, 2007, p. 276-289 ; W. C. Wimsatt, J. R. Griesemer, « Reproducing Entrenchments to Scaffold Culture : The Central Role of Development in Cultural Evolution », *in* R. Sansom and R. N. Brandon (eds.), *Integrating Evolution and Development, From Theory to Practice*, Cambridge, MIT Press, 2007, p. 227-323 ; K. Sterelny, *The Evolved Apprentice, How Evolution Made Humans Unique*, Cambridge, MIT Press, 2012. Peter Godfrey-Smith rapproche la philosophie de Dewey du « constructivisme » et de la théorie de la construction de niche. Voir P. Godfrey-Smith, *Complexity and The Function of Mind in Nature*, Cambridge, CUP, 1996, chap. V ; P. Godfrey-Smith, « Organism, Environment, and Dialectics », *in* R. S. Singh *et al.* (eds.), *Thinking About Evolution, Historical Philosophical, and Political Perspectives*, Cambridge, CUP, 2001, p. 253-266, en part. p. 258.

3. W. James, *The Principles of Psychology*, *op. cit.*, t. 1, p. 105 (cite ici sans les italiques) ; J. M. Baldwin, « Imitation : A Chapter in The Natural History of Consciousness », *Mind*, 3,

travaux du psychologue comparatiste Conwy Lloyd Morgan qui, comme lui, avait remarqué que l'action répétée du milieu sur les organismes à chaque génération pouvait produire des effets identiques à l'hérédité des caractères acquis : « Si chaque embryon plastique est modelé à son tour par une influence similaire, comment pouvons-nous prouver de manière concluante la somme héréditaire ? »[1]. Dans une critique publiée dans *The Monist*, Morgan avait également souligné la concession faite par Weismann selon laquelle le mélange de cellules germinales lors de la reproduction sexuée ne pourrait pas produire par lui-même une « variation effective », c'est-à-dire une variation qui dépasse les limites actuelles et qui puisse permettre le progrès évolutif. Peu de temps avant son débat avec Spencer, Weismann avait déjà admis que les adaptations ne pouvaient pas être dues « à de rares variations fortuites ne se produisant qu'une seule fois » mais devaient impliquer des variations « présentées maintes et maintes fois par de nombreux individus », sans doute en raison de changements nutritionnels communs[2]. Dewey avait probablement aussi lu le rapport de Morgan, publié dans *Open Court*, des expériences pratiquées sur des poussins et de jeunes canards. Après avoir présenté une série d'observations détaillées, Morgan en conclut que « les coordinations héritées [d'activités] sont perfectionnées et rendues plus efficaces grâce à des directions intelligentes » et que « l'imitation est un facteur important dans les premières étapes du développement mental »[3]. L'idée de Dewey selon laquelle le milieu facilite la formation et l'héritage fiable de certaines habitudes était donc « dans l'air » pour tous ceux qui travaillaient au croisement de la biologie et de la psychologie. À peine un an plus tard, Baldwin déclarera que « l'hérédité ne s'arrête pas avec la naissance » et

1894, p. 26-55, p. 37 ; voir aussi C. S. Peirce, « Man's Glassy Essence », *Monist*, n.s., 3, 1892, p. 1-22, en part. p. 16-18.

1. C. L. Morgan, *Animal Life and Intelligence*, Boston, Ginn, 1891, p. 167 ; voir également « The Law of Psychogenesis », *Mind*, n.s., 1, 1892, p. 72-93, en part. p. 92.

2. C. L. Morgan, « Dr. Weismann on Heredity and Progress », *Monist*, 4, 1893, p. 20-30, en part. p. 26-27 ; citant A. Weismann, *The Germ-plasm, A Theory of Heredity*, ed. W. N. Parker et H. Rönnfeldt, New York, Charles Scribner's Sons, 1893, p. 431-432.

3. C. L. Morgan, « Instinct and Intelligence in Chicks and Ducklings : A Contribution to Elementary Psychology », *Open Court*, 8, 1894, p. 4058-4061, en part. p. 4060. Comme J. A. Boydston l'a relevé, Dewey contribuait régulièrement à *The Monist* et à *Open Court* : voir J. Dewey, *The Early Works, 1882-1898*, ed. J. A. Boydston, Carbondale, Southern Illinois UP, 1969-1972, p. LXV-LXVI.

commencera à souligner l'importance de ce qu'il appellera « l'hérédité sociale »[1].

La variation dirigée joue également un rôle important pour la psychologie fonctionnelle de Dewey. Comme Jim Garrison l'a montré, le fonctionnalisme de Dewey, développé dans « La théorie de l'émotion » et « Le concept d'arc-réflexe en psychologie », constitue un hybride d'hégélianisme et de psychologie biologique et fonctionnaliste inspirée de James et Darwin[2]. L'essentiel de la psychologie fonctionnaliste de Dewey est déjà contenu dans son article sur l'arc réflexe où le stimulus et la réponse doivent « être considérés, non pas comme des entités séparées et complètes en soi, mais comme [...] des facteurs de fonctionnement » au sein d'un « mode de comportement » unique ou d'une « coordination organisée d'activités ». Dans « La théorie de l'émotion », Dewey affirme que les coordinations habituelles peuvent « devenir si profondément inscrites dans l'organisme – *pace* Weissman [*sic*] – qu'elles finissent par être héréditaires ». Dans « Le concept d'arc-réflexe en psychologie », il applique sa théorie au débat entre Spencer et Weismann. Parce qu'ils n'ont, selon Dewey, pas suffisamment pris en compte l'activité fonctionnelle d'un organe particulier afin d'en comprendre son évolution, Spencer et Weismann ont été conduits à ne mettre en évidence qu'un seul facteur contributif. Ainsi Spencer n'a seulement pris en compte qu'« une pression externe du milieu » tandis que Weismann n'a envisagé qu'une « variation spontanée inexplicable de l'intérieur de "l'âme" ou de "l'organisme" »[3].

1. J. M. Baldwin, *Mental Development in The Child and The Race*, New York, Macmillan, 1895, p. 361 et p. 364, trad. fr. M. Noury, *Le développement mental chez l'enfant et dans la race*, Paris, Félix Alcan, 1897. Baldwin, co-éditeur de la *Psychological Review*, a suivi le débat entre Spencer et Weismann ; voir Baldwin, *Mental Development..., op. cit.*, p. 31.

2. J. Garrison, « Dewey's Theory of Emotions : The Unity of Thought and Emotion in Naturalistic Functional "Co-ordination" of Behaviour », *Transactions of the Charles S. Peirce Society,* 39/3, 2003, p. 405-433 ; voir aussi R. J. Bernstein, *John Dewey*, New York, Washington Square, 1966, p. 15-21 ; A. Backe, « Dewey and the Reflex Arc : The Limits of James's Influence », *Transactions of the Charles S. Peirce Society*, 35/2, 1999, p. 312-326 ; A. Backe, « John Dewey and Early Chicago Functionalism », *History of Psychology*, 4/4, 2001, p. 323-340.

3. J. Dewey, « The Theory of Emotion. (II.) The Significance of Emotions », *Psychological Review*, 2, 1895, p. 13-32, en part. p. 19-20 et p. 32 ; J. Dewey, « The Reflex Arc Concept in Psychology », *Psychological Review,* 3, 1896, p. 357-370, en part. p. 358 et p. 360. Les expressions « mode de comportement » et « coordination organisée d'activités » sont tirées de « The Theory of Emotion », qui approfondit cette notion de coordination.

Dewey développe ce point dans ses conférences à l'Université de Chicago. Il soutient dans ses cours d'« éthique politique », suivant l'approche dialectique que j'ai décrite ailleurs, qu'il existe seulement « une distinction relative entre l'organisme et le milieu » :

> La situation et le fonctionnement représentent l'ensemble du processus. L'organisme en tant qu'organisme ne représente pas le tout; le milieu en tant que milieu non plus. Dans tous les cas de réadaptation ou de réajustement, l'ancien milieu, tout comme l'ancien organisme, doit s'adapter au nouveau milieu.

Selon Dewey, toute nouvelle variation est toujours la médiation d'une vieille habitude, l'évolution étant « un conflit au sein de la fonction [...] un conflit entre la constante et la variable, entre l'habitude et les nouvelles circonstances dans lesquelles cette habitude doit être exercée ». Sans cet accent mis sur la médiation, déclare Dewey, on aboutit à « deux conceptions de l'évolution : Spencer et Weismann; soit à une rupture spontanée pour le premier, soit à un contrôle complet par le milieu pour le second »[1]. Pour Dewey, les termes « organisme » et « milieu » ne signifient rien « considérés en général, sans plus de précision quant à la fonction envisagée ni sur l'évolution historique de cette fonction »[2]. Spencer a supposé que des organismes plus avancés – et des peuples plus avancés – étaient simplement mieux adaptés à un milieu fixe. Mais pour Dewey, l'organisme et le milieu varient ensemble : ce qui compte, c'est le processus global. L'erreur de Spencer a été de « concevoir le milieu, qui est en réalité le résultat du processus de développement, qui s'est développé parallèlement à l'organisme, comme si c'était quelque chose qui existait depuis le début ». Au lieu de cela, « ce qui s'est passé a été le développement du milieu, la création du milieu, l'évolution du milieu »[3]. Comme Dewey l'écrit dans un article de 1898 au sujet des conférences données par Huxley sous le titre d'« Evolution and Ethics » :

> en ce qui concerne les variétés progressives, il n'est pas du tout vrai qu'elles s'adaptent simplement aux conditions actuelles; l'évolution est un développement continu de nouvelles conditions qui répondent mieux aux besoins des organismes que les anciennes. Le chapitre non écrit de la sélection naturelle est celui de l'évolution des milieux.

1. J. Dewey, « Political Ethics (1896) », *in* D. F. Koch (ed.), *The Class Lectures of John Dewey*, vol. 1, Charlottesville, Intelex, 2010, p. 1538. Sur l'approche dialectique de Dewey, voir T. Pearce, « Dialectical Biologist », *op. cit.*
2. J. Dewey, « Political Ethics (1898) », *op. cit.*, p. 1651.
3. *Ibid.*, p. 1655.

Dans la société humaine, dit Dewey, « la sélection en fonction des variations qui élargissent et intensifient le milieu est active comme jamais auparavant »[1].

Dans ce même article de 1898, Dewey revient sur l'idée que le milieu social peut former de manière fiable certaines habitudes, évitant efficacement le débat Spencer-Weismann :

> Nous n'avons pas besoin d'entrer ici dans la question épineuse de l'hérédité des caractères acquis. Nous savons que par le biais de ce que nous appelons l'opinion publique et l'éducation, certaines formes d'action sont constamment stimulées et encouragées, tandis que d'autres sont constamment désapprouvées, réprimées et punies. Je suis incapable de voir quelle différence de principe existe entre cette médiation des actes de l'individu par la société et ce qu'on appelle ordinairement la sélection naturelle. Dans chaque cas, les conditions de vie réagissent sur les agents de manière à modifier la fonction du vivant[2].

Dewey met l'accent sur la sélection « dans la vie d'un seul et même individu » mais son traitement de « l'évolution des milieux » implique qu'il y existe aussi une sorte d'hérédité environnementale, semblable à ce que Baldwin a appelé « l'hérédité sociale ». Comme l'écrit Dewey dans une critique de l'ouvrage de Baldwin, *Social and Ethical Interpretations in Mental Development* (1897),

> l'hérédité physique ne doit pas, du côté négatif, être de nature à jeter l'individu dans un trop grand antagonisme avec les intérêts de la communauté ; d'un point de vue positif, elle doit contribuer et tendre activement vers le type et la variété de relations que la tradition sociale impose[3].

1. J. Dewey, « Evolution and Ethics », *Monist*, 8, 1898, p. 321-341, en part. p. 339-340. Sur Dewey et Huxley, voir T. Pearce, « American Pragmatism, Evolution, and Ethics », *in* M. Ruse , R. J. Richards (eds.), *The Cambridge Handbook of Evolutionary Ethics*, Cambridge, CUP, 2017, p. 43-57, en part. p. 47-51.

2. J. Dewey, « Evolution and Ethics », *op. cit.*, p. 337.

3. J. Dewey, « Social and Ethical Interpretations in Mental Development », *New World*, 7, 1898, p. 504-522, p. 511 ; voir J. M. Baldwin, *Social and Ethical Interpretations in Mental Development, A Study in Social Psychology*, New York, Macmillan, 1897, p. 57-64, trad. fr. G.-L. Dupont, *Interprétation sociale et morale des principes du développement mental*, Paris, V. Giard et E. Brière, 1899. Dewey soulignera plus tard l'importance de l'hérédité sociale. Voir J. Dewey, « Principles of Education (1902) », *in* D. F. Koch (ed.), *The Class Lectures of John Dewey*, vol. 2, Charlottesville, Intelex, 2015, p. 592. Dewey semble avoir utilisé la notion d'hérédité sociale seulement après sa longue discussion du livre de Baldwin de 1897. Sur le rôle de l'hérédité sociale et de l'« effet Baldwin » dans le contexte intellectuel de Dewey, voir D. J. Depew, « The Rhetoric of Agency in William James and John Dewey : Evolutionary Psychology at The Turn of The 20th Century » (manuscrit inédit).

Dewey était sceptique quant à certaines conceptions de la « variation dirigée » : par exemple, il critique l'idée de Cope selon laquelle l'organisme possède « un type interne qui lui serait propre [...] de sorte que les variations suivent des directions déterminées »[1]. Néanmoins, l'idée d'une « tendance active » à l'œuvre dans l'hérédité, correspondant au milieu social, s'accorde avec l'évolutionnisme d'Osborn et d'autres naturalistes anti-weismanniens.

Le débat entre Spencer et Weismann portait sur la source de la variation dans l'évolution : est-elle dirigée ou non dirigée ? Quel est le rôle du milieu ? Weismann finit par admettre que la variation au niveau de l'organisme doit être dirigée d'une certaine manière, conformément aux vues de biologistes tels qu'Osborn. De 1894 à 1898, Dewey participe à ces débats en critiquant les hypothèses néo-darwiniennes de Kidd formulées dans *Social Evolution* et en plaçant la plasticité, la variation et l'hérédité au centre de ses propres théories sur l'évolution psychologique et sociale. Il refuse d'adhérer au weismannisme parce que, selon lui, non seulement les caractères psychologiques acquis sont souvent hérités, mais cet héritage se perpétuerait également par la continuité et la modification du milieu social plutôt que par des modifications de l'organisme lui-même. Pour Dewey, organisme et milieu co-évoluent et nous commettons une erreur lorsque nous essayons d'attribuer la variation et l'évolution au milieu ou à l'organisme pris isolément.

Les théories de Weismann triomphèrent à la mort de Spencer en 1903 et Dewey se range pleinement dans le camp de Weismann, malgré ses réticences initiales, lorsqu'il s'adresse à la *National Negro Conference* à New York en 1909 :

> À l'heure actuelle, la science biologique tend à donner l'assurance raisonnable que les caractéristiques acquises par l'individu ne sont pas transmissibles ou, si elles le sont, c'est seulement dans une mesure assez faible pour être comparativement et relativement négligeables.

Dewey fait ici écho à Kidd, sans toutefois en épouser le racisme, et ajoute une dimension positive au weismannisme social :

> La doctrine selon laquelle les caractéristiques acquises ne sont pas transmises devient une doctrine très encourageante car elle signifie, en ce qui concerne les individus, qu'ils ont une possibilité de vie sociale pleine, juste et libre [...]. En d'autres termes, il n'existe pas de « race inférieure » et

1. J. Dewey, « Political Ethics (1898) », *op. cit.*, p. 1652.

> les membres d'une telle prétendue race devraient avoir chacun les mêmes opportunités en termes de milieu social et de formation de la personnalité.

Compte tenu des réalités du racisme à cette époque, il n'existait bien sûr pas de véritable égalité des chances au sein de la société. Cependant, Dewey pense, en suivant ici encore la synthèse de Kidd entre le capitalisme progressiste et le weismannisme, qu'il est de la responsabilité de la société « de veiller à ce que le milieu soit créé de manière à utiliser tout le capital individuel qui y naît ». Adoptant explicitement « l'hérédité sociale », Dewey insiste sur le fait que l'hérédité et l'évolution concernent des milieux évoluant de façon intelligente, et non des cellules germinales variant spontanément[1].

Malgré le triomphe de Weismann, Dewey ne renonce pas à son engagement antérieur en faveur de la variation dirigée : Weismann, Baldwin, Morgan et Osborn ont tous montré au milieu des années 1890 que certaines formes de variation dirigée sont compatibles avec le darwinisme[2]. Dewey utilise finalement l'idée non-darwinienne de variation dirigée – en particulier de variation expérimentale guidée par l'intelligence – comme la base biologique du pragmatisme. Comme il l'écrit en 1908,

> Le pragmatisme affirme que toutes les réalisations supérieures de la vie organique individuelle résultent de la tension et de la pression dues au

1. J. Dewey, « Address of John Dewey », *Proceedings of the National Negro Conference, 1909, New York, May 31 and June 1,* [New York?], n.p., [1909?], p. 71-72, https://hdl.handle.net/2027/nyp.33433081797809. Merci à D. Depew pour avoir porté cet article à mon attention. Kidd a affirmé que « les races de couleur » étaient inférieures « eu égard aux qualités contribuant à l'efficacité sociale » : *Social Evolution*, *op. cit.*, p. 315. Sur Dewey et la notion de race, voir S. Sullivan, « (Re)construction Zone : Beware of Falling Statues », *in* W. J. Gavin (ed.), *In Dewey's Wake : Unfinished Work of Pragmatic Reconstruction*, Albany, State University of New York Press, 2003, p. 109-128 ; P. C. Taylor, « Silence and Sympathy : Dewey's Whiteness », *in* G. Yancy (ed.), *What White Looks Like*, New York, Routledge, 2004, p. 227-241 ; S. D. Carle, « John Dewey and The Early NAACP : Developing a Progressive Discourse on Racial Injustice, 1909-1921 », *in* J. R. Shook, P. Kurtz (eds.), *Dewey's Enduring Impact, Essays on America's Philosopher*, Amherst (NY), Prometheus, 2011, p. 249-262 ; T. D. Fallace, *Dewey and The Dilemma of Race, An Intellectual History, 1895-1922*, New York, Teachers College Press, 2011.

2. R. J. Richards, *Darwin and The Emergence of Evolutionary Theories of Mind and Behavior*, Chicago, U.C.P., 1987, p. 469-495 ; B. H. Weber, D. J. Depew, *Evolution and Learning, The Baldwin Effect Reconsidered*, Cambridge, MIT Press, 2003 ; T. Pearce, « "A perfect chaos" : Organism-Environment Interaction and The Causal Factors of Evolution », PhD diss., University of Chicago, 2010, chap. II, ProQuest (ID 756453970) ; Pearce, « The Origins and Development… », *op. cit.*, p. 20-23 ; D. Ceccarelli, « Between Social and Biological Heredity : Cope and Baldwin on Evolution, Inheritance, and Mind », *Journal of the History of Biology*, 52/1, 2019, p. 161-194.

> problème du maintien des fonctions de la vie. Car la vie ne peut être maintenue que lorsque l'organisme «*gagne* sa vie» par une action appropriée sur le milieu et l'adaptation de celui-ci à ses propres objectifs vitaux[1].

La base du pragmatisme est la variation dirigée.

Trevor PEARCE
University of North Carolina at Charlotte
(*Traduit de l'anglais par Paul Walter*)

1. J. Dewey, «The Bearings of Pragmatism upon Education: First paper», *Progressive Journal of Education*, 1/2, 1908, p. 1-3, en part. p. 1.

# L'ÉVÉNEMENT DARWIN
# LA GENÈSE D'UNE NOUVELLE LOGIQUE SELON J. DEWEY

Je voudrais tenter de donner sens à un projet formulé pour la première fois par Dewey en 1909 : « En anticipant sur l'orientation des transformations de la philosophie qui seront produites par la logique génétique et expérimentale de Darwin, je ne prétends parler qu'au nom de ceux qui ont déjà, consciemment ou inconsciemment, été conquis par cette logique »[1]. Cet extrait provient d'une conférence qu'il donna dans le cadre d'une série de rencontres portant sur « Charles Darwin et son influence sur la science » organisées à l'Université de Columbia à l'occasion du cinquantenaire de la publication de *L'Origine des espèces*. Dewey, répondant à l'invitation, n'en déplaça pas moins l'objet puisque, si la série portait bien sur l'héritage de Darwin dans les sciences de la nature, il proposa d'en interroger une autre dimension, à savoir « L'influence du darwinisme en philosophie ». Double déplacement annoncé dès le départ – de la science vers la philosophie et de Darwin vers le darwinisme – et qui marqua un changement profond dans le type de discussion que devait, selon Dewey, susciter le darwinisme. Cela est d'autant plus remarquable que cette prise de position sur le darwinisme est faite par Dewey à un moment singulier dans le développement de sa propre œuvre, un moment de transition, qui donne au texte une teneur toute particulière, comme si Dewey cherchait à établir les axes de sa philosophie à partir de la question de la réception du darwinisme. Certes, Dewey est déjà à l'époque reconnu comme l'un des penseurs les plus prometteurs de sa génération, mais ses ouvrages fondamentaux sont encore à venir. Son rapport au pragmatisme, la mise en place de sa métaphysique naturaliste, son esthétique et sa philosophie politique viendront plus tard. Il posa donc publiquement la question du darwinisme à un

1. IDP, p. 33.

moment où il s'agissait de s'engager dans un nouveau programme philosophique, ou plus exactement, comme il le dira plus tard, dans une véritable reconstruction de la philosophie[1]. Je voudrais retracer la genèse de cette proposition, tenter d'en dégager les nécessités et d'en évaluer l'actualité. C'est un empirisme d'un genre nouveau auquel il s'agirait de donner ses droits à partir d'une reprise du texte de Dewey, un empirisme évolutionniste dont l'ambition serait d'élargir le spectre de l'expérience sur une base « génétique et expérimentale ».

## Un nouvel organon

Je propose de formuler le constat qui anime le portrait qu'entreprend de réaliser Dewey de la manière suivante : Darwin serait le nom d'un événement dont nous n'aurions toujours pas pris la mesure. Étrange constat qui, même en 1909, se heurtait de front aux innombrables tentatives de reprises, de témoignages, de controverses, dont le darwinisme fut l'objet. Qui aurait pu douter de son immense influence sur la pensée contemporaine ? Certainement pas Dewey lui-même, comme l'atteste notamment le passage suivant : « le fait que la publication de *L'Origine des espèces* ait marqué un tournant dans le développement des sciences de la nature est bien connu du profane »[2]. Aucun doute en effet, le darwinisme est bien l'un des événements majeurs reconnus de tous. Même les oppositions auxquelles il a dû faire face tout au long de sa réception ne limitent nullement, aux yeux de Dewey, sa vivacité et en sont, au contraire, les témoignages le plus patents. Comment comprendre alors que nous n'en aurions toujours pas pris la mesure ? En invoquant que même le profane en a saisi le sens, Dewey veut-il dire que les idées générales issues du darwinisme seraient acquises, mais que leurs conséquences scientifiques resteraient en suspens ? Devrions-nous, au contraire, comprendre que la reconnaissance du darwinisme se serait établie en en délimitant

1. Je reprends ici le titre du livre de Dewey *Reconstruction en philosophie*, trad. fr. P.D. Mascio, Pau, Farrago, Éditions Léo Scheer, 2003. Certes, la nécessité d'une reconstruction de la philosophie, dans ce contexte, est plutôt liée aux événements qui sont survenus au début du XXe siècle, notamment la première guerre mondiale, comme le note J. Dewey dans l'introduction qu'il écrit en 1948 à l'ouvrage. Cependant, ce sentiment qu'une époque est en train de changer et qu'il devient nécessaire de reconstruire la philosophie sur les bases de ces transformations est une obsession qui, dès les premiers textes de Dewey, ne cesse d'être réaffirmée selon des modalités différentes et relativement à des genres d'événements distincts.

2. IDP, p. 18.

abusivement le champ d'application à l'intérieur des sciences de la nature et que cette délimitation, bien que bénéfique pour sa transmission vers le « profane » qui put avoir l'impression alors d'en maitriser la signification, fut une entrave à la prise en compte de son sens véritable ? La question reste en suspens : de quoi n'aurions-nous toujours pas pris la mesure ? Pourquoi Dewey cherche-t-il à ce point à dramatiser le sens d'un événement qui semble connu de tous, du scientifique et du profane, en affirmant que son point central n'a toujours pas été pensé ? Où situer alors exactement l'événement ?

Si Dewey est à ce point récalcitrant à répondre à la demande qui lui est faite d'interroger l'influence de Darwin sur les sciences, ce n'est pas faute de s'y intéresser, bien au contraire, mais parce qu'il a le sentiment que ce n'est pas dans cette direction que nous trouverons l'expression événementielle du darwinisme. Les remarques qu'il fait sur des points précis de la lecture de *L'Origine des espèces* sont relativement faibles, disséminées dans le texte, donnant le sentiment d'une certaine désinvolture par rapport à la pensée de Darwin. C'est que l'événement n'est pas tout à fait là. On ne le trouvera ni dans la caractérisation du vivant, bien qu'elle soit requise, ni dans les conséquences épistémologiques, dans la mesure où elles en dérivent. L'événement que représente Darwin n'appartient à aucun domaine particulier, ni à aucun régime de connaissance.

Le sens de cet événement est à chercher dans la nouvelle *logique* qu'il produit. C'est une manière pour le moins inattendue de qualifier l'événement darwinien. En quoi relèverait-il en effet d'une « logique » ? N'est-il pas surprenant de refuser toute restriction de cet événement à un domaine particulier, fût-il scientifique ou social, pour en chercher le sens véritable dans la « logique » qui y serait mise en œuvre ? Pourquoi faire de Darwin le nom d'une nouvelle logique ? C'est que le terme « logique » renvoie chez Dewey à quelque chose de bien différent de ce qu'on peut y associer généralement, à savoir des articulations cohérentes, des systèmes formels ou des rapports stricts de causalité dans une chaine d'événements. Le terme est emprunté. Il provient du mouvement néo-hégélien américain[1], notamment de George S. Morris, son ancien professeur, qui occupa une place centrale dans sa formation philosophique. Dewey fut profondément hégélien, et son usage de la notion de « logique » doit être situé dans cet héritage. Comment, de fait, ne pas entendre le fonds hégélien qui anime cet hommage à Darwin lorsque Dewey écrit : « Le monde moderne prenait

1. Voir à ce sujet, J. Wahl, *Les philosophies pluralistes d'Angleterre et d'Amérique*, Paris, Empêcheurs de penser en rond, 2005.

conscience de la logique qui devait désormais le régir, cette logique dont *L'Origine des espèces* de Darwin est la réalisation scientifique la plus récente »[1] ? N'y a-t-il pas dans ce passage quelque chose comme une vision de l'esprit se déployant à l'intérieur de tous les aspects de l'expérience collective ? Dewey entend effectivement par « logique » une articulation quasiment anonyme, impersonnelle, entre des choses aussi différentes que : 1) L'ensemble des principes dynamiques œuvrant à l'intérieur d'une époque particulière ; 2) des orientations générales de la pensée et de l'action ; 3) des manières sociales et collectives de différencier le remarquable et l'ordinaire ; 4) l'ensemble des valeurs conscientes, ou inconscientes, qui régissent différents modes d'expérience. Mais, comme nous le disions précédemment, le texte sur Darwin est un texte de transition. La lecture notamment des *Principles of Psychology* de W. James, publié en 1890, déjà marqué par l'héritage darwiniste, a profondément entamé les relations de Dewey à toute forme d'idéalisme. Si Dewey continue à utiliser le terme « logique », c'est à présent sur une base empiriste et marquée par les méthodes expérimentales, ce qu'il appellera plus tard un « expérientialisme »[2]. Cette « logique » n'a plus rien à voir avec le développement nécessaire et historique d'un esprit. Elle provient de rencontres fortuites, de bricolages entre des inventions issues des sciences expérimentales, de nouvelles manières de susciter des expériences esthétiques, de changements dans les rapports collectifs issus notamment de luttes sociales. Dewey ne voit donc dans la genèse de la logique et dans son développement aucune cohérence a priori, aucune nécessité générale, aucune téléologie valant pour tous les domaines. Tout y est fondamentalement contingent. Comment émerge une nouvelle logique qui fera époque ? Jusque quand se maintiendra-t-elle et comment viendra-t-elle à disparaitre pour laisser place à de nouvelles ? Ces questions n'ont peut-être tout simplement pas de sens. Si nous pouvons effectivement porter un regard, toujours rétrospectif, sur des logiques antérieures, c'est parce qu'elles ont perdu de leur vitalité, que d'une certaine manière nous sommes en distances des intensités qui les animaient.

> Le progrès intellectuel se produit généralement par simple abandon des questions et des alternatives qu'elles supposent. On les abandonne parce qu'elles ont perdu de leur vitalité et que l'urgence de nos intérêts a changé. Nous ne répondons pas à ces questions, nous les dépassons. Les vieux

1. IDP, p. 25.
2. Voir J. Dewey, « From absolutism to experimentalism » in *The Later Works, Vol. 5.*, Illinois, Southern Illinois UP, 1938.

> problèmes se résolvent en disparaissant, en s'évanouissant, tandis que de nouveaux problèmes correspondant à de nouvelles attitudes, à de nouveaux efforts, à de nouvelles préférences, prennent leur place [1].

Ainsi, toute nouvelle logique est d'abord une réappropriation, une nouvelle articulation de problèmes anciens engagés à présent dans de nouveaux intérêts, de nouveaux éclairages, ce que Whitehead, dans une filiation pragmatique, appelle un « nouveau sens de l'importance » [2]. Bref, une logique, c'est avant tout un sens de l'importance, un nouvel éclairage sur les enjeux qui animent différents champs de savoir, de nouvelles valeurs, de nouvelles manières de percevoir et d'expérimenter.

C'est la situation charnière dans laquelle se trouve Dewey qui rend son entreprise si fragile : *le darwinisme n'a pas encore eu lieu*. Il est en prise avec d'anciennes manières de concevoir le vivant, de statuer sur l'expérience, de légiférer sur les modes de connaissance. Les signes en sont encore diffus et les trajectoires qu'il peut prendre encore multiples. Ce serait préjuger illégitimement des capacités de la philosophie, bien qu'il lui en revienne aussi la tâche, que de croire qu'elle serait capable au seuil de cette nouvelle logique d'en définir le sens :

> Certes, la portée de cette nouvelle perspective logique pour la philosophie reste encore incertaine et indéterminée. Nous sommes à l'aube d'une transition intellectuelle. Il faudrait allier l'imprudence du prophète et l'entêtement du partisan pour risquer un exposé systématique de l'influence de la méthode darwinienne sur la philosophie. Le mieux que nous puissions faire, c'est d'enquêter de manière générale sur sa portée, c'est-à-dire sur l'effet de cette méthode sur le tempérament mental et la complexion d'esprit, sur ce corps constitué d'aversions et de préférences intellectuelles mi-conscientes et mi-instinctives qui déterminent, en dernière instance, nos entreprises intellectuelles les plus délibérées [3].

Le darwinisme nomme alors pour Dewey à la fois un nouveau tempérament, une nouvelle « atmosphère » et un nouveau « milieu » de pensée. Avec lui, c'est toute une époque qui bascule et qui trouve dans le traité de *L'Origine des espèces* son nouveau langage, son nouveau lexique et ses nouvelles méthodes. Le darwinisme n'est pas l'origine de ce changement, car « sans les méthodes de Copernic, Kepler, Galilée et de leurs successeurs en astronomie, en physique et en chimie, Darwin aurait été impuissant dans

1. IDP, p. 34.
2. A. N. Whitehead, *Modes de pensée*, trad. fr. H. Vaillant, Paris, Vrin, 2004, principalement la première conférence « L'importance ».
3. IDP, p. 26.

les sciences du vivant »[1]. Mais il revient à Darwin d'avoir franchi un seuil, d'avoir compris que ce changement de scène, cette nouvelle logique à l'œuvre notamment dans les sciences expérimentales, devrait atteindre des domaines charnières qui ne laisseraient plus alors aucune limite à son extension et initieraient véritablement une nouvelle époque.

> Avant Darwin, l'impact de la nouvelle méthode scientifique sur la vie, l'esprit et la politique était resté limité parce qu'entre les idéaux et les intérêts moraux d'une part, et le monde inorganique d'autre part, se trouvait le royaume des plantes et des animaux. Les portes du jardin de la vie étaient fermées aux nouvelles idées, or le seul chemin menant vers l'esprit et la politique passait par ce jardin… il a ainsi affranchi la nouvelle logique en lui permettant de s'appliquer à l'esprit, à la morale et à la vie[2].

## Le récit des espèces

La notion d'espèce occupe une place centrale, tant par son importance historique (« peu de mots dans notre langue résument l'histoire intellectuelle aussi bien que le mot "espèce" »)[3] que par sa position stratégique. C'est par elle, affirme Dewey, que la nouvelle logique a pu s'établir sur cette zone interstitielle, cette zone levier, à partir de laquelle il devenait possible de l'étendre « à l'esprit, à la morale et à la vie ». C'est une notion clé. Il est donc essentiel d'en retracer la genèse, l'influence et les raisons qui nous obligeraient aujourd'hui à la repenser.

Sous une forme volontairement générale, et quelque peu triviale, Dewey tente de rétablir le sentiment le plus direct et le plus basique qui en marquerait l'origine :

> Songez à quel point les hommes furent impressionnés par les manifestations du vivant. Leurs yeux tombèrent sur certaines choses de faible gabarit et de structure fragile. Selon toute apparence, ces choses étaient inertes et passives. Soudain, dans certaines circonstances, ces choses, par la suite connues sous le nom de graines, œufs ou germes, commençaient à changer, à changer rapidement de taille, de forme et de qualités. Mais des changements rapides et profonds se produisent également pour beaucoup

1. IDP, p. 24.
2. IDP, p. 25.
3. IDP, p. 21.

d'autres choses, comme par exemple lorsque le bois est consumé par le feu[1].

En se plaçant, de manière aussi artificielle, au niveau d'une expérience primitive, Dewey entend soustraire la notion d'espèce à toutes les prétentions qui y furent associées. Plutôt que de la prendre comme la caractérisation d'une forme d'existence à part entière, avec ses catégories, ses qualités et ses attributs, Dewey cherche à en interroger la *fonction*. Ce faisant, c'est aux nécessités empiriques et vitales qu'il en appelle : à quoi la notion d'espèce a-t-elle pu servir ? À quelle expérience donnait-elle ses droits ? Que rendait-elle visible et important ? Derrière cet appel à une expérience primordiale, dont on pourra toujours remettre en question l'authenticité et la validité historique, Dewey entend mettre en évidence le type d'expérience, toujours actuelle, à laquelle la notion d'espèce répond. Cette inscription d'une notion abstraite sur un plan empirique, pour en suivre la genèse, est l'un des aspects fondamentaux de la méthode. Pour chaque notion, pour chaque concept, pour chaque abstraction correspond au moins une genèse sur un sol empirique, une trajectoire dont cette notion provient et dont elle reflète le fonctionnement. C'est dans le cadre de cette méthode empirique, au sein de laquelle la genèse et la réalité d'une notion, sa fonction et son être, ses nécessités et ses effets, finissent par se confondre, qu'il nous faut comprendre cet appel « imaginatif » à une expérience primitive.

La méthode nous oblige à placer, sur un fond unique d'expérience, tous les vivants, végétaux et animaux, une surabondance de formes et de variations en tout genre, de changements plus ou moins brusques. On peut dégager de cette expérience primitive certains traits spécifiques des vivants qui nous permettent de les relier et d'anticiper leur mode de développement et qui semblent, illusion de la perception, en définir la réalité profonde. Ces traits sont les manières par lesquelles nous nous adressons aux vivants, nous en relions les parties, nous retrouvons des analogies et nous établissons des liens entre eux ou certaines parties de leurs existences. Ce sont, en ce sens, pour Dewey, des traits essentiellement *opératoires*, des *actes* par lesquels nous introduisons dans les vivants des caractéristiques relatives à nos capacités à les percevoir et à agir sur eux. Dans la mesure où notre activité perceptive des vivants n'est jamais abstraite des intérêts que nous y projetons, elle ne peut prétendre à un quelconque accès aux qualités inhérentes des êtres vivants en tant que tels. Il n'y a rien dans notre expérience qui soit purement contemplatif et qui nous permettrait de porter un

1. IDP, p. 21.

regard désintéressé sur la nature et les êtres qui la composent. Le corps est un centre d'action et les idées que nous nous forgeons, dans la pluralité de leurs formes, sont des actes[1]. Ainsi, les traits spécifiques que nous pouvons dégager des rapports que nous tissons avec les vivants n'ont nullement pour Dewey à prétendre caractériser, au-delà de nos actes, les vivants eux-mêmes.

Quels sont alors ces traits spécifiques, c'est-à-dire ces dimensions opératoires de notre expérience des vivants tels qu'on les retrouve à l'origine de la notion d'espèce ? Bien que Dewey ne cherche nullement à les caractériser en tant que tels ou à les systématiser, je propose d'en dégager, sur la base du texte qu'il consacre à Darwin, trois principaux. Le premier trait spécifique se caractérise par ce que l'on pourrait appeler sa dimension cumulative.

> Les changements dans les choses vivantes se font selon un ordre, ils sont cumulatifs, ils tendent constamment vers une seule direction. À la différence des autres changements, ils ne détruisent ni ne consument, ils ne disparaissent pas sans résultat dans un flux errant ; ils réalisent et ils accomplissent. Chaque étape successive, quelles que soient ses différences avec la précédente, conserve l'effet produit par cette dernière tout en ouvrant la voie à une activité plus complète à l'étape suivante[2].

Chaque vivant porte avec lui son passé, garde les traces des actions antérieures et s'y conforme. C'est ce trait qui marque une première distinction entre le vivant et le monde inorganique selon Dewey. Il s'agit d'une différence d'intensité, plutôt que d'une différence ontologique. On trouvera des traces d'accumulation à tous les niveaux de l'existence, mais c'est avec le vivant que la question de l'accumulation comme fondement même d'un être, comme ce qui le caractérise en propre, devient déterminante. Sous une forme quelque peu redondante, on pourrait dire que le vivant est ce par quoi la dimension cumulative de l'existence devient vitale. Il sera toujours possible de rétorquer que tout corps physique s'inscrit dans des enchainements causaux qui déterminent ses réalités présentes et qui conditionnent ses développements futurs. Le terme d'« accumulation » a cependant, chez Dewey, un autre sens. Il ne définit nullement une réaction causale aux contraintes d'un milieu physique, mais, au contraire, une accumulation interne, une persistance du passé dans le présent, une identification de l'état actuel à la trajectoire par laquelle un

1. Voir à ce sujet, J. Dewey, *La quête de la certitude*, trad. fr. P. Savidan, Paris, Gallimard, 2014, principalement le chapitre V : « Idées à l'œuvre ».

2. IDP, p. 21.

être est venu à l'existence et s'est développé. Nous pouvons toujours, par un acte d'abstraction, dissocier la réalité présente d'un vivant de ses formes antérieures, mais nous éprouvons dans l'expérience que nous en faisons une continuité qui prolonge le moment antérieur dans la forme présente et l'oriente dans de nouvelles directions. La reprise du passé, son intégration dans la forme présente, son assimilation permanente sous une nouvelle forme, est l'un des traits que Dewey entend associer au vivant pour le distinguer. Le deuxième trait spécifique, nous pouvons le nommer « l'action orientée ». Dewey l'exprime comme une attention particulière à la manière par laquelle le vivant est en quelque sorte orienté vers le futur, comment il tend à des dimensions au-delà de sa réalité présente : « Chez les êtres vivants, les changements ne sont pas les mêmes qu'ailleurs, quels qu'ils puissent être; en effet les changements antérieurs sont orientés en vue de résultats ultérieurs »[1]. C'est à nouveau un trait de l'expérience que Dewey entend mettre en évidence et nullement une catégorisation ontologique qui prétendrait nous faire accéder à sa réalité propre. Chaque moment du vivant semble ainsi comme tendu vers une réalité ultérieure qui l'anime de l'intérieur, une certaine direction qui l'engage, un ensemble de possibilités au-delà de la situation présente qui l'orientent et donnent un sens tout particulier à ses actions. Le vivant n'est pas uniquement une réponse donnée au passé, une reprise, c'est une tendance ou une visée[2], une manière de s'engager au-delà du moment. Enfin, le troisième trait spécifique, plus délicat à relever tant il est à la source de nombreuses ambiguïtés et quiproquos, on le nommera le sentiment d'accomplissement du vivant. C'est le sentiment qu'à un moment déterminé, difficilement situable, quelque chose s'est accompli, une sorte de plénitude d'existence, comme si le vivant se réalisait ou atteignait sa forme propre. Ce sentiment ne relève nullement d'une faculté qui nous permettrait de cerner dans les vivants les formes qu'ils devraient revêtir, qui les animeraient de l'intérieur et formeraient les véritables moteurs de leur développement. Ce sentiment est, au contraire, toujours empirique et rétrospectif. Nous portons un regard en arrière sur les vivants et nous y constatons alors des fluctuations, des amplifications et des diminutions, des consolidations et des dislocations. Nous finissons presque naturellement par identifier ces moments de passage de l'un à l'autre comme des formes d'accomplissement. Le terme n'a donc rien de mystérieux en tant que tel. Il nomme ces moments plus ou

1. IDP, p. 22.

2. Les termes de « visée » et de « but subjectif » ne sont pas utilisés par J. Dewey. Je les reprends à Whitehead qui en a fait une caractérisation essentielle du vivant dans *Procès et réalité* et dans *Modes de pensée*.

moins remarquables de changement d'état ou de transition. Mais cette capacité, à dimension pratique, permettant d'identifier et de nommer des moments saillants dans le développement d'un vivant, est la source de nombreuses illusions lorsque nous en exagérons la portée et que nous la transformons en une finalité intrinsèque au vivant. Nous inférons alors d'un moment particulier l'idée d'une fin complète et parfaite : « Cette organisation progressive ne s'arrête que lorsqu'elle parvient à un terme véritablement final, à un telos, à une fin complète et parfaite »[1]. Nous nous donnons, par un acte de réification, une entité purement abstraite à laquelle nous attribuons une fonction démesurée en la plaçant à tous les niveaux du développement du vivant : « Cette forme finale exerce en retour une plénitude de fonctions, dont la moins remarquable n'est pas la production de germes analogues à celui dont elle tire sa propre origine, germes capables d'initier ce même cycle d'activités auto-accomplissantes »[2]. Et ce qui semble se jouer pour un individu vivant, dans un espace-temps défini, se relie à une multiplicité d'autres appartenant à des espaces et à des temps hétérogènes : « La même pièce se joue selon un destin identique pour des myriades innombrables d'individus, si éparpillés dans le temps et l'espace qu'ils n'ont ni l'occasion de se consulter mutuellement, ni les moyens d'interagir »[3].

C'est à partir de cette expérience, quasiment sensible, que nous avons du vivant que Dewey interprète la genèse de la notion d'espèce. Partant de faits saillants de l'expérience perceptive, elle se voit octroyer une place fondamentale dans la mesure où elle permet de donner sens aux anticipations de notre perception, en indiquant les directions que pourrait prendre le vivant, en produisant des analogies entre des réalités dispersées dans l'espace et dans le temps. Elle n'épuise évidemment nullement la diversité des rapports perceptifs aux vivants, mais elle permet d'articuler un certain nombre de qualités qui nous sont données dans la perception. En ce sens, la notion d'« espèce » est avant tout une idée opératoire, un geste de pensée, une manière de relier certaines dimensions du vivant. En la plaçant sur un plan empirique, on se donne les moyens d'en retracer la genèse et d'en évaluer les effets dans l'expérience, d'en manifester les nécessités. Dewey ne nie donc nullement son extrême efficacité, comme schème opératoire, même si, comme nous le verrons, cette efficacité a un prix élevé. Ce qu'il critique, par contre, c'est d'en avoir fait une dimension

1. IDP, p. 22.
2. *Ibid.*
3. *Ibid.*

ontologique du vivant. La grande erreur, si nous voulons la nommer en une formule, est d'avoir transformé une logique en une ontologie, une opération en une essence, une mise en relation en une forme d'être. La notion d'espèce, dans son efficacité opératoire, fut transférée illégitimement dans le domaine des êtres. Elle acquit une forme d'existence à part entière et devint un étalon général des vivants. Il est difficile de savoir à quel moment exactement cette réification de la notion d'espèce fut produite, tant elle parait concomitante à l'émergence de la notion elle-même. On peut simplement relier cette question à l'une des obsessions constantes de Dewey : comment une opération scientifique, une production de l'intelligence dans ses principes actifs, acquiert-elle, illégitimement, un statut d'existence à part entière[1] ?

C'est alors toute l'expérience que nous avons des vivants qui se voit articuler dans la seule perspective de ce schème opératoire devenu catégorie ontologique. Par une sorte d'usurpation d'identité, la notion d'espèce devient à la fois principe explicatif du réel et catégorie centrale de la connaissance, rassemblant en un seul geste l'être et la connaissance.

> Le concept d'eidos, d'espèce, comme forme fixe et cause finale, était le principe fondamental de la connaissance aussi bien que celui de la nature. Sur lui reposait la logique de la science. Le changement comme changement est un simple flux et un simple écart ; il insulte l'intelligence. Au sens propre connaitre consiste à saisir la fin permanente qui se réalise à travers les changements, les retenant ainsi à l'intérieur de la mesure et des liens de la vérité fixe. Et connaitre complètement consiste à mettre en relation toutes les formes particulières avec leur fin et leur bien qui sont un et unique : l'intelligence contemplative pure[2].

1. Voir à ce sujet le premier chapitre d'*Expérience et nature*. J. Dewey écrit notamment qu'il « y a chez l'homme une tendance naturelle et originale à tout objectiver. Il prête à tout ce dont il fait l'expérience une existence indépendante des attitudes et des actes du soi. Leur "présence", leur indépendance à l'égard de l'émotion et de la volition donnent aux propriétés des choses, quelles qu'elles soient, une dimension cosmique » (J. Dewey, *Expérience et nature*, trad. fr. J. Zask, Paris, Gallimard, 2012, p. 43).

2. IDP, p. 23.

## LA DISQUALIFICATION DU SENS COMMUN

Nous nous sommes jusqu'à présent bornés à l'un des aspects de cette nouvelle logique dont Dewey se veut l'héritier. Elle se caractérise par la décision qui l'anime : placer tous les concepts, toutes les catégories, toutes les abstractions qui se présentent comme naturelles, en l'occurrence ici la notion d'espèce, sur un plan empirique à partir duquel nous pourrions en retracer la *genèse réelle*. Mais cet aspect, essentiel pour circonscrire une notion, pour en marquer l'espace de légitimité et la fonction véritable, laisse cependant en retrait un autre problème, absolument fondamental, celui des « intérêts » qui y sont associés. Ce que Dewey entend célébrer dans la nouvelle logique, et qui détermine tous les rapports que nous avons envisagés jusqu'à présent, c'est qu'elle rend indissociable la question des intérêts, des manières de se rapporter aux vivants et des modes de connaissance. Elle donne droit à une multiplicité de nouvelles questions : quelles sont les valeurs que la notion d'espèce consacre ? Quelles mises à l'épreuve, évaluations, ces valeurs ont-elles traversées pour prétendre couvrir les principaux aspects du vivant et les manières de s'y rapporter ? Quelle place la notion laisse-t-elle aux intérêts multiples, et souvent conflictuels, qui accompagnent la diversité des rapports aux vivants ? À travers ces questions, ce que la nouvelle logique rend absolument manifeste, c'est l'importance capitale, tout au long de la chaine de composition des concepts que nous mobilisons pour rendre compte de nos interactions avec les vivants, de la notion d'intérêt. Essayons de bien cerner ce point, car la distinction avec l'ancienne logique est à la fois très délicate et marque un véritable fossé, un point de rupture dont les conséquences restent encore, selon Dewey, à explorer. On la comprendrait fort mal si on s'y rapportait en reprenant, explicitement ou implicitement, les distinctions consacrées entre l'être et les valeurs que nous y associons, la connaissance et l'intérêt qui nous attachent aux objets dont nous faisons l'expérience, les faits dans leur manifestation et l'importance que nous leur attribuons. Derrière ces distinctions, nous retrouvons toujours un même geste visant à circonscrire, et par la même à réduire, l'espace des intérêts et des valeurs[1]. Extraites des

1. C'est l'un des thèmes majeurs du livre *Expérience et nature,* principalement le premier chapitre « Expérience et méthode philosophique ». Ce geste relève de ce qu'A. N. Whitehead appellera, dès *Le concept de nature,* la « bifurcation de la nature ». Je me permets de renvoyer le lecteur pour une analyse plus approfondie de l'origine et des effets de la « bifurcation de la nature », à mon livre *L'appât des possibles. Reprise de Whitehead*, Dijon, Presses du réel, 2015.

choses elles-mêmes, elles trouvent une seconde existence dans l'expérience subjective et deviennent de simples « additions psychiques »[1]. La nouvelle logique implique une rupture radicale avec le geste de réduction des intérêts à une sphère qui en limiterait le champ d'existence, que ce soit au niveau subjectif, moral ou même politique. Tout commence avec la question des intérêts : intérêts des vivants pour leurs milieux, intérêts des humains dans leurs interactions avec les non-humains, intérêts sous-jacents aux pratiques de connaissance, intérêts à l'origine de la formulation des théories pour définir un espace collectif de prise en compte des relations aux vivants.

Le concept d'espèce n'est évidemment pas exempt de telles dimensions. Sous son apparente neutralité, Dewey décèle toute une scène conflictuelle. En s'écartant des prétentions affichées du concept et en se focalisant sur sa dimension opératoire, il entend en interroger la fonction véritable, les effets et les processus de disqualification, le plus souvent imperceptibles au premier regard, qui agissent à chaque moment de sa mise en œuvre. La méthode permet ainsi d'interroger le concept d'espèce à partir de ce qu'il *fait* plutôt qu'à partir de ce qu'il *prétend* être. Dewey exprime l'une de ces disqualifications sur un mode très général qui la resitue dans le contexte de la genèse du concept d'espèce : « L'expérience humaine est changeante, de sorte que les ressources de la perception sensible et de l'inférence fondée sur l'observation sont condamnées pas avance »[2]. La notion d'espèce trouve son fondement dans cette réalité mouvante que Dewey appelle parfois l'expérience humaine, parfois l'expérience courante, et le plus souvent le « sens commun »[3]. C'est un mixte de perceptions directes, d'attentes, d'intérêts et d'idées générales. Le sens commun est ainsi en surabondance de perceptions, d'idées et de valeurs, et les sciences, loin de se constituer par rupture et opposition, y trouvent leur origine véritable et le milieu qui leur donne leur consistance. Ce que critique Dewey, et qui se trouve dans la notion d'espèce, revisitée dans la perspective de la nouvelle logique, c'est le

1. L'expression est d'A. N. Whitehead : « Nous percevons la boule de billard rouge dans son temps propre, dans son lieu propre, avec son mouvement propre, avec sa dureté propre et avec son inertie propre. Mais sa couleur rouge et sa chaleur, et ce son semblable au bruit sec d'un canon, sont des additions psychiques, c'est-à-dire des qualités secondes qui sont seulement la manière qu'a l'esprit de percevoir la nature » (A. N. Whitehead, *Le concept de nature*, trad. fr. J. Douchement, Paris, Vrin, 1998, p. 63-64).

2. IDP, p. 23.

3. J. Dewey s'expliquera plus longuement sur les relations entre sciences et sens commun notamment dans son article : J. Dewey, « Common Sense and Science : Their Respective Frames of Reference », *The Journal of Philosophy*, 45, 1948, p. 197-208.

traitement du sens commun qui subit à chacune des étapes sa mise à l'écart de plus en plus accrue jusqu'à sa disqualification finale. C'est un étrange mouvement où le sens commun, dont émane l'invention de la notion d'espèce, comme opération de mise en relation des différentes parties qui le constituaient, se trouve finalement exclu du processus de la connaissance, censée à présent le fonder et lui donner son sens véritable. Ainsi, nous « sommes directement confrontés au spectacle d'une nature en continuel changement, la nature telle qu'elle est directement et pratiquement expériencée »[1]; cette expérience est déjà marquée de connaissances diverses, d'abstractions, d'attentes, d'interprétations multiples, de relations diverses. Dans la disqualification progressive du sens commun, c'est l'ensemble de tous ces savoirs, de ces modes d'expérience variés, de ces foyers d'interprétation et de controverses qui se trouvent par là même disqualifiés, car ils ne satisfont plus aux nouvelles « conditions de la connaissance »[2]. Ce que Dewey dénonce, c'est la tension croissante, atteignant son point maximal dans l'ancienne logique, entre le sens commun et la constitution d'un savoir qui, au niveau des vivants, s'articule autour de cette abstraction opératoire, devenue illégitimement un mode d'existence à part entière, qu'est le concept d'« espèce ». C'est donc un étrange cercle que Dewey met en évidence : comment un certain rapport au sens commun fut à l'origine de la notion d'espèce pour finir par en être exclu, comme vision dégradée, secondaire, impropre à la connaissance réelle de cet artefact opératoire. Ce processus de disqualification, bien qu'il intéresse particulièrement Dewey au sujet d'un traitement du vivant, se retrouve à tous les niveaux de la connaissance : « La science est contrainte de viser des réalités qui sont à la fois en deçà et au-delà des processus de la nature, et de s'adonner à cette recherche par l'intermédiaire de formes rationnelles qui transcendent les modes ordinaires de perception et d'inférence »[3]. L'habitude de déprécier les significations et les usages présents nous empêche de regarder en face les faits de l'expérience[4]. Sous la prétention d'un pur savoir du vivant, d'une attention neutre et désintéressée, Dewey entend donc mettre en évidence une activité profondément politique : la disqualification du sens commun. C'est tout un régime de questions qui s'y joue : quelles sont les prétentions à l'œuvre pour penser le vivant ? Qui peut les faire valoir ? Quelle place donner à ces

1. IDP, p. 23.
2. *Ibid.*
3. *Ibid.*
4. IDP, p. 31.

attachements multiples, à ces intérêts hétérogènes, à ces savoir-faire implicites qui traversent de bout en bout nos expériences du vivant ?

Dewey voit dans la logique issue du darwinisme une nouvelle alliance avec le sens commun, une manière de redonner ses droits à tout ce qui jusqu'alors avait été disqualifié, un nouveau rapport avec l'expérience immédiate et une autre manière de se rapporter aux vivants. Comme l'écrit Stengers :

> Accepter la doctrine de l'évolution en un sens radical, c'est accepter que pas plus qu'il n'y a d'« espèce humaine » à l'identité fixe, il n'y a de définition stable du sens commun – un sens commun sur lequel il serait possible de fonder un consensus, ou auquel il s'agirait au contraire de résister. Le sens commun, c'est ce qui fait contrainte pour la philosophie : celle-ci se doit de refuser la liberté à laquelle s'adonnent les pensées spécialisées qui rejettent ou excluent ce qui est incompatible avec leurs présupposés et qui, le cas échéant, se glorifient de « scandaliser le sens commun » [1].

C'est tout un nouveau champ d'expérimentation politique qui s'ouvre et qui nous oblige à tenir compte de la pluralité des aspects du vivant, des valeurs qui y sont associées et de la multiplicité de nos attachements. À l'extrême généralité des pratiques de connaissances liées à la notion d'espèce, Dewey oppose une approche locale et expérimentale :

> prétendre formuler *a priori* la constitution législative de l'univers est une entreprise qui, par sa nature même, peut conduire à élaborer des développements dialectiques. Mais cela écarte également la possibilité de soumettre ces conclusions elles-mêmes à une mise à l'épreuve expérimentale, puisque, par définition, ces résultats ne produisent aucune différence dans le cours concret des événements [2].

Par cette attention au sens commun, à ce qu'il porte avec lui comme connaissance, comme modes d'expérience, aux processus de disqualification qui ont accompagné l'ancienne logique, Dewey voit les conditions d'émergence d'une nouvelle scène politique. Les questions morales et politiques ne devraient plus être situées dans une sphère secondaire, postérieure à la constitution des êtres, à laquelle les reléguait l'ancienne logique. Elles devraient à présent venir occuper tout l'espace des valeurs, en interrogeant pour chaque notion, pour chaque abstraction, pour chaque être, l'hétérogénéité des valeurs qui y sont associées. Ainsi, c'est à chaque moment de la constitution de ces dimensions du vivant que les questions

1. I. Stengers, *Civiliser la modernité ? Whitehead et les ruminations du sens commun*, Dijon, Presses du réel, 2017, p. 12.

2. IDP, p. 33.

morales et politiques se posent. En un mot, la nouvelle logique entend inverser les rapports entre l'ontologie, l'épistémologie et la politique en tentant de faire de la question des valeurs, ou plus exactement des conflits de valeurs, le point central à partir duquel interroger les principales catégories que nous mobilisons pour qualifier les vivants. Les questions morales et politiques ne suivent plus l'ontologie. Elles ne forment plus cette sphère au sein de laquelle la valeur, les relations et les hiérarchies entre les êtres pouvaient être interrogées. Elles trouvent une place centrale qui accompagne chaque moment de constitution de l'ontologie et de l'épistémologie : quelles qualités ont été attribuées à un être ? Quels attachements spécifiques y trouvent-ils par la même leur expression ? Quelles disqualifications d'une expérience est à l'œuvre dans la promotion de telles qualités ? Quels savoirs trouvent une légitimité accrue dans les manières particulières de qualifier des êtres ? Ainsi, « La nouvelle logique introduit la responsabilité dans la vie intellectuelle. Idéaliser et rationaliser l'ensemble de l'univers revient au fond à confesser notre incapacité à maitriser le cours des choses qui nous concernent spécifiquement »[1]. Donner ses droits à ce qui nous concerne spécifiquement revient à introduire le sens commun partout où il fut exclu. C'est à une nouvelle alliance entre la philosophie, les sciences et le sens commun que Dewey en appelle à travers cette nouvelle logique.

## UN ÉTRANGE PRÉCURSEUR

Je voudrais revenir, en guise de conclusion, à cet étrange constat que fait Dewey : le darwinisme serait un événement dont nous n'aurions toujours pas pris la mesure. Ce qui me parait si essentiel dans ce constat, c'est qu'il place Dewey dans une situation interstitielle, entre deux époques dont l'une n'a pas disparu et l'autre ne fait encore que s'annoncer. Traiter l'événement que représente Darwin comme l'émergence d'une nouvelle logique revient à en faire une perspective sur un changement d'époque dont les contours et les évolutions ne peuvent être envisagés pour le moment qu'à partir d'indices, de signes, d'indications plus ou moins vagues, de nouvelles possibilités qui nous engagent et entrainent Dewey à se présenter « en prophète et en partisan »[2]. Cette tâche ne peut être entreprise que collectivement, par associations locales, entre des pratiques de savoir qui

1. IDP, p. 32.
2. IDP, p. 33.

relèvent de champs aussi disparates que les sciences du vivant, l'anthropologie et les sciences sociales dans la mesure où elles tentent de renouer l'alliance rompue avec le « sens commun ». Si la philosophie a bien une place à prendre, c'est à la condition de repenser sa fonction. Elle n'a plus vocation à « idéaliser et rationaliser » au risque de produire de l'impuissance face aux enjeux réels des transformations des vivants, de leurs milieux d'existence et de leurs interactions. Elle prend une dimension à la fois plus locale et plus politique :

> Mais s'il est possible de saisir les conditions spécifiques des valeurs et les conséquences spécifiques des idées, la philosophie doit avec le temps devenir une méthode de localisation et d'interprétation des conflits les plus sérieux qui se produisent dans la vie, ainsi qu'une méthode permettant de projeter des manières d'y faire face : une méthode de diagnostics et de pronostics moraux et politiques [1].

Cette philosophie à construire qui redonnerait ses droits au sens commun et qui, plutôt que fonder la connaissance et l'expérience, chercherait à établir les cadres à partir desquels des débats collectifs sur les valeurs qui animent nos expériences pourraient avoir lieu, est l'une des formes possibles du pragmatisme dont Darwin, par un étrange mouvement, devient l'un des précurseurs.

Didier DEBAISE
Fonds National de la Recherche Scientifique (FNRS)
Université Libre de Bruxelles

1. IDP, p. 32-33.

## ÉVOLUTION, ADAPTATION ET AUTOMATISATION. LA RÉVOLUTION DARWINIENNE SELON NIETZSCHE ET DEWEY

On l'entend de toutes parts : « Pour évoluer, il faut s'adapter ». En un peu plus de deux siècles, cette injonction a conquis tous les champs, de la vie biologique à la vie humaine. Transitant de la biologie vers la psychologie, et de la psychologie vers les sciences sociales, elle a même contribué, à partir des années 1930, à l'émergence d'un nouveau libéralisme, assorti d'une nouvelle forme de démocratie, se donnant pour objectif de réadapter des populations jugées trop statiques, trop lentes et trop fermées sur elles-mêmes aux impératifs d'une économie ouverte et mondialisée, marquée par l'accélération exponentielle du rythme du changement[1]. Or, à côté de cette hégémonie sans partage, une discussion s'est progressivement imposée, parmi les meilleurs biologistes de l'évolution, sur la place réelle de l'adaptation dans l'évolution, certains allant jusqu'à refuser, au nom de l'évolution elle-même, les outrances de l'adaptationnisme en biologie[2]. Dans le contexte de cette discussion, il est important de se souvenir que les grandes philosophies de la vie qui furent contemporaines de la révolution darwinienne (Nietzsche pour la philosophie allemande, Bergson et Canguilhem pour la philosophie française, William James et John Dewey pour le pragmatisme américain) proposèrent en leur temps des outils critiques contre la notion d'adaptation qui, loin d'être rendus obsolètes par les dernières avancées de la biologie, pourraient se révéler très efficaces

1. Sur l'émergence de ce nouveau libéralisme et de cette nouvelle forme de démocratie dans leur relation à la théorie de l'évolution, voir mon ouvrage « *Il faut s'adapter* ». *Sur un nouvel impératif politique*, Paris, Gallimard, 2019.

2. *Cf.* S. J. Gould et R. Lewontin, « The Spandrels of San Marco and the Panglossian Paradigm : A Critique of The Adaptationnist Programme », *Proceedings of the Royal Society of London*, 205/1161, 1979, p. 581-598.

pour résister à la nouvelle injonction. Pour Nietzsche, Bergson ou Dewey en effet, la vie n'évolue pas essentiellement par adaptation. Si leur conception de la vie et de l'évolution diffèrent profondément les unes des autres, si leur lecture de Darwin et leur interprétation de la révolution darwinienne divergent radicalement entre elles, tous trois s'accordent au moins sur deux points. Le premier, c'est que le darwinisme a déclenché une véritable révolution, dont la philosophie a pour tâche de tirer toutes les conséquences. Le second, c'est que cette révolution ne signifie nullement que la vie évolue essentiellement par l'adaptation des vivants aux impératifs que leur dicterait l'environnement. Derrière cette adaptation passive des organismes aux conditions de l'environnement, largement valorisée par le darwinisme dominant, se dissimule selon eux l'ensemble des situations conflictuelles d'inadaptation où se cachent les véritables ressorts de l'évolution : la volonté de puissance pour Nietzsche, l'élan vital pour Bergson, l'intelligence et son enquête sur les valeurs pour Dewey. Que dit la biologie contemporaine de ces propositions? Jusqu'à quel point peuvent-elles être mobilisées pour construire une alternative philosophique et biologique à l'adaptationnisme dominant? Je me concentrerai ici sur deux conceptions philosophiques de l'évolution que tout semble opposer mais qu'on peut en réalité, jusqu'à un certain point, articuler entre elles : celle de Nietzsche d'abord, qui conteste purement et simplement la notion darwinienne d'adaptation. Celle de Dewey ensuite qui, tout en paraissant reprendre à son propre compte l'adaptation darwinienne, lui donne une signification profondément nouvelle, qui accorde comme Nietzsche, et dans le sillage de Hegel, une place centrale à l'inadaptation et au conflit.

Bien plus clairement que Dewey, Nietzsche entend débarrasser la révolution darwinienne de certaines erreurs de Darwin lui-même, à commencer par celle de l'adaptation : « L'influence des “circonstances extérieures” est surestimée jusqu'à l'absurde chez Darwin : l'essentiel du processus vital est justement cette énorme puissance formatrice qui, à partir de l'intérieur, est créatrice de forme »[1]. Mais en affirmant que l'environnement est transformé par le vivant, Nietzsche n'abandonne pas tout à fait le concept d'adaptation : il cherche plutôt à en inverser le sens. Ce n'est jamais l'être vivant qui, comme chez Darwin, est bien ou mal adapté, c'est au contraire le milieu qui s'adapte ou se soumet plus ou moins bien au vivant : « La vie n'est *pas* adaptation des conditions internes aux conditions externes, mais volonté de puissance qui, de l'intérieur, se soumet et s'incorpore toujours

1. FP XII, 7 [25] (trad. mod.).

plus d'"extérieur"»[1]. On retrouvera ce retournement du sens de l'adaptation (par lequel on passe de l'adaptation du vivant aux contraintes de l'environnement à l'adaptation de l'environnement aux exigences du vivant lui-même) à la fois chez James et Dewey, mais aussi chez l'un des meilleurs disciples de Nietzsche, le «nietzschéen sans carte» Georges Canguilhem[2], pour qui l'homme technicien, loin de faire exception parmi les vivants, révèle que toute vie commence par transformer activement son milieu: «La vitalité organique s'épanouit chez l'homme en plasticité technique et en avidité de domination du milieu»[3]. Or, certains biologistes contemporains confirmeront cette critique de l'adaptation darwinienne et iront même jusqu'à disqualifier l'idée d'adaptation, à leurs yeux inessentielle pour comprendre le véritable sens de la révolution darwinienne. Ainsi, pour Richard Lewontin et Richard Levins: «la métaphore de l'adaptation est du pur cartésianisme»[4], car elle suppose que l'environnement et l'organisme soient, comme le sujet et l'objet, compris comme deux entités séparées. Dans la conception courante de l'adaptation en effet, l'organisme est interprété exactement comme un objet, censé subir les changements autonomes d'un environnement qui serait le seul opérateur de la sélection naturelle et, à ce titre, le seul sujet véritablement actif de l'évolution. Une telle conception fait de la vie en général, et de l'organisme en particulier, un objet passif. À cette conception passive de l'adaptation, Levins et Lewontin opposent la thèse d'une construction active de l'environnement par l'organisme lui-même:

> l'incorporation de l'organisme comme sujet actif de sa propre ontogénie dans la construction de son propre environnement conduit à une relation dialectique complexe dans la triade entre gène, environnement et organisme. [...] [L]'organisme est en partie fait par l'interaction des gènes et de l'environnement, mais l'organisme fait son environnement et donc participe à nouveau à sa propre construction. Finalement, l'organisme, dans la mesure où il se développe, construit un environnement qui est une condition de sa survie et de sa reproduction, définit les conditions de la sélection naturelle. Ainsi, l'organisme influence sa propre évolution, en étant à la fois l'objet de la sélection naturelle et le créateur des conditions de cette sélection. La séparation darwinienne de l'ontogénie et de la

1. FP XII, 7 [9].

2. Expression de Canguilhem citée par M. Fichant dans *Georges Canguilhem. Philosophe, historien des sciences*, Paris, Albin Michel, 1993, p. 48.

3. G. Canguilhem, *Le normal et le pathologique*, Paris, P.U.F., 1993, p. 133.

4. R. Levins et R. Lewontin, *The Dialectical Biologist*, Cambridge (Mass.)-London, Harvard UP, 1985, p. 3.

> phylogénie était une étape nécessaire pour s'affranchir du modèle transformiste lamarckien. Mais aujourd'hui, on ne peut pas compléter le darwinisme sans dépasser cette séparation et considérer l'organisme à la fois comme un objet et comme un sujet[1].

Ce que l'on comprend en effet aujourd'hui, c'est que l'évolution ne se joue pas seulement à l'échelle phylogénétique de l'action sélective de l'environnement sur les gènes, ce qui risquerait, comme le disait déjà Nietzsche, de « surestimer les circonstances extérieures jusqu'à l'absurde ». Elle se joue tout autant à l'échelle ontogénétique des organismes et de leur transformation active des environnements, confirmant la thèse nietzschéenne d'une « énorme puissance formatrice qui, à partir de l'intérieur, est créatrice de forme ».

Ce refus de couper la biologie en deux, en une biologie de l'évolution qui croit pouvoir se donner des organismes déjà faits, conçus comme les produits passifs de la sélection naturelle, et une biologie fonctionnelle s'intéressant à ce qui se joue activement dans et par les organismes eux-mêmes, domine également la conception nietzschéenne du vivant, et ce d'autant plus aisément qu'elle s'est constituée quelques années avant la coupure entre lignée germinale et lignée somatique qui, avec Weismann, conduira à remettre en cause l'hérédité des caractères acquis et à imposer une frontière étanche entre les questions de la théorie de l'évolution et celles de la physiologie. Or, à l'heure où cette frontière se complique, il redevient utile de lire l'un des biologistes qui a le plus inspiré Nietzsche pour passer de l'évolution à la physiologie et de la physiologie à l'évolution : l'embryologiste allemand Wilhelm Roux, auquel Nietzsche reprend l'idée que l'organisme biologique ne peut pas être une unité atomique simple et déjà donnée. À ce modèle atomiste hérité de la physique et auquel Darwin est toujours resté attaché, refusant d'envisager la sélection à un autre niveau que celui des organismes, Wilhelm Roux oppose que l'essentiel se joue, non seulement entre les organismes et leur environnement, mais à l'intérieur des organismes, dans une « lutte *interne* » entre la pluralité des cellules, des tissus, des organes, etc., qui composent un corps vivant[2]. La *Lutte des parties dans l'organisme* vise moins en effet à décrire, comme chez Darwin, la « lutte pour l'existence » entre atomes individuels que l'auto-organisation hiérarchique et toujours différenciée d'une pluralité de forces en conflit, par lesquelles l'organisme s'organise

1. R. Levins et R. Lewontin, *The Dialectical Biologist*, *op. cit.*, p. 105-106.

2. W. Roux, *La lutte des parties dans l'organisme*, trad. fr. L. Cohort, S. Danizet-Bechet, A.-L. Pasco-Saligny et C. Thébault, Paris, Éditions Matériologiques, 2012.

et l'individu accomplit lui-même le procès de son individuation. Dans le modèle darwinien de la sélection, les organismes atomiques s'éliminent les uns les autres en vue de la conservation, lutte qui produit graduellement une adaptation toujours plus optimale des organismes aux conditions extérieures. Dans la conception de la lutte et de la sélection promue par Roux, les forces intra-organiques luttent entre elles, moins pour s'éliminer les unes les autres, que pour s'imposer les unes aux autres des rapports hiérarchiques de commandement et d'obéissance, créant un ordre supérieur et une coopération collective. C'est justement cette représentation de l'organisme comme conflit hiérarchique interne, ou pluralité en lutte avec elle-même, qui a inspiré Nietzsche dans sa conception du corps comme volonté de puissance[1].

Or il se trouve que le paléontologue Stephen Jay Gould, un autre grand théoricien de l'évolution, proche de Richard Lewontin et de sa critique dialectique du darwinisme dominant, a souligné lui aussi l'importance des apports de Wilhelm Roux pour la théorie de l'évolution. Car c'est avec l'hypothèse de Roux, d'après Gould, qu'il devient pour la première fois possible d'envisager, contre Darwin, une sélection naturelle qui n'opère plus seulement au niveau des organismes, mais qui agit aussi au niveau intra-organique des organes, des tissus, des cellules et, plus tard, des gènes eux-mêmes, ouvrant la voie à une sélection opérant au niveau supra-organique des groupes : des dèmes, des espèces, des clades, etc.[2]. Or, il s'agit là d'un jalon essentiel pour ce que Gould appelle la « théorie hiérarchique de l'évolution » et de ses multiples niveaux d'interaction, confortant une compréhension anti-réductionniste de l'organisme et une interprétation non déterministe de la causalité biologique :

> à la place du modèle darwinien de sélection intervenant exclusivement au niveau des organismes, de façon unique et en l'absence de toute autre interaction, d'une chaîne de causalité empruntant l'unique direction de l'extérieur du milieu à l'intérieur de l'organisme [...], nous mettons aujourd'hui en avant une théorie sélectionniste hiérarchique procédant à de multiples niveaux interagissant [et] une chaîne de causalité bidirectionnelle prenant en compte simultanément [...] la sélection externe et les contraintes internes[3].

1. Sur ce point, voir B. Stiegler, *Nietzsche et la biologie*, Paris, P.U.F., 2001 et W. Müller-Lauter, *Physiologie de la volonté de puissance*, éd. et trad. fr. J. Champeaux, P. Wotling, Paris, Allia, 1998.

2. S. J. Gould, *La structure de la théorie de l'évolution*, Paris, Gallimard, 2006, p. 299 *sq*.

3. *Ibid.*, p. 50.

En valorisant ainsi les propositions hétérodoxes de Wilhelm Roux, le darwinisme contemporain renforce la conception hiérarchique que Nietzsche se fait déjà du corps vivant et de son évolution, tout en validant sa critique de l'adaptation passive des organismes aux contraintes de l'environnement comme unique opérateur de la sélection.

Dans son introduction à l'édition française de l'ouvrage de Wilhelm Roux, Thomas Heams va plus loin encore que Gould, considérant que la *Lutte des parties dans l'organisme* jette un pont historique entre la physiologie et la biologie de l'évolution. Or, ce pont reste largement à construire, et nous allons voir maintenant qu'une telle tâche suppose d'abattre une muraille qui a longuement séparé les deux versants de la biologie. Thomas Heams explique très bien pourquoi c'est l'idée dominante de programme génétique, codant des informations auquel l'organisme se contente d'obéir qui, au-delà de Weismann, a renforcé cette frontière étanche, empêchant toute extension d'une approche darwinienne des phénomènes physiologiques. Car si, comme le pense la théorie dominante, les processus physiologiques se bornent à obéir aux instructions d'un programme, pourquoi envisager quelque chose comme une lutte, une compétition ou un conflit à l'intérieur des organismes ? C'est par ce raisonnement que l'idée de « programme génétique » et la théorie de l'information qui la sous-tend ont contribué à durcir la partition que Weismann avait commencé à ériger entre les deux versants de la biologie. Or, la biologie des organismes est aujourd'hui au pied du mur. Que cela lui plaise ou non, elle est obligée de tenir compte « d'un champ de recherche émergeant : celui de la stochasticité de l'expression des gènes, dont on reconnaît de plus en plus qu'elle ne se produit pas de manière déterminée comme un ordinateur suivrait un programme ». Embarrassée par ces processus stochastiques, la théorie dominante tente d'interpréter ce phénomène comme une déviance qui n'aurait rien de significatif, le considérant soit « comme un “bruit” inévitable, soit comme la survenue de comportement “voyous”, coupable de transcription “illégitime” ou “infidèle” par rapport aux déterminations du programme ». Or, comme le rappelle Thomas Heams, d'immenses champs de la physiologie ont démontré que cette attitude n'était plus tenable. L'immunologie a été la première (dès les années 1950) à contester le « dogme central de la biologie moléculaire », en montrant qu'une protéine pouvait à son tour transmettre une information à un gène. Les neurosciences (à partir des années 1970) ont elles aussi montré que le système neuronal s'était échafaudé plutôt par le comportement exploratoire des cellules, cette variabilité étant soumise ensuite à des processus de sélection, que par l'exécution d'un programme. L'embryologie enfin a généralisé ce type d'approche à l'ensemble des processus de développement. L'idée darwinienne s'est donc répandue partout, avec l'espoir de dégager, sinon une loi générale de la biologie, du moins une articulation entre ses deux versants. L'ouvrage de Roux est la première tentative en ce sens, d'où son très grand intérêt d'après Heams, qui dépasse largement l'hommage que lui rend Gould.

Dans ce contexte nouveau, que peut nous apporter l'usage épistémologique que Nietzsche et Gould font des hypothèses de Wilhelm Roux? Si l'évolution par sélection opère, comme le pense Gould, par une structure hiérarchique, plutôt que sur un organisme passif compris comme le matériau isotrope de la sélection, on peut supposer que les processus de sélections intra-organiques opèrent, eux aussi, à une multiplicité de niveaux (gènes, cellules, tissus, organes, etc.) interagissant librement entre eux. Car si la sélection s'exerce dans une organisation en interaction, plutôt que sur le matériau homogène des petites variations aléatoires, il semble difficile d'appréhender la sélection intra-organique sur le modèle physique d'un système complexe en mouvement, susceptible d'une modélisation probabiliste. La complexité de l'organisme n'est pas celle d'un gaz, dont les propriétés émergeraient de comportements stochastiques modélisables par les probabilités. Ne se contentant pas d'être com-plexe (c'est-à-dire littéralement : pleine de plis et de replis), elle est aussi organisée, structurée par un ensemble architectural de formes, de niveaux et de lignes singulières, sculptée par sa propre histoire et qui lui confèrent son individualité. Ces structures ne sont ni un bruit dépourvu de sens, ni une masse stochastique modélisable : elles sont la trace visible des rapports de pouvoir et des contraintes qui se sont tissés dans l'histoire conflictuelle des organismes, pleine de retournements imprévisibles et capricieux. Aussi faut-il préférer une approche évolutive plus globale des organismes à un strict « sélectionnisme », qui risque d'oublier le poids des contraintes architecturales (l'ensemble ce que Stephen Jay Gould et Richard Lewontin appellent les « *spandrels* »)[1] et l'histoire imprévisible des retournements interprétatifs (ce que Stephen Jay Gould et Elisabeth Vrba appellent les « exaptations »), par lesquels une première adaptation peut à tout moment changer totalement de sens et de fonction[2].

1. Dans S. J. Gould et R. Lewontin, « The Spandrels of San Marco and The Panglossian Paradigm : a Critique of The Adaptationnist Programme », *op. cit.*

2. S. J. Gould et E. Vrba, « Exaptation – A Missing Term in The Science of Form », *Paleobiology*, 1982, 8/1, p. 4-15.

Or, il se trouve que Gould a rédigé une vingtaine de pages, aussi saisissantes que méconnues, dans lesquelles il démontre que Nietzsche, dans la *Généalogie de la morale*, a annoncé à la fois sa théorie des *spandrels* et celle des exaptations[1]. Pour Gould, le paragraphe 12 de la seconde dissertation de *La généalogie de la morale* est en effet « la meilleure introduction [...] pour faire ressortir l'importance théorique des spandrels et de l'exaptation qui rééquilibre le poids des contraintes et celui de l'adaptation dans la théorie de l'évolution »[2]. Car c'est bien en effet l'adaptation et, avec elle, l'utilitarisme grossier des darwiniens et des moralistes anglais que Nietzsche vise dans ce texte :

> On a beau comprendre *l'utilité* d'un organe physiologique [...], on n'a pour autant rien compris encore à sa naissance : pour gênant et désagréable que cela soit à de vieilles oreilles – de tout temps en effet on a cru que la finalité démontrable, l'utilité d'une chose, d'une forme, d'une institution, était aussi la raison de leur naissance : l'œil aurait été fait pour voir, la main pour saisir [...]. Sous la pression de cette idiosyncrasie, on met au premier plan « l'adaptation », c'est-à-dire une activité secondaire, une simple réactivité, on en vient à définir la vie même comme une adaptation interne, toujours plus adéquate, à des circonstances extérieures[3].

Un siècle avant le célèbre article de Gould et Lewontin contre l'adaptationnisme, Nietzsche montre que l'évolutionnisme contemporain, obnubilé par la recherche de l'utilité, de la fonction et de l'adaptation des organismes à leur milieu, reste prisonnier des modèles (« panglossiens » diront Gould et Lewontin) du progrès, de la rationalisation et de l'optimisation économique : « L'"évolution" d'une chose, d'un usage, d'un organe n'est donc rien moins que son progrès vers un but, encore moins un progrès logique et prenant le chemin le plus court, avec un minimum de dépense de forces et au moindre coût ».

Or, de tels biais empêchent la théorie de l'évolution de saisir l'évolution elle-même. Au lieu de décrire l'histoire réelle d'un organisme, et avec elle l'épaisseur complexe de son passé, elle ne retient de lui que ses fonctionnalités présentes. Comme dans la critique bergsonienne de l'évolutionnisme de Spencer et plus généralement du concept darwinien d'adaptation, le paradoxe est qu'elle croit pouvoir décrire l'évolution de la vie

1. Pour un commentaire plus détaillé de ces pages, je renvoie à mon article « L'hommage de Stephen Jay Gould à l'évolutionnisme de Nietzsche », *Dialogue*, 53/3, 2015, p. 409-453.

2. S. J. Gould, *La structure de la théorie de l'évolution*, *op. cit.*, p. 78.

3. F. Nietzsche, *Généalogie de la morale*, II, § 12 (trad. mod.), dans *Œuvres philosophiques complètes*, éd. G. Colli et M. Montinari, Paris, Gallimard, 1968-1997.

sans tenir compte de son histoire, en enfermant les organismes dans le pur présent fonctionnel et sans durée de l'adaptation[1]. Or l'histoire de la vie consiste, non pas en une optimisation continue de l'adaptation, mais bien plutôt en une série de détournements imprévisibles de fonctions anciennes vers des usages nouveaux. Pour Gould, le caractère massif de ces détournements de fonction confirme le « principe cardinal » de Nietzsche, qu'il appelle aussi « le principe de Nietzsche-Darwin du changement capricieux de fonction »[2]. Car Gould rappelle alors, contre le darwinisme dogmatique que Nietzsche a également en ligne de mire, que certains chapitres de *L'Origine des espèces* tempèrent la puissance explicative du modèle de la sélection naturelle en montrant que d'autres processus sont à l'œuvre dans l'histoire du vivant. De ce point de vue, et même pour le père fondateur de la sélection naturelle, l'utilité actuelle d'un trait ne nous dit jamais rien de clair sur son origine. Comme Darwin le montre lui-même avec force détails, cette utilité peut être ce que Elisabeth Vrba et Stephen Jay Gould proposent d'appeler une « exaptation » : le détournement libre, imprévisible et inventif d'une ancienne fonction, dont elle a complètement changé le sens adaptatif[3].

Tandis que la plupart des évolutionnistes comprennent le temps de l'évolution à partir de la logique cumulative et rationnelle de l'optimisation, ce qui selon Gould dénote leur dépendance à « l'esprit du temps » de l'Angleterre victorienne et du capitalisme triomphant[4], Nietzsche révèle que le temps véritable qui structure les processus évolutifs est celui discontinu du conflit, dans lequel les multiples couches du passé et du présent sont en tension réciproque les unes avec les autres. C'est cette attention à la dimension intrinsèquement conflictuelle de la temporalité évolutive, dont aucune « loi de la nature » ne pourra jamais prédire l'issue, qui permet de sauver le flux de l'évolution de toute fixation de son sens par nos besoins intellectuels. Car « si la forme est fluide, le "sens" l'est encore plus… »[5]. Pour Nietzsche, comme pour Gould et Lewontin, le darwinisme

1. H. Bergson, *L'évolution créatrice*, Paris, P.U.F., 1941.

2. S. J. Gould, *La structure de la théorie de l'évolution, op. cit.*, p. 1719 (trad. mod.).

3. Voir C. Darwin, *L'Origine des espèces*, trad. fr. E. Barbier revue par D. Becquemont, Paris, Flammarion, 1992, p. 248 : « L'exemple de la vessie natatoire chez les poissons est excellent, en ce sens qu'il nous démontre clairement le fait important qu'un organe primitivement construit dans un but distinct, c'est-à-dire pour faire flotter l'animal, peut se convertir en un organe ayant une fonction très différente, c'est-à-dire la respiration ».

4. S. J. Gould, *La structure de la théorie de l'évolution, op. cit.*, p. 217 et p. 648.

5. F. Nietzsche, *Généalogie de la morale*, II, § 12, dans *Œuvres philosophiques complètes, op. cit.*

orthodoxe, en transformant l'évolution en un vaste processus de capitalisation adaptative, en a au contraire figé le sens, reconduisant inconsciemment le *telos* panglossien du progrès et, avec lui, le programme d'une soumission du vivant à des procédures automatisées d'optimisation par le calcul.

Contre ce programme, Nietzsche soutient que l'évolution du vivant n'a pas attendu l'apparition des cultures humaines pour qu'une multiplicité de forces interprétatives se déploient librement les unes contre les autres, transformant continuellement le sens, la fonction et le but de chaque organe, de chaque trait, de chaque structure héritée du passé :

> Si la forme est fluide, le « sens » l'est encore plus... Même dans un organisme individuel, il n'en va pas autrement : à chaque croissance essentielle de l'ensemble, le « sens » des organes individuels se déplace [...] l'essence de la vie, sa *volonté de puissance*, [c'est] la prééminence de principe des forces spontanées, celles qui attaquent, qui envahissent, qui ré-interprètent, qui re-dirigent et qui donnent forme, dont « l'adaptation » ne fait que suivre les effets[1].

De la même façon, lorsque Gould et Vrba décrivent l'exaptation comme une « cooptation », c'est pour indiquer que les changements capricieux de fonction ne sont pas les choix de la « Sélection naturelle », comprise comme une instance personnelle, mais ceux d'une multiplicité d'agents évolutifs qui « co-optent », au sens où ils choisissent ensemble un dispositif antérieur auquel ils parviennent à imprimer ensemble une signification nouvelle. Comme la volonté de puissance, toute cooptation exaptative est une adoption, une appropriation ou une incorporation du nouveau par l'ancien, et de l'ancien par le nouveau, qui engage nécessairement une pluralité de forces en tension. Contre le pansélectionnisme de la théorie de l'évolution, il s'agit de montrer que la vie n'est pas, selon l'expression de Gould lui-même, une « pâte molle » modelée par les contraintes externes de l'adaptation au milieu : « La matière organique n'est pas une pâte molle, et la sélection naturelle n'est pas toute-puissante »[2]. Tout événement organique engage au contraire une multiplicité de forces actives, formatrices et interprétatives, qui, pour parler comme Gould, « cooptent » et « détournent » librement les fonctions anciennes pour en inventer de nouvelles.

1. F. Nietzsche, *Généalogie de la morale*, II, § 12.

2. S. J. Gould, *Quand les poules auront des dents*, trad. fr. M.-F. De Paloméra, Paris, Seuil, 1991, p. 182.

Sans l'avoir mesuré clairement lui-même, Gould ouvre ainsi la voie à une interprétation renouvelée de la volonté de puissance, et ce en dépit de son propre embarras devant cette notion étrange, mobilisant les vieux concepts de « puissance » et de « volonté ». Car, contrairement à ce qu'il déclare craindre dans son commentaire, la notion nietzschéenne de « volonté de puissance » ne se réduit nullement à affirmer l'existence d'une « source première » (*primary source*)[1]. Loin de s'identifier à une force qui serait la cause première de toute évolution, la volonté de puissance saisie au fil conducteur de l'évolution organique désigne bien plutôt l'ensemble des rapports complexes et conflictuels qui se nouent sans arrêt entre l'ancien et le nouveau et, plus précisément, entre les multiples couches de signification héritées du passé et le continuel remaniement de ces dépôts sémiotiques par le présent[2]. Du point de vue de la biologie de l'évolution, elle montre que c'est cette conflictualité intrinsèque, bien plus que les réquisits adaptatifs et prévisibles de la sélection naturelle, qui guide les changements évolutifs et qui ouvre à la vie un avenir à la fois créateur, inventif et imprévisible. Et c'est précisément ce que Gould salue dans la conception nietzschéenne de l'évolution. À la lumière de la vie comme volonté de puissance, l'adaptation et la sélection par les contraintes de l'environnement n'apparaissent plus comme les ressorts uniques et principaux de l'évolution : la thèse de Nietzsche « met véritablement en question la mécanique darwinienne et le guidage fonctionnaliste du changement évolutif [...] car un trait ayant actuellement un statut adaptatif a très bien pu apparaître pour des raisons non adaptatives chez une forme ancestrale »[3].

Lorsque Nietzsche décrit l'organisme comme une pluralité de forces actives et en conflit, ce n'est donc pas pour prêter aux organes, aux tissus et aux cellules une volonté anthropomorphe. C'est pour révéler, contre le darwinisme qui cherche à réduire l'organisme à une matière passive et isomorphe soumise aux impératifs de l'adaptation, ce que Gould appellera de son côté les « flux multidirectionnels d'influence » ou les « multiples niveaux interagissant »[4] qui caractérisent la complexité hiérarchique de l'histoire évolutive. En lieu et place de la sélection naturelle, comprise

1. S. J. Gould, *La structure de la théorie de l'évolution*, *op. cit.*, p. 1699 (trad. mod.).

2. Pour cette interprétation de la volonté de puissance comme tension entre l'ancien et le nouveau, voir B. Stiegler, *Nietzsche et la biologie*, *op. cit.*, chap. II : « La volonté de puissance au fil conducteur de l'organisme ».

3. S. J. Gould, *La structure de la théorie de l'évolution*, *op. cit.*, p. 1742.

4. *Ibid.*, p. 31-32 et p. 48, 50 (trad. mod.).

comme l'unique « force primordiale créatrice [...] de nouveautés évolutives »[1], la théorie de l'évolution doit prendre en compte le flux complexe d'une multiplicité de forces, qui s'influencent réciproquement les unes les autres, luttent les unes contre les autres et se coordonnent entre elles. Ici encore, la critique par Gould de l'hégémonie darwinienne de la sélection naturelle, considérée comme l'unique agent causal de l'évolution, et l'idée concomitante de relations hiérarchiques d'influence et d'interaction entre les multiples agents de la complexité organique, redonne une légitimité inattendue à l'évolutionnisme de Nietzsche et à son hypothèse pluraliste de la volonté de puissance. À travers le conflit entre néo-darwinisme orthodoxe et darwinisme révisé et revivifié par la généalogie nietzschéenne, ce sont deux acceptions de la révolution darwinienne, mais aussi deux conceptions de la contingence qui s'affrontent : d'un côté le hasard brut et mathématisable des phénomènes stochastiques, ouvrant la voie à une conception automatisée du vivant et, de l'autre, l'affirmation d'une liberté créatrice des vivants qui ne cessent de se réorganiser en réinterprétant activement leur propre histoire. Au lieu de s'exercer simplement sur un ensemble *complexe*, fait d'un matériau brut et homogène se développant « au hasard » (même si cette dimension existe et a son importance), l'évolution selon Nietzsche et Gould implique aussi une constante *organisation* : une multiplicité de forces en tension, qui s'interprètent « librement » les unes les autres.

On a souvent reproché à l'idée de programme et aux notions connexes d'information et d'instruction de mobiliser des notions anthropomorphiques ayant trait à l'écriture et au langage humain. À certains égards, Roux, Nietzsche et Gould semblent aller plus loin encore dans cette direction. Le programme, censé être écrit à l'avance et une fois pour toutes, cède la place à un palimpseste de significations où ce qui est écrit est sans cesse réécrit par de nouveaux interprètes. L'information et le codage, dont le contenu est censé être univoque, transparent et unilinéaire, cèdent la place à une communication interactive et conflictuelle, à une immense concertation contradictoire où ceux qui obéissent écoutent les ordres de ceux qui commandent tout en continuant à leur résister, et où ceux qui commandent éprouvent et entendent à leur tour cette résistance, toujours sur le point de transformer la hiérarchie de l'ensemble et d'en retourner les relations de pouvoir. À chaque fois, le modèle de l'automatisme et de la machine qui domine les théories de l'information doit céder la place à une tout autre interprétation de l'écriture et du langage, impliquant la liberté

1. S. J. Gould, *La structure de la théorie de l'évolution*, *op. cit.*, p. 20 et p. 32 (trad. mod.).

herméneutique et normative de tous les niveaux du vivant. On aboutit ainsi à l'hypothèse audacieuse que ce qui permet d'articuler les deux versants de la biologie, c'est la nature historique des êtres vivants comprise comme l'immense palimpseste de leur activité sémiotique et herméneutique, révélant – en lieu et place d'un programme déterministe – leur capacité à écrire et à réécrire *librement et ensemble* leur propre histoire.

Librement et ensemble, car avec l'hypothèse de la volonté de puissance, Nietzsche s'est employé à montrer que cette liberté ne devait surtout pas s'entendre sur le mode métaphysique et solipsiste du « libre-arbitre ». En s'appuyant sur Wilhelm Roux, il a cherché à montrer que les forces libres et spontanées des êtres vivants ne pouvaient s'exercer qu'à la mesure de leur irritabilité : de leur capacité à être affectés par les interprétations des autres membres de leur collectivité, qu'ils étaient obligés d'entendre, d'écouter, d'adopter, de refuser, de critiquer ou de réfuter. Bref que la véritable liberté, celle qui se conquiert dans et par l'hétéro-affection, commençait bien avant la vie humaine, et que la capacité à être affecté par les traces du passé et par le palimpseste de leurs multiples interprétations, commençait bien avant l'ère dite « historique », celle des sociétés humaines possédant l'écriture – ceci justifiant d'ailleurs que nous parlions d'« histoire de la vie » au sens fort du terme, impliquant un développement biologique de l'histoire et de l'historicité bien antérieur à l'invention des premiers systèmes humains de codification et d'écriture. Loin que l'évolution s'opère uniquement par adaptation des organismes aux contraintes de l'environnement, ou même par adaptation des environnements eux-mêmes aux exigences des organismes, Nietzsche cherche le moteur de l'évolution du côté du conflit entre la pluralité des perspectives et des interprétations, conflit impliquant un effort continu des vivants pour organiser, de manière cohérente, leurs propres contradictions.

À première vue, John Dewey semble avoir soutenu, avec William James, une position diamétralement opposée. Reprenant à son propre compte les notions darwiniennes d'utilité et d'adaptation disqualifiées par Nietzsche, le pragmatisme américain semble avoir annexé la totalité des activités vitales, y compris humaines, à la logique utilitaire de l'adaptation, ce qui aura d'ailleurs un impact décisif sur la psychologie expérimentale et sur les sciences de l'éducation, éclairant en partie l'injonction contemporaine à s'adapter qui s'est progressivement imposée dans tous les champs de la vie humaine, le domaine de l'éducation et du travail s'étendant progressivement aux champs économique, social et politique[1]. Ainsi peut-on lire, dans les fameuses leçons de William James sur *Le pragmatisme*, que « Darwin nous a fait découvrir la capacité des événements fortuits à produire des résultats "adaptés", pourvu qu'ils aient le temps de s'additionner les uns aux autres »[2]. Aussi est-ce bien, semble-t-il, sous l'égide du darwinisme et de son adaptationnisme qu'il faut comprendre « l'hypothèse pragmatique [de James mais aussi de Dewey] selon laquelle nos théories sont des *instruments*, des moyens que l'esprit trouve pour *s'adapter* à la réalité »[3]. Or, nous allons voir maintenant que la conception très subtile que les pragmatistes se font de l'évolution et de ses processus d'adaptation recoupe certaines hypothèses critiques de Nietzsche et du darwinisme contemporain contre l'adaptationnisme dominant. Loin de réduire, comme on le croit souvent, toute évolution à une logique adaptative qui s'opérerait automatiquement, de manière cumulative, continue et graduelle, les pragmatistes soutiennent au contraire, comme Nietzsche, mais aussi comme Gould, Levins et Lewontin, que l'inadaptation, la rupture et le conflit jouent un rôle central dans l'évolution. Pour le montrer, je m'attacherai à relire de près le livre de Dewey sur *L'influence de Darwin sur la philosophie*, en soulignant sa proximité remarquable avec les hypothèses de Richard Levins et Richard Lewontin dans leur ouvrage sur la biologie dialectique. À côté de la filiation entre le darwinisme révisé de Stephen Jay Gould et sa valorisation nietzschéenne de la discontinuité et du conflit, on verra en effet que la biologie de Levins et Lewontin se réfère à la même source que celle qui inspire l'évolutionnisme de John Dewey : à la dialectique hégélienne qui valorise elle aussi, quoique de façon très différente, le négatif et le conflit.

En quel sens la philosophie de Dewey est-elle « darwinienne » ? Avec William James et avec le tournant fonctionnaliste qu'il a su imposer à la psychologie, Dewey soutient, je l'ai rappelé, que pour comprendre la genèse de la connaissance, il faut la resituer dans le contexte de l'histoire de la vie comme l'une des fonctions élaborées par l'animal humain pour s'adapter à son environnement – tournant qui fait immanquablement s'effondrer, d'après lui, tous les principes fondateurs de la philosophie depuis deux mille ans. Tel est le sens complet du titre de l'ouvrage : *L'influence de Darwin ou du darwinisme sur la philosophie* consiste,

1. Sur le sens pragmatiste de l'adaptation, voir « *Il faut s'adapter* ». *Sur un nouvel impératif politique*, *op. cit.*, chap. III.

2. W. James, *Le pragmatisme*, trad. fr. N. Ferron, Paris, Flammarion, 2007, p. 160.

3. *Ibid.*, p. 221. Rappelons que *Le pragmatisme* de James se réfère explicitement à l'instrumentalisme que Dewey défend à la même époque avec l'Ecole de Chicago.

d'abord, dans le déclenchement d'une crise sans précédent de nos anciennes manières de penser, dont la philosophie contemporaine devrait courageusement affronter les conséquences au lieu de tenter vainement d'y résister. Quelques années plus tôt, Nietzsche avait d'ailleurs tiré exactement les mêmes conclusions, opposant systématiquement les analyses de Darwin à la notion kantienne de conditions transcendantales ou *a priori* censées rendre possible la connaissance en précédant l'expérience et en s'en exceptant [1]. Pour Dewey de même, ne pouvant plus se réclamer ni d'un arrière-monde permanent, ni de conditions précédant l'expérience, la connaissance doit être désormais repensée à la lumière de l'hypothèse darwinienne, avec toutes les conséquences en cascade qu'implique une telle révolution. Or on découvre, toujours dans le même ouvrage, que pour accomplir cette opération, le darwinisme de Dewey s'enrichit d'un nouvel élément explicatif qui ne cadre pas avec ce que la théorie de l'évolution a retenu de Darwin : le rôle central du « désajustement » et du « conflit » dans l'apparition de la connaissance, en lieu et place d'une conception gradualiste de l'évolution, défendue à la fois par Darwin en son temps et par nombre de darwiniens aujourd'hui.

Car le darwinisme de Dewey peut difficilement se comprendre indépendamment du « dépôt hégélien permanent » [2] qui imprégnera jusqu'au bout sa philosophie, au point qu'on peut être tenté de les confondre. Avant Darwin en effet, Hegel déjà « érigeait l'idée de processus au-dessus de celle d'origine fixe et de fins fixes, et il présentait l'ordre social et moral, tout comme l'ordre intellectuel, comme une scène en devenir, localisant la raison quelque part au sein des combats pour la vie » [3]. Ce que Nietzsche soulignait d'ailleurs lui aussi dans une formule capitale : « sans Hegel pas de Darwin » [4]. L'hommage de Nietzsche et Dewey à la révolution darwinienne s'inscrit d'abord dans le contexte plus général d'une pensée du devenir, de l'évolution et du processus, qui refuse de se donner un élément premier ou final pour penser le processus lui-même. Mais ce renversement historique qui, pour la première fois, place le flux du devenir au-dessus de la permanence et de la fixité, précisément parce qu'il se produit un demi-siècle avant la parution de *L'Origine des espèces*, ne nous fait pas avancer d'un pas pour saisir l'apport propre de Darwin à la philosophie de Dewey. Pour comprendre le darwinisme de Dewey, il faut se référer à des passages

1. Voir B. Stiegler, *Nietzsche et la biologie, op. cit.*, « Introduction ».

2. Une expression de Dewey citée par C. Gautier et S. Madelrieux dans leur « Postface » à IDP, p. 266.

3. IDP, p. 71-72.

4. GS, § 357.

du recueil n'appartenant pas à au premier essai intitulé « L'influence du darwinisme sur la philosophie », passages qui revendiquent un ancrage beaucoup plus précis dans l'hypothèse darwinienne, non pas d'une évolution en général – en quoi Darwin lui-même n'aurait rien inventé –, mais bien d'une évolution par sélection des variations les plus avantageuses. Dans ce premier chapitre, Dewey résume ainsi « le principe darwinien de la sélection naturelle » :

> Si toutes les adaptations des organismes ne sont dues qu'à une variation constante et à une élimination des variations qui sont nuisibles dans la lutte pour la vie impliquée par une reproduction excessive, il n'y a plus besoin d'en appeler à l'antériorité d'une force causale intelligente qui les planifierait et les ordonnerait à l'avance [1].

À travers cette récapitulation, il paraît, à première vue et à la différence de Nietzsche, reprendre à son propre compte tous les ingrédients constitutifs de l'hypothèse darwinienne (la place centrale du concept d'adaptation, la variabilité spontanée et permanente du vivant, la sélection qui opère le partage entre le nuisible et l'utile, la lutte pour la vie impliquée par la thèse malthusienne d'une rareté des ressources face aux capacités exponentielles de reproduction des vivants) – trois des ingrédients de l'hypothèse darwinienne cités ici (la centralité de l'adaptation, le critère de l'utilité et la thèse malthusienne) étant au contraire sévèrement disqualifiés par Nietzsche. Or, à lire tout le reste de l'ouvrage, il n'est pas certain que ces trois éléments, qui continuent pourtant d'occuper une place centrale dans le darwinisme contemporain, soient si constitutifs de la révolution darwinienne dont se réclame Dewey.

À ses yeux, le cœur du darwinisme consiste plutôt en une nouvelle manière d'enquêter sur les « fins », les « buts » et les « valeurs ». Sous l'influence de Darwin en effet, « la philosophie renonce à toute enquête sur les origines absolues et les finalités absolues, afin d'explorer les valeurs spécifiques et les conditions spécifiques qui engendrent ces valeurs » [2]. Cette caractérisation du darwinisme comme source d'une nouvelle *enquête sur les valeurs* peut étonner, tant elle contredit l'idée courante selon laquelle Darwin aurait débarrassé la théorie de l'évolution de toute forme d'évaluation et de réflexion sur les fins. Pour comprendre cette citation surprenante, il suffit de rappeler, avec Nietzsche et Canguilhem, que la sélection darwinienne ne peut se comprendre indépendamment de la différence de valeur entre « l'utile » et le « nuisible », et plus généralement, entre

1. IDP, p. 28.
2. *Ibid.*

le « bon » et le « mauvais », différence normative qui ne peut se penser sans le recours aux idées téléologiques de « fonction » et de « but » : « l'intérêt ne porte plus sur l'essence globale située derrière les changements particuliers mais concerne la manière dont les changements particuliers servent des buts concrets ou les font échouer »[1]. Normativité du vivant que Nietzsche prolongera et affinera en demandant : utile à qui ? Et utile à quoi[2] ? Dewey retient de Darwin, exactement comme Nietzsche et Canguilhem, que cette téléologie contextuelle disqualifie l'idée d'un bien absolu et d'une fin ultime, tout en redonnant tout leur sens, concret et vital, à la différence entre le bon et le mauvais[3]. C'est autant à la lumière de Darwin que de William James, en effet, qu'il faut lire ce passage de Dewey sur la multiplicité des biens et des maux :

> Les biens sont. Ils sont une multitude. Mais hélas les maux sont aussi. Et les deux existent à tous les degrés possibles ou presque. Ce n'est pas le contraste et la relation entre l'expérience *in toto* et quelque chose qui se situe au-delà de l'expérience qui conduit les hommes à la religion puis à la philosophie ; mais c'est plutôt le contraste au sein de l'expérience entre le meilleur et le pire[4].

Car c'est bien Darwin qui nous apprend que, loin d'obéir à des lois universelles et statiques, la vie consiste essentiellement à établir des différences de valeur ou à opérer un choix normatif entre ce qui, ici et maintenant, se révèle être le meilleur ou le moins bon. Ainsi qu'il l'explique lui-même dans un passage célèbre de *L'Origine des espèces*, c'est cette activité normative qui constitue le moteur même de l'évolution comme « amélioration » :

> la sélection naturelle scrute à chaque instant et dans le monde entier les variations les plus légères ; elle repousse celles qui sont mauvaises (*bad*), elle conserve et accumule celles qui sont bonnes (*good*) ; elle travaille en silence, insensiblement, partout et toujours, dès que l'occasion s'en présente, à l'amélioration (*improvement*) de tous les êtres organiques relativement à leurs conditions d'existence organiques et inorganiques[5].

Parce qu'il montre que l'évaluation est immanente au mouvement de la vie elle-même, parce qu'il y voit l'activité par excellence de l'évolution par

1. IDP, p. 30.
2. GM, I, § 17.
3. *Ibid.* : « "*Par-delà bien et mal*"… À tout le moins cela ne veut-il pas dire "Par-delà bien et mauvais" ».
4. IDP, p. 41.
5. C. Darwin, *L'Origine des espèces*, *op. cit.*, p. 133.

sélection naturelle, Darwin disqualifie du même coup toute forme de transcendance qui prétendrait garantir la permanence des valeurs, redonnant à la philosophie une toute nouvelle fonction : celle de reprendre l'enquête sur les valeurs en les enracinant dans la vie, et d'abord, dans la question de l'ajustement, toujours à repenser, entre les organismes et leur environnement.

Avec la différence de valeur entre l'utile et le nuisible, ce terme d'« ajustement » est le second point d'ancrage de la philosophie de Dewey dans le darwinisme. Comme pour Darwin, et comme pour la psychologie fonctionnelle qui s'en inspire avec William James, est jugé « bon » ou « utile » ce qui favorise l'ajustement entre l'organisme et son milieu, « mauvais » ou « nuisible » ce qui conduit à leur désajustement. Parce que ce terme d'ajustement est un strict synonyme de « l'adaptation », Dewey semble donc bien reprendre à son propre compte l'idée darwinienne selon laquelle la vie évolue, sous l'égide de la sélection naturelle, dans le sens d'une amélioration continue de l'adaptation des organismes à leurs conditions d'existence. Mais en réalité, la lecture attentive de l'ouvrage nous apprend qu'il tire de ces deux éléments empruntés à Darwin une conclusion très différente, qui aboutit contre toute attente à placer lui aussi *le conflit* au cœur de la nouvelle enquête darwinienne sur les valeurs. Sous l'influence du darwinisme, nous dit Dewey, « la philosophie doit avec le temps devenir une méthode de localisation et d'interprétation des conflits les plus sérieux qui se produisent dans la vie »[1]. Rien n'est pourtant plus éloigné de l'adaptationnisme darwinien et de son gradualisme des petites variations, auquel Darwin a redit son attachement tout au long de son œuvre. Pour Darwin, en effet, l'activité normative de la sélection naturelle ne se fait jamais sur la base d'une situation conflictuelle ou de crise, dans laquelle les vivants s'éprouveraient comme inadaptés à leur environnement. Elle fonctionne plutôt comme la capitalisation tranquille et graduelle d'un *optimum*, évacuant toute forme de négatif ou de conflit. S'il y a « lutte » entre les organismes, ce n'est nullement sur la question de l'évaluation de l'utile et du nuisible, automatiquement discriminés par la pression de sélection du milieu, mais uniquement au sens d'une compétition pour l'accès aux ressources rares, qui justement rend les choix de la sélection naturelle en quelque sorte automatiques. Or, si Dewey, à la différence de Nietzsche et de Gould, semble prêt à concéder à Darwin tous ces éléments (gradualisme, adaptationnisme, automaticité de la sélection) tant qu'il s'agit des vivants non humains, il impose à l'hypothèse darwinienne,

1. IDP, p. 32.

dès qu'il s'agit de penser l'évolution de l'animal humain, une série de transformations profondes qui recoupent très largement les critiques nietzschéenne puis gouldienne de l'adaptationnisme. La différence entre Nietzsche et Dewey, et elle est immense, c'est que tout ce que le second découvre avec l'évolution de l'animal humain (l'inadaptation et le conflit qui forcent la vie à penser et à évaluer) commence pour le premier avec toute forme de vie. Loin de se cantonner à l'intelligence collective de l'animal humain, le conflit des valeurs se joue pour Nietzsche dès les premières formes de vie, et il se poursuit sans cesse non seulement entre nous, ou dans les corps sociaux, mais à l'intérieur de nos organismes et de leurs organes. Dans les deux cas, et en dépit de cette immense différence entre le darwinisme de Nietzsche et celui de Dewey, c'est bien du côté du conflit des valeurs qu'il faut aller chercher le véritable sens de la révolution darwinienne.

La première des transformations que Dewey impose à l'hypothèse darwinienne, c'est la thèse d'une évolution par inadaptation, elle-même à la source de la naissance de la « pensée », de « l'intelligence » et de la « connaissance », qui toutes trois prendraient, chez l'animal humain, le relais de l'automaticité de l'instinct – une telle automaticité étant au contraire, on l'a vu, radicalement contestée par l'hypothèse nietzschéenne de la volonté de puissance et, dans une certaine mesure, par le darwinisme révisé de Gould. Mais Dewey brouille lui-même le partage entre l'humain et le non-humain en analysant toute perception à partir d'une situation de désajustement. Comme expérience de connaissance, tout acte perceptif est déjà le signe d'un désajustement, ou d'un « échec de l'ajustement instinctif », que la perception vise justement à compenser[1]. Par exemple, lors de la perception d'un bruit ressenti comme effrayant alors qu'il est inoffensif, « un store qui tape contre la fenêtre à cause du vent »[2]. Décrivant avec minutie le passage progressif de l'expérience immédiate à l'expérience réfléchie, Dewey montre que c'est précisément « l'inadaptation »[3] entre le *stimulus* envoyé par l'environnement (le bruit soudain et intense) et la réaction de l'organisme (la frayeur) qui oblige l'intelligence à prendre le relais de la sensation pour passer de l'expérience immédiate (de ce bruit qui *est* réellement effrayant) à l'expérience réfléchie (du même bruit effrayant désormais *connu* comme inoffensif)[4]. Au fond, c'est le caractère « inutile »

1. IDP, p. 190.
2. IDP, p. 202.
3. IDP, p. 205.
4. Voir les analyses de C. Gautier et S. Madelrieux dans la « Postface » déjà citée, IDP, p. 330 *sq*.

et même parfois « nuisible » de la somme des réflexes et des instincts disponibles, et finalement, c'est l'« inadaptation » du legs historique transmis par l'évolution, qui oblige l'animal à penser et à connaître, c'est-à-dire à continuer d'assurer autrement l'ajustement de son organisme à l'environnement, ce que Nietzsche n'a pas cessé de dire également de son côté, proposant une genèse de l'intelligence elle aussi fondée sur l'inadaptation de l'animal humain et de ses instincts.

Cette insistance sur l'inadaptation conduit tout naturellement Dewey à valoriser les situations négatives de « crise », de « trouble » et de « conflit » pour penser l'évolution, ce qui lui permet de retrouver la conception tragique que Nietzsche se fait de la connaissance. Loin que la connaissance suppose, comme l'a soutenu toute l'histoire de la métaphysique, une réalité harmonieuse, rationnelle et cohérente avec elle-même permettant l'adéquation entre l'intellect et les choses (*adaequatio intellectus et rei*), l'activité de penser commence toujours, pour Nietzsche comme pour Dewey par « le conflit »[1] : « la condition qui précède et provoque tout exercice particulier de connaissance réfléchie est toujours celle d'une discordance, d'une lutte, d'une “collision”. [...] la discordance provoque et contrôle une activité de connaissance réfléchie seulement parce que le sort d'un agent est en jeu dans la crise »[2]. Ce conflit, comme le souligne très clairement William James dans sa lecture de Dewey qui rejoint là encore les analyses de Nietzsche, c'est le conflit entre l'ancien et le nouveau : « Les choses se passent toujours de la même façon : la personne dispose d'un stock d'opinions mais elle rencontre une expérience nouvelle qui les remet en question. [...] Il en résulte un trouble intérieur que n'avait jamais connu son esprit auparavant »[3]. Mais tandis que James insiste sur la réconciliation continue de l'ancien et du nouveau sous les auspices du mariage (« avec un minimum de perturbation, [...] une idée qui établit une médiation (*mediate*) entre le stock et l'expérience nouvelle [...] marie (*marry*) l'ancienne opinion au fait nouveau en cherchant toujours à montrer un minimum de heurts et un maximum de continuité »)[4], Dewey de son côté insiste au contraire sur les heurts et les conflits, l'enjeu étant d'amputer la dialectique hégélienne dont il est lui-même l'héritier de tout horizon de réconciliation : « l'objectif de l'acte de penser n'est pas d'opérer une réconciliation totale et “Absolue” entre l'existence et la signification, mais de parvenir à un ajustement spécifique entre les choses et nos buts et entre

1. IDP, p. 128.
2. IDP, p. 137.
3. W. James, *Le pragmatisme*, *op. cit.*, p. 123-124.
4. *Ibid.*, p. 124-125 (trad. mod.).

nos buts et les choses au moment précis où la crise atteint son point crucial»[1]. Nul doute que l'on retrouve ici, au fond du darwinisme de Dewey, un autre aspect du « dépôt hégélien permanent » : le rôle moteur du négatif et du conflit dans la compréhension des processus évolutifs, mais celle-ci est purgée, comme chez Nietzsche, de toute tentation d'une fin ultime qui orienterait par avance tout le processus vers une réconciliation finale. Débarrassé de l'illusion, propre à l'idéalisme hégélien, que « le réel est rationnel et le rationnel est réel »[2], le darwinisme de Dewey retient de la dialectique hégélienne le rôle moteur du conflit, mais en la vidant contre Hegel de toute perspective finale de « relève » (*Aufhebung*).

Or, il se trouve que c'est aussi le programme de ce courant important du darwinisme contemporain qui, comme on l'a vu avec Levins et Lewontin, cherche à promouvoir une «biologie dialectique». En insistant eux aussi sur le rôle moteur du conflit et de la tension dans les processus évolutifs, ces nouveaux darwiniens contestent frontalement le gradualisme de Darwin lui-même, en proposant d'y voir un aspect accidentel de la théorie, dont le darwinisme contemporain aurait tout intérêt à se défaire. À leurs yeux, les diverses versions du darwinisme orthodoxe, de la Synthèse moderne aux néo-darwiniens, ont pourtant fait le choix inverse de durcir le gradualisme des «petites variations». Elles ont interprété l'évolution comme un processus d'optimisation continu niant la réalité de l'histoire, et avec elle le négatif de la tension et du conflit. À cette vision homogène et graduelle du temps évolutif, ces nouvelles formes de darwinisme critique opposent la réalité des discontinuités qui scandent le temps évolutif, non pas comme le croit Dewey à partir de la seule émergence de l'intelligence humaine, mais dès les premières formes de vie. C'est tout le sens de l'intérêt que Stephen Jay Gould accordera, sur le plan de l'ontogenèse, aux phénomènes d'« hétérochronie », qui révèlent que des modifications dans les rythmes de développement peuvent être le point de départ d'innovations évolutives[3], et sur le plan de la phylogenèse, à la théorie des « équilibres ponctués » qui décrit l'évolution, contre le gradualisme dominant, comme une alternance discontinue entre longue période de ralentissement et courte période d'accélération des changements[4]. À la lumière de ce darwinisme révisé, la lecture deweyenne de Darwin qui insiste sur la crise et le conflit comme moteurs de l'évolution de l'animal humain, mais aussi sur les décalages de

1. IDP, p. 128.

2. IDP, p. 71.

3. Sur la notion gouldienne d'hétérochronie, voir sa présentation tardive dans S. J. Gould, *La structure de la théorie de l'évolution, op. cit.*, p. 1453 *sq.*

4. Sur les équilibres ponctués, voir *ibid.*, p. 1150 *sq.*

rythme entre l'évolution des organismes et celle de leur environnement, autre forme d'« hétérochronie » pourvoyeuse d'une tendance permanente au « désajustement », retrouve toute sa légitimité[1]. Loin de sortir du cadre darwinien, la thèse pragmatiste d'une émergence de l'intelligence humaine sur la base d'une inadaptation ou d'un désajustement entre l'organisme et son milieu, appelant un réajustement et un réaménagement de l'environnement lui-même par les capacités créatrices de l'intelligence, devrait retrouver, à la lumière de ce darwinisme révisé, toute sa place dans l'histoire et l'actualité du darwinisme. Si le fonctionnalisme du pragmatisme peut sembler tomber, à première vue, sous la critique de Gould qui, de son côté, entend redonner tout son poids au legs des structures et des contraintes internes, l'insistance de Dewey sur les désajustements qui scandent le rythme évolutif émancipe clairement son fonctionnalisme, attentif aux décalages de rythmes et aux tensions conflictuelles qui font le tissu de l'histoire évolutive, de toute tentation adaptationniste.

C'est justement ce que confirme la version deweyenne de la notion d'adaptation, qui continue certes de jouer un rôle central, mais au prix d'une révision fondamentale. Comme la biologie dialectique de Levins et Lewontin et comme le darwinisme révisé de Gould, mais comme aussi Nietzsche et Canguilhem dans leur proposition d'inverser le sens de l'adaptation, Dewey critique en effet la conception courante de l'adaptation qui tend à faire de l'organisme une pâte molle, contrainte de s'adapter passivement et sans résistance aux exigences de l'environnement. À Spencer et à sa compréhension « automatique »[2] de l'évolution par adaptation, Dewey oppose un tout autre sens de l'adaptation darwinienne, fondamentalement interactif, et à la lumière duquel les initiatives actives et créatrices de l'intelligence sont amenées à prendre toute leur place, sans qu'il y ait d'ailleurs la moindre rupture avec la nature, puisque toute adaptation biologique bien comprise engage elle aussi, dès le départ, une activité intense de l'organisme : « Le progrès de la biologie a accoutumé notre esprit à l'idée que l'intelligence [...] est une méthode d'ajustement des capacités et des conditions au sein de situations particulières »[3]. Pour Levins et Lewontin de même, et je l'ai rappelé, le véritable sens de la révolution darwinienne consiste à montrer que toute l'évolution du vivant suppose cette interaction constante de l'organisme et de son environnement, interaction impliquant un « sujet actif », construisant activement

1. Pour l'opposition deweyenne entre gradualisme et hétérochronie, voir B. Stiegler, « *Il faut s'adapter* ». *Sur un nouvel impératif politique*, *op. cit.*, p. 118 *sq.*

2. IDP, p. 72.

3. IDP, p. 73.

son propre environnement : « l'incorporation de l'organisme comme un sujet actif dans sa propre ontogénie et dans la construction de son propre environnement mène à une relation dialectique complexe entre les éléments de la triade gène, environnement, organisme »[1]. Comme chez Dewey, la relation est ici « dialectique » au sens où elle décrit une tension entre les conditions fixées par l'environnement et celles exigées par l'organisme lui-même, qui ne se contente pas de se laisser modifier par la pression du milieu, mais qui participe également activement à le modifier et à le construire. En lieu et place d'une adaptation qui se produirait automatiquement, il s'agit donc de décrire des processus d'interaction et de réajustement dont l'issue restera toujours imprévisible, puisqu'elle fait fond sur une situation conflictuelle de tension que « l'adaptationnisme », dans sa détestation du conflit, fait tout pour nier et évacuer. Au fond, c'est l'automaticité d'une sélection naturelle toute-puissante, opérant sur le matériau passif et homogène des petites variations génétiques, qu'il s'agit de contester. Mais c'est aussi, qu'il s'agisse de l'organisme ou du gène, la conception atomiste qui sous-tend la thèse d'une automaticité de la sélection qu'il s'agit de déconstruire. Pour Levins, Lewontin et Gould, Darwin reste prisonnier de ce postulat atomiste, que la Synthèse moderne puis le néo-darwinisme durciront encore en les miniaturisant soit sous la forme du « trait » (caractéristique phénotypique ou comportementale considérée comme unité de base sur laquelle opère la sélection), soit sous celle du « gène égoïste ». Comme les individus darwiniens, « traits » et « gènes » sont majoritairement conçus comme des atomes indépendants, mécaniquement en compétition les uns avec les autres dans un contexte de ressources rares et du même coup convertibles en « données » (*data*), elles-mêmes calculables par la puissance de computation des algorithmes. Mais pour Dewey, comme pour la biologie dialectique et le darwinisme révisé, le sens véritable de la révolution darwinienne est tout autre. Loin de renforcer l'atomisme de l'individu organique et de sa décomposition en données, elle disqualifie au contraire toute forme d'« existence enclose en elle-même »[2]. Au mécanisme de sélection censé réguler automatiquement les collisions entre unités atomiques, la révolution darwinienne bien comprise doit opposer une vision écologique de la pluralité des interactions, qui redonne la priorité au contexte local, situé ici et maintenant, tout en l'articulant à une compréhension multi-niveaux de l'histoire évolutive, refusant de se

1. R. Levins et R. Lewontin, *The Dialectical Biologist*, *op. cit.*, p. 60.
2. IDP, p. 225.

donner une unité atomique élémentaire qui fournirait le matériau passif et isotrope de la sélection.

Avec cette lecture de la révolution darwinienne, Nietzsche et Dewey donnent – près d'un siècle avant Levins, Lewontin et Gould – des arguments philosophiques puissants contre la vision inverse que défendront les néo-darwiniens. Avec Richard Dawkins, Daniel Dennett résume en effet « le cœur de l'idée darwinienne » comme une mise hors-circuit de l'intelligence conquise par la victoire de l'atomisme dans les sciences de la vie, Darwin ayant révélé que ce que l'on voulait imputer à l'intelligence d'un dessein était en réalité « décomposée en partie si petites et si stupides qu'elles ne pouvaient absolument pas compter comme de l'intelligence, [mais devaient être] distribuées dans l'espace et le temps sous la forme d'un gigantesque réseau de processus algorithmiques »[1]. Et il n'hésite d'ailleurs pas, pour imposer ses vues, à invoquer le renfort de Nietzsche, dont il déforme très largement le propos[2]. Tandis que la leçon de Darwin consiste, pour le néo-darwinisme de Dennett, à révéler qu'« une petite parcelle impersonnelle, butée, automatique et aveugle de la machinerie moléculaire est la source ultime de tout l'agir, donc de la signification, et donc de la conscience, dans l'univers », Nietzsche et Dewey retiennent de Darwin la leçon inverse : celle d'une dissolution de tout élément atomique premier, censé être la source de toute l'évolution ultérieure, au profit d'une compréhension des processus conflictuels d'interaction et d'évaluation, eux-mêmes orientés vers des fins situées, toujours locales et provisoires, et dont l'issue nécessairement imprévisible ne peut être prévue par aucune forme de calcul. Si Nietzsche et Dewey contestent, comme les néo-darwiniens, toute partition dualiste entre les sciences de la nature et les sciences de l'esprit, et à travers elle la grande partition kantienne entre le règne de la nature et celui de la liberté, c'est donc pour en tirer une conclusion rigoureusement inverse. Au lieu de démontrer la puissance de calcul des algorithmes appliquée aux données du vivant et mettre l'intelligence et ses évaluations hors-circuit, la révolution darwinienne, parce qu'elle place l'incertitude et le conflit au cœur de l'histoire de la vie, redonne au contraire toute sa place et tout son sens à l'initiative créatrice des organismes, et avec elle, au conflit sur les valeurs qu'aucune réconciliation finale ne pourra jamais relever.

1. D. Dennett, *Darwin est-il dangereux?,* trad. fr. P. Engel, Paris, Odile Jacob, 2000, p. 153.

2. Voir sur ce point mon étude « L'hommage de Stephen Jay Gould à l'évolutionnisme de Nietzsche », *op. cit.*

À l'heure où les interactions entre les sciences de la vie et l'avenir des sociétés humaines deviennent des enjeux politiques majeurs, la leçon commune des philosophies de l'évolution et du darwinisme révisé mérite d'être méditée. Faut-il souhaiter, avec les néo-darwiniens et les partisans de l'intelligence artificielle, une automatisation généralisée des processus d'adaptation, reposant sur la production exponentielle des *data* et sur les capacités de computation, elles aussi supposées exponentielles, des algorithmes chargés de les traiter ? Ne faut-il pas au contraire opposer à ces dérives, promouvant à la fois une compréhension automatisée du vivant et une automatisation forcée des processus de décision, la valeur biologique de l'inadaptation et du conflit des évaluations ? Tout l'intérêt et toute la force des contributions de Nietzsche et de Dewey à ce débat aujourd'hui brûlant, largement réactivées par la lutte du darwinisme révisé contre l'adaptationnisme dominant, est que, loin de se draper dans le royaume moral d'une société plus « humaine », c'est sur la base d'une compréhension rigoureuse et justement *darwinienne* de la vie biologique qu'elles parviennent à disqualifier la conception atomisante et automatisée des vivants et de leurs procédures de décision, cette conception largement dominante qu'un tout autre récit sur l'histoire de la vie tente aujourd'hui, elle aussi au nom de Darwin, d'imposer aux sociétés humaines.

Barbara STIEGLER
Université Bordeaux Montaigne
Institut universitaire de France

## TABLE DES MATIÈRES

Achevé d'imprimer le 23 décembre 2019 par *La Manufacture - Imprimeur* – 52200 Langres
Imprimé en France – N° d'imprimeur : 191860 – Dépôt légal : janvier 2020